普通高等教育“十二五”规划教材

中学化学实验与创新

王秀阁　编

中国石化出版社

内容提要

本书采用理论与实验研究相结合的方式，除了研究具体的化学实验外，还从理论上对实验研究进行指导。理论部分着重阐述了化学实验的功能、课题来源与选择、设计方法、创新思路和改进与优化方法；实验部分对初高中化学课程中各类型主要实验展开研究，突出演示实验、研究性实验、活动性实验等实验类型的操作演练和设计改进，较全面地论述了中学化学实验研究过程与方法。全书包含“中学化学实验的概述、中学化学演示实验研究、综合探究性实验和活动性实验研究、中学化学实验设计与创新、中学化学实验选题和实验研究方法”等方面的内容，为中学化学教师和师范生开展实验研究进行指导。

本书可作为化学师范生实验教学研究课程教材、中学化学教师职后培训、提升实验研究能力的教材和教学参考用书，也可作为研究生相关课程的学习资料。

图书在版编目(CIP)数据

中学化学实验与创新 / 王秀阁编 .—北京：
中国石化出版社，2016. 2
普通高等教育“十二五”规划教材
ISBN 978-7-5114-2880-6

Ⅰ. ①中… Ⅱ. ①王… Ⅲ. ①化学实验-教学研究-高等学校-教材 ②化学实验-教学研究-中学 Ⅳ. ①G633. 82

中国版本图书馆 CIP 数据核字(2016)第 017142 号

中国石化出版社出版发行

地址：北京市东城区安定门外大街 58 号
邮编：100011　电话：(010)84271850
读者服务部电话：(010)84289974
http://www.sinopec-press.com
E-mail：press@sinopec.com
北京柏力行彩印有限公司印刷
全国各地新华书店经销

*

787×1092 毫米 16 开本 9 印张 218 千字
2016 年 2 月第 1 版　2016 年 2 月第 1 次印刷
定价：28.00 元

前　言

化学是基于实验之上的一门自然科学，实验是化学学习和研究的重要方法之一。中学化学实验研究是化学教师教育专业学生必须学习的一门教学实践能力培养基础课，也是中学化学教师达到“以提高学生的科学素养为主旨”这一目标必须具备的一项特殊专业能力。

本书从高等师范院校和基础教育化学课程改革的需要出发，立足于《教师教育课程标准》和《中学化学课程标准》，以教师专业化发展为导向，以增强教师的实验教学能力和实验研究能力为主线，培养高素质化学教师，完成中学化学实验研究课程培养目标而编写的一本以增强化学教师实验研究能力为主的教材。编写时注重中学化学实验研究方法的指导，增加了正交试验法研究最佳反应条件、中学教材中实验最佳方案研究等内容，有助于科学思维和研究能力的提升。

本书主要内容包括“中学化学实验的概述、中学化学演示实验研究、综合探究性实验和活动性实验研究、中学化学实验设计与创新、中学化学实验选题和实验研究方法”等，除了研究具体的化学实验外，还从理论上对实验研究进行指导。理论部分着重从化学实验的功能、改革趋势、课题来源与选择、设计方法、创新思路和改进与优化方法等方面进行阐述；实验部分对初高中化学课程中各类型主要实验展开研究，突出演示实验、研究性实验、活动性实验等实验类型的操作演练和设计改进。为了顺应新课程对化学实验教学的要求，本书构建了基本实验规范、演示实验研究、探究性实验研究、实验创新改进、实验选题和实验设计的层级性整体实验研究体系，使化学实验更好地实施于科学素养培养的教学中。

本书可作为化学师范生实验教学研究课程教材、中学化学教师职后培训提升实验研究能力的教材和教学参考用书，也可作为研究生相关课程的学习资料。

本书编写过程中参考和引用了一些专家和老师的成果，唐山师范学院09、10和11级的化学本科生做了大量的实验实施和重现工作，本书的顺利出版得到唐山师范学院领导的大力支持，在此谨表谢意。限于自身水平，教材中不妥之处在所难免，敬请专家和读者批评指正。

目　　录

第一章 中学化学实验概述

化学是一门实验性的科学，每一个化学研究的突破都与实验有关。科学家许多重大的发现也是在实验中直接获得，化学实验是化学学科发展最有效、最生动的物质载体。

第一节 认识中学化学实验

一、化学实验的概念

化学实验是人们以化学事物为作用对象的实验活动。根据化学实验活动的目的，可以将其分为两类：一类以研究、认识人类未知的化学事物或其规律为主要目的；另一类则是教学活动中以培养下一代，向下一代传递人类已有化学经验为主要目的的化学实验。本书所要研究的实验指的是第二类——教学活动中的化学实验。

中学化学实验是指依据一定教学目的，利用化学仪器和试剂，人为地创造或控制某些条件，突出主要因素，使某种(或某些)物质实现预期的化学变化，以便进行观察和研究，从而认识物质的组成、结构、性质、变化等的实践活动。中学化学实验的最大特点是通过实验引导学生学会思考、学会批判，学会动手做实验，全面提升学生的科学素质。

中学化学实验与中学化学的各主干知识都有密切联系，不仅元素化合物知识离不开实验，化学用语和化学概念也离不开实验。比如：质量守恒定律、原电池原理、化学反应速率的影响因素等都能通过实验帮助理解，实验对学生掌握化学知识有着不可替代的作用。一位获得国际化学奥林匹克大赛一等奖的学生——岳衎曾说“实验的效果是巨大的，丰富多彩的实验现象和实验操作使我们更加善于思考，更加注意细节，最重要的是，这些实验使我深深喜欢上了化学。化学之于我们，已经不仅仅是枯燥的知识和厚厚的试题册，不仅仅是与上大学直接挂钩的竞赛，而是一门科学，一门博大精深、值得用一辈子去研究的科学”，由此可见，实验对学生价值观的影响深远。

二、化学实验对人类的作用

人类社会许多问题的解决都是在实验模拟、探索的基础上得到彻底解决的，化学科学的任何发展都离不开化学实验的研究成果或化学实验手段的拓展，化学对人类的贡献很大程度上取决于化学实验的发展。

1. 化学实验有助于人们认识和了解自然规律

从认识微观领域到形成科学的物质观和世界观的过程都建立在近代化学实验发展基础之上。人类通过对实验现象和结果的观察分析，将获得的感性认识转化为理性知识，并形成较为系统和完善的知识体系，帮助人类逐步形成了对自然规律科学的、系统的认识。化学实验提供组成分析和结构分析手段，使人们能够在微观层面掌握“结构—性质—功能”的关系，建立起物质的宏观领域和微观领域的科学认识，有助于人们认识和了解自然规律。

2. 化学实验有助于改善和提高生活质量

从化学萌芽时期的制陶、冶金、酿酒技术的运用到炼丹技术的兴起以及定量化学的广泛运用，化学科学促进了生命科学、材料科学等许多领域的发展，为纪念化学所取得的成就以及对人类文明的贡献，联合国将2011年定为“国际化学年”。现代人类寿命的延长与化学实验、医药、食品安全的发展都紧密相关。化学实验研究给人类提供了预防、治疗和诊断疾病的有效方法，各种类型的化学药物控制了疾病蔓延，临床化验提高了疾病诊断的准确性。大量实验积累的化学知识帮助人们认识食品的营养物质；食品分析化学检验保证食品的质量；实验合成的各种食品色素、香精、甜味剂和营养增强剂提高了食品的利用价值；食品防腐剂、抗氧化剂等化学品改变了食品的储存方式，延长了食品的储存时间；核酸化学的研究使得生物学由细胞水平提高到了分子水平，促成了分子生物学的诞生。这些生活生产事实说明化学实验对人类的健康做出了巨大贡献。

化学实验的发展在能源开发和利用方面也扮演着重要的角色，为人类使用能源提供了可靠有力的保障。从煤的充分燃烧和洁净技术到核反应的控制利用，从新型绿色化学电源的研制到生物能源的开发等都离不开化学实验的参与。材料的发展同样也离不开化学实验，材料是人类进行生产的最根本的物质基础，是人类衣、食、住、行及日常生活离不开的东西。根据相关资料研究表明，世界上传统的材料有几十万种，而化学家通过化学实验研制和合成的新材料正以每年5%的速度增长，化学元素周期表中已有90多种元素应用在材料制备之中。

3. 化学实验有助于人类和自然的协调发展

人类相信自己的创造力一定能够无限地战胜自然，但是，正如恩格斯所说：“对于每一次这样的胜利，自然界都报复了我们”。20世纪是人类社会高速发展的100年，在这100年间，科学技术的进步为人类带来了巨大的物质和精神财富，但同时在环境和资源方面也为人类留下了一系列难题。为了解决人类和自然界的矛盾，20世纪80年代联合国提出世界各国必须组织实施新的可持续发展的战略，主张社会、经济、人口、资源和环境的协调发展。

结合化学实验发展和化学研究内容来看，化学为人类的可持续发展做出了重要贡献。一方面利用化学的技术和方法研究环境中物质间的相互作用，包括物质在环境介质(大气、水体、土壤、生物)中的存在、化学特性、行为和效应，并在此基础上研究控制污染的化学原理和方法，此研究领域目前已经发展成为一门新兴的交叉学科环境化学。另一方面利用化学原理从源头上消除污染，即采用无毒、无害的原料和洁净、无污染的化学反应途径与工艺，生产出有利于环境保护与人类安全的环境友好化学产品，此研究又是一个新兴的化学分支，称为绿色化学(Green chemistry)或环境无害化学。因此，化学与人类生活和社会的可持续发展密切相关。

三、中学化学实验的特点

一个化学实验，不论是演示实验、教学实验还是科学探究性实验，必须具有作为实验对象的物质体系、适当的仪器装置和必要的安全措施、合理的实验步骤和规范的操作技术。从学科教育的角度来评价，三者不可或缺，对于学生实验能力的提高都有着重要作用。在学习或研究化学时，选用什么化学体系是由学习或探究的目标决定的，有利于学生发现问题、提出问题能力的提升；化学体系选定之后，使用什么样的仪器装置也就大致确定了；实验步骤决定于所选定的化学体系和仪器装置，是否能有序地完成实验决定于实验者操作技术的规范程度[1]，这也有利于学生解决问题和动手操作能力提升。中学化学实验以基础科学知识为依据，趣味化地帮助学生掌握物质及其变化的规律为目的，一般具有以下特点。

1. 中学化学实验以科学研究中的实验为基础

中学化学教学一般要借用化学科学研究的成果作为辅助性实验教学的媒介，重现性好，实验过程中的曲折性、探索性、创造性等是为了教学的需要而人为设置。

2. 中学化学实验一般以简约化为主

中学化学实验的内容属于基础化学范畴，复杂程度不高。所用的实验仪器一般比较简单，对于实验条件的控制并不十分严格，实验步骤的描述通常使用比较模糊的语言，例如："加热"、"少许"、"一些"等，但是又要求实验具有鲜明的实验现象和科学的实验结果。

3. 中学化学实验的教学对象是中学生

中学化学实验不仅要服从化学科学的规律，还要服从科学教学的规律；中学化学实验要考虑到中学生的认知发展水平，强调实验的趣味性和直观性；重视实验的生活化和探究性；考虑实验的安全可靠性，强调青少年的健康发展和成长。学生的思维与知识之间联系非常紧密，思维和知识就好像是两个相交的圆，两者相辅相生又相互促进。对高一新生采用实验教学，使其快速适应新环境，形成良好的化学思维方法，以学科思维发展推动知识学习是中学生学习化学至关重要的环节[2]。

四、化学实验现状

化学学科的基本特点是以实验为基础进行研究的学科，化学实验对于学生学习化学的作用不言而喻，化学新课标的出台也为化学实验在化学教学中发挥应有的功能指明了方向。然而，中学化学实验体系来自教材或教参，使得实验实施时往往把注意力放在仪器装置、安全措施、实验步骤和规范的操作方面，化学实验对学生的教育侧重于仪器装置的认识和基本操作训练过程中实验习惯的培养，缺少了实验体系选择的问题意识和自主意识。

1. 以演示实验为主，学生分组实验研究较少[3]

有的演示实验现象不很明显，坐在中后排的学生看不清楚；有的演示实验内容较多，学生仅知道了哪些物质在反应，却不知道为什么用这些物质和装置进行实验，这些因素导致学生通过死记实验步骤和现象的方式学习化学和化学实验，没有起到演示实验由立体直观的现象与感受思考隐含在现象背后本质内容的作用，化学独有的学科优势没有展现出来，不利于学生综合能力的培养。

2. 资源利用不够

化学实验仪器和药品相对缺乏，学生亲自动手实验无法保证。有的教师受"做实验不如讲实验"错误观念的驱使，把"做"实验变成了在黑板"讲"、"画"实验，学生"听"实验、"想现象"和"背反应"的过程，实验理论讲解很清楚，实验基本技能无法训练，原本立体、生动的实验就变成了呆板的学实验[4]。

3. 实验技能提高不够

教师实验操作技能欠缺导致对实验研究兴趣不高，化学药品使用不恰当、操作不正确对环境有不利的影响，有些实验过程复杂，实验成功率低挫伤教师和学生对实验研究的热情。南京市某区的教研部门[5]，曾经组织过一次初中化学教师实验技能考核，题库中的实验都是初中化学教材中常见的实验，每位老师的考核内容由自己抽签确定。一位网名为"化学熊猫”的老师，在博客中归纳出了这次考核中所暴露出的“不会用弹簧夹”、“制气体时先加试剂再检查气密性”、“滤纸紧贴漏斗内壁的操作用手压而不是用玻璃棒”等18个问题。这些问题尽管是从某一个区域某一次活动中暴露出来的，但从一个侧面反映了初中化学教师实验技能不尽如人意的现实。

4. 实验研究不够

教师对中学化学实验进行研究的意识淡薄，无论是演示实验、还是学生实验，一般按照教材中规定好的实验内容、设定好的实验药品、仪器和步骤进行，习惯于照方抓药、按部就班；有的教师虽然具有实验研究意识，但找不到研究内容和方向而暂缓进行实验研究；有的教师有研究意识和方向，但研究能力跟不上，出不了研究成果，削弱了实验研究动力。

五、化学实验改革

进入21世纪，着眼于“提高21世纪公民的科学素养”的教育目标，化学课程标准构建了“知识与技能”、“过程与方法”、“情感态度与价值观”相融合的高中化学课程目标体系；强调“通过以化学实验为主的多种探究活动，使学生体验科学研究的过程，激发学习化学的兴趣，强化科学探究意识，促进学习方式的转变，培养学生的创新精神和实践能力”；重视“从学生已有的经验和将要经历的社会生活实际出发，帮助学生认识化学与人类生活的密切关系，关注与化学相关的社会问题，培养学生的社会责任感”。在新课程理念的指引下，化学教学中的化学实验在实验内容、实验形式、实验过程和实验方法上发生了变化。

1. 淡化演示实验和学生实验的界限

能力培养与活动密切相关，化学实验是化学学习最主要的活动手段。为了让学生有更多机会利用实验学习化学，中学化学教材中不再单列学生实验和演示实验，对于学生难以完成的实验，才加注说明由教师来演示。化学教材中以栏目的形式给出实验建议，为教师实验研究留下更为广阔的创造空间。

2. 实验过程突出科学探究和科学方法

验证性实验可以使学生了解一种科学研究的方法，认识到科学发现或科学规律都必须经过验证才能被确认，学生在完成验证性实验的同时还可体会到因成功而带来的快乐(因自己得到的实验结果与书上或与科学家的结果是一样的)，加深对知识的理解。但是受学生具备的化学知识和技能限制，通过简单现象验证结果，造成验证性实验的作用很难真正发挥出来，学生也不能真正认识科学的研究方法。所以，有必要改进验证性实验，在验证性实验中融入探索和研究的成分，增强实验的探索性与研究性。

【案例】KSCN溶液检验Fe^{3+}的实验

按照探究的思路对教材中的验证性实验稍加整理，改进为探究性实验。

提出问题：Fe^{3+}如何检验?

猜测和假设：①观察溶液的颜色；②滴加NaOH溶液。

收集证据：向一支试管中滴加3滴0.1mol/L$FeCl_3$溶液，然后加入蒸馏水接近试管的管口处，把稀释后的溶液分别倒入另外两支试管，使三支试管中$FeCl_3$溶液的体积近乎相等，观察到一支试管中溶液近乎于无色；另一支滴加NaOH溶液，发现没有明显现象。

教师引导：对于Fe^{3+}的稀溶液，该如何进行检验呢?

继续实验：向第三支试管中滴加几滴KSCN溶液，发现溶液立刻出现了血红色。

得到结论：KSCN 溶液是 Fe^{3+}检验的灵敏试剂，对于低浓度 Fe^{3+}的检验尤为显著。

【案例分析】

用 KSCN 检验 Fe^{3+}的验证性实验，学生“照方抓药”式地完成，平淡无奇，学生总是会有这样的疑问：①向含有 Fe^{3+}的溶液中加入强碱也可以有明显现象，为什么还要引进 KSCN 呢？②是增加一种 Fe^{3+}检验的新方法吗？难以体验到 KSCN 溶液的灵敏检测功能。通过实验改进，先将 Fe^{3+}稀释，然后通过观察溶液的颜色和加碱生成沉淀检验 Fe^{3+}是否存在，发现这些方法对于稀释后的 Fe^{3+}的检验都无济于事，在认知冲突的抨击下展示 KSCN 溶液的灵敏魅力，释怀了学生疑问的同时给学生留下深刻的印象。

3. 提高实验的趣味性

中学生具有强烈的好奇心，对新奇事物具有探究欲望，趣味性强的化学实验符合学生的认知特点。比如，“燃烧条件”的实验中增设“烧不坏的手帕”实验，增强实验的对比性，利用学生的认知冲突，激发其学习内驱力。

4. 实验内容贴近生活、贴近社会

化学科学在给人类社会带来巨大进步的同时，也衍生出了一系列的社会问题，如环境问题、能源问题、健康问题等。为了让学生形成辨证的科学思维，实验内容选取学生日常生活中熟悉的素材，引导学生了解化学对人类生活的影响，体会合理开发和利用资源的必要性，树立保护环境，与自然和谐相处的可持续发展意识。

5. 引领实验绿色化

化学实验的绿色化是培养学生绿色化学理念的重要途径。2003 年由国家教育部正式颁布的《普通高中化学课程标准(实验)》中明确提出，应将绿色化学理念融入必修课程，并注意强调化学对人类日常生活、社会的快速发展和科技的不断创新的重要贡献。在选修模块内容的设置上，特别是在“实验化学”模块，明确了“形成绿色化学的观念，强化实验安全意识”的培养目标，重视环保意识的强化。将绿色化学理念引入教材，并作为高中化学的教学目标之一，这在以往的教学大纲中是从未有过的，充分体现出在 21 世纪的今天，对中学生进行绿色化学教育的重要性及紧迫性。

6. 增加现代仪器应用于实验

科学技术随着社会现代化程度提高也在不断地更新，化学实验的手段也在不断发展。在中学现代化实验领域，将传感技术和信息技术整合在一起的综合理科实验系统最受关注。将新技术融于中学化学实验，有助于抽象知识的形象化研究，定量实验研究的深入化。

第二节　化学实验改进的认识

中学化学实验的改进研究是为了提高现行教材中所规定的实验以及教学中必要实验的可观察性、可操作性，使其在中学化学教育教学中的功能更强、作用更大、效果更好。

一、实验改进的必要性

实验改进有利于学生创新思维和创新意识的形成。学生尝试对实验进行适当的改进，能开发学生的创造力，对学生的成长大有益处。学生在化学学习中创造力的发展，能为学生创造性地解决化学问题提供条件，必然会促进学生对化学知识和技能的掌握，有助于学生创新精神的形成。

实验改进还能满足化学教师的专业发展。教师专业发展与教师专业化不同，教师专业化指的是教师职业具有自己独特的职业要求和职业条件，包括三个层次：一是指教师个体的专业水平提高的过程；二是指教师群体的专业水平提高的过程；三是指教师职业的专业地位的确立和提升的过程。忽视三个层次的任何一方面，就会阻碍教师专业化的进程。教师专业发展是教师个体专业不断发展的历程，是教师不断接受新知识、增长专业技能的过程。教师的专业发展是一个非线性的、持续不断的过程，包含一位教师的职业理想、职业道德、职业情感、社会责任感不断成熟、不断提升、不断创新的过程。如果一位化学教师常年重复着相同的教案和实验，没有研究，没有变化，没有创新，那么他就不能感受到教学的乐趣，享受不到职业的幸福。如果通过梳理化学实验中值得研究的小问题，择其重点作为研究课题，那么对其专业水平提升和专业能力发展都会有较大帮助。

化学实验研究能力是化学教师不同于其他学科教师的一项专业能力，具有化学实验研究能力是化学教师必须具备的能力之一，其包含实验认知性研究能力、实验设计能力、实验技术性研究能力等。化学实验研究能力的高低会影响中学化学教师的专业素质结构，通过化学实验的改进与创新的方式促使化学教师不断学习，拓展其专业内涵，提高专业水平，从而达到专业成熟的境界，满足化学教师专业发展的需要。

二、实验改进的原则

1. 科学性原则

实验的科学性是实验改进必须遵循的首要原则，也是评价实验改进是否成功的主要标准。化学实验改进的科学性是指实验原理准确无误，能客观反映事实，实验方案设计科学，装置安排合理，结果稳定可靠。不论从原理到现象，还是由现象到结论，都能给出科学合理的解释。

2. 安全性原则

实验改进中要注意防止安全事故发生，树立“安全第一”的思想，防止有毒和有刺激性的气体对大气污染，确保师生身心安全。对于不安全因素要注明：哪些可以通过规范实验操作、改变仪器装置、改进实验方法、增加防护装置等来克服，一定要杜绝因违反实验操作而产生的安全事故。

3. 直观性原则

化学实验的改进，要使实验现象鲜明，仪器装置突出重点，利于学生直接观察关键部位，提高观察效果；实验结论力求直接得出，避免多项间的混杂。

4. 简约性原则

在不违反科学性原则的前提下，改进实验仪器、实验装置和实验方法，力求简易。这样可以避免因装置复杂、仪器过多而分散学生的注意力，同时也能使化学实验能在较短的时间内完成，提高实验效率。该原则是改进实验具有生命力的保证。

5. 绿色化原则

实验改进要在实验现象直观、鲜明的基础上体现绿色化思想。从反应原料、反应条件和实验操作等环节体现绿色化学的改进策略，在减量减排、回收循环使用实验药品等方面为学生实验做出示范。

第三节　化学实验仪器与试剂的管理

中学化学实验室里的仪器、药品、材料、工具等品种繁多、规格各异，使用频繁。为便于使用，并尽量延长仪器、设备的使用寿命，节约药品，防止试剂变质，应采取科学的管理方法。

一、仪器、用具的管理

中学化学实验室常用的实验仪器和用具大体可分为下列几类。

1. 玻璃、陶瓷制仪器

玻璃仪器是化学实验室的主要仪器，种类多、数量大、易碰碎，存放时应特别小心。平底仪器可直立着放在仪器柜或仪器架上，注意“高后、矮前”排放，前后左右要成行成列，并保持一定间隔，以防拿取时将旁边的仪器碰倒。不能直立的仪器应倒置于特制的有孔搁板上或横放在木架上或放在抽屉内，抽屉应隔成相应的格子，有的还要在下面垫以棉花或皱纹纸等，以防仪器滚动碰撞。抽屉外贴上标签，表明物品的名称、规格以及固定存放的位置，像试管、烧杯、烧瓶等玻璃仪器，使用率高，应放置在容易取用的地方。玻璃仪器用毕要及时洗净，放在玻璃仪器晾板上，晾干后再存放。各种成套磨口仪器的玻璃塞与仪器都是配套的，如容量瓶、分液漏斗、滴定管和启普发生器用完洗净后，不能随意调换玻璃塞，保存时用细绳将塞与仪器拴在一起，玻璃塞的磨口处擦干并垫上一张纸条(或涂上凡士林)，以防日久粘住。

2. 金属器具

金属制品中大部分是铁制品，如铁架台、坩埚钳、镊子等，易被酸、碱腐蚀，使用后要把沾上的化学试剂冲洗干净，抹干后再存放在干燥通风处。铁器上的螺旋处和打孔处应涂上少量润滑油，以防生锈结牢。要经常注意铁架台、三角架等器具表面上的油漆是否脱落，最好每年度应涂刷黑色或灰色油漆一次，以防锈蚀。

3. 橡胶制品

橡胶制品的特点是很容易老化变黏、变形。用后洗净并放在有盖的容器内，久存时可撒上些滑石粉，以延长使用时间。还应注意防止受热、光照或接触有机溶剂。

4. 精密仪器

像分析天平、pH 计、数字化仪器等精密仪器不能和化学药品存放在一起，应单独存放，并保证室内干燥、清洁、通风，防尘埃沾污和酸气侵蚀。分析天平要注意防震、防潮，台面要平稳、牢固，天平内应放有干燥剂。

二、化学试剂的管理

1. 化学试剂的规格

我国化学试剂的规格，根据纯度及杂质含量的多少，一般可分为下列几级：

(1) 优级纯(一级试剂)

瓶签的颜色为绿色，代号为 G R(Guaranteed reagent)。这类试剂的杂质含量很低，用作基准物质，主要用于精密的科学研究和分析鉴定。

（2）分析纯（二级试剂）

瓶签的颜色为红色，代号为A R（Analytial reagent）。这类试剂的杂质含量低，主要用于一般科学研究和分析鉴定。

（3）化学纯（三级试剂）

瓶签的颜色为蓝色，代号为C P（Chemical pure）。这类试剂的质量略低于分析纯试剂，用于要求较高的无机和有机化学实验，也能用于要求较低的分析化学实验。

（4）实验试剂（四级试剂）

瓶签的颜色为黄色，代号为L R（Laboratory reagent）。这类试剂的质量较低，但比工业品的纯度要高，主要用于普通实验或研究，有时也用于要求较高的生产。

除上述化学试剂外，实际生产中还有很多供特殊需要的特种规格的试剂，如光谱纯试剂、色谱纯试剂、高纯试剂、基准试剂、生物试剂等，在包装标签上注明它们的专门用途。

近年来，标签的颜色对应试剂级别已不是十分准确，主要以标签印示的级别和符号选用。中学化学实验一般使用的是实验试剂、教学专用试剂（专门用于实验教学的，纯度低于化学纯试剂）和少量化学纯试剂，有些实验还可以使用工业品。因为不同规格的试剂价格差别很大，只要能达到教学实验的要求，就应尽量选用级别较低的试剂。

◆资料卡

易制毒化学品的分类和品种目录

第一类	第二类	第三类
1-苯基-2-丙酮	苯乙酸	甲苯
3,4-亚甲基二氧苯基-2-丙酮	醋酸酐	丙酮
胡椒醛	三氯甲烷	甲基乙基酮
黄樟素	乙醚	高锰酸钾
黄樟油	哌啶	硫酸
异黄樟素		盐酸
N-乙酰邻氨基苯酸		
邻氨基苯甲酸		
麦角酸*		
麦角胺*		
麦角新碱*		
麻黄素类物质*		

说明：

一、第一类、第二类所列物质可能存在的盐类也纳入管制。

二、带有*标记的品种为第一类中的药品类易制毒化学品，第一类中的药品类易制毒化学品包括原料药及其单方制剂。

2. 化学试剂的分类存放

化学试剂各有特性，种类繁多，存放时必须分类隔开，千万不可混放在一起，否则会引起燃烧、爆炸等严重危险事故。

化学试剂的放置有一定秩序，固体试剂和液体试剂（或配制备用的溶液）应分开放置，并依次排列。对于一般试剂如无机盐存放在试剂柜里，可按照元素族分类或酸碱盐氧化物等分类存放。化学试剂都应存在试剂瓶里，盖紧瓶盖。易风化、潮解、挥发的试剂瓶口应用石蜡和火漆密封，见光易分解的试剂盛于棕色瓶里置于冷暗处；酸液、氯水、液溴和溴水等盛放在带磨砂玻璃塞的细口瓶中，盛强碱性的试剂瓶应使用橡皮塞而不能用玻璃塞。各种试剂瓶都应贴有标签，标签上除写清名称、化学式外，还应注明纯度，溶液要注明浓度和配制日期，为了防止标签受试剂污染和腐蚀，标签外应涂一薄层石蜡。保存化学试剂要特别注意安全，应放在不向阳的阴凉房间，室内要干燥，通风良好，所有试剂都要分类放在有玻璃门的橱柜中。

中学化学实验接触到的危险品有下列5类。这些试剂在学生实验室内只准少量放置，较多量的危险试剂应存放在危险试剂贮藏室内确保安全。以下是5类危险品的存放要求和注意事项。

(1) 易燃类

易燃类液体主要是有机溶剂，易挥发成气体，遇到火即燃烧甚至爆炸，通常把闪点在25℃以下的液体均列入易燃类，如乙醇、二硫化碳、苯、乙酸乙酯等，这些液体应单独存放于阴凉通风处，特别要注意远离火种，存放最高室温不能超过30℃。易燃固体的着火点都很低，有机化合物如硝化棉，无机物如硫单质、红磷、白磷、镁粉等，它们应存放于通风、干燥处。白磷在空气中可自燃，存放时应浸泡在冷水里，置于避光、阴凉处，要经常检查瓶中的水量，防止水分蒸发使白磷露出水面。

(2) 易爆类

易爆类危险品一般是指受到骤热、撞击、引燃等因素就能发生剧烈化学反应而导致爆炸的物质。易爆物应与易燃物、强氧化剂等隔开存放，避免接近热源和阳光直射。典型的易爆物如三硝基甲苯、硝化甘油等化合物本身就易爆，要轻拿轻放。还有一些物质如：金属钾、钠、锂、电石等与水接触会剧烈反应，放出可燃性气体，极易引起爆炸。因此，钾、钠应保存在煤油里，电石应放在干燥处。

(3) 强氧化剂类

强氧化剂类试剂包括过氧化物、强氧化性的含氧酸和强氧化性的含氧酸盐(如亚硝酸盐、硝酸盐、氯酸盐、重铬酸盐、高锰酸盐等)。这些具有强氧化能力的物质，在受热、撞击或混有还原性物质时常引起爆炸，应存放于阴凉、通风处，并避免与可燃物、易燃物以及强还原性物质放在一起。

(4) 强腐蚀剂类

强腐蚀剂类试剂一般对人体的皮肤、黏膜、眼、呼吸器官和金属有极强的腐蚀性，如强酸、液溴、三氯化磷、五氧化二磷、无水三氯化铝、氨水、氢氟酸、硫化钠等。它们放置在用抗腐蚀材料(耐酸水泥或耐酸陶瓷)制成的架子上，架子不能太高，最好放在地面靠墙处，以保证取放安全、方便，有挥发性的酸应用带有磨砂玻璃塞或有耐酸衬盖的细口瓶贮存。

(5) 剧毒品

剧毒品是指侵入人体内极少量即可引起中毒致死的试剂，如氰化物、三氧化二砷和其他砷化物、二氯化汞和其他汞盐、硫酸二甲酯等。这类试剂应锁在专门的毒品柜中，并要有专人负责保管，建立双人登记签字领用制度。使用消耗废液处理制度，皮肤有伤口时禁止使用这类物质。其他可溶性铜盐、钡盐、铅盐、锑盐等也都有毒，应妥善保管。

对于非危险的一般试剂储存条件要求不高，但要对这类物质定期查看，在保质期内用完。一般试剂中以下几类试剂的存放需注意。

(1) 遇光容易变质的试剂

受紫外光线的影响，易引起试剂本身分解变质，或促使试剂与空气中的成分发生化学变化的物质。如硝酸、硝酸银、硫化铵、硫酸亚铁等一般盛放在深色瓶中避光保存。

(2) 易冻结试剂

这类试剂的熔点或凝固点都在气温变化以内，当气温高于其熔点或下降到凝固点以下时，试剂由于熔化或凝固而发生体积的膨胀或收缩，易造成试剂瓶炸裂，如冰醋酸、晶体硫酸钠、晶体碘酸钠等。

(3) 易风化试剂

这类试剂本身含有一定比例的结晶水，通常为晶体。常温时在干燥空气中(一般相对湿度在 70%以下)可逐渐失去部分或全部结晶水，有的变成粉末，使用时不易掌握其含量。如结晶碳酸钠、结晶硫酸铝、结晶硫酸镁、胆矾、明矾等要密封保存。

三、实验室工作常识

在化学实验室中，经常与毒性很强、有腐蚀性、易燃烧和具有爆炸性的化学药品直接接触，常常使用易碎的玻璃和瓷质的器皿，以及在煤气、水、电等高温电热设备的环境下进行着紧张而细致的工作。因此，必须十分重视安全工作。

1. 实验室安全知识

① 进入实验室开始工作前，应了解煤气总阀门、水阀门及电闸所在处。离开实验室时，一定要将水、电、煤气关闭，门窗锁好。

② 使用电器设备(如低高压直流电源、调压变压器、烘箱、恒温水浴、离心机、电炉等)时，绝不可用湿手开关电闸和电器开关。凡是漏电的仪器，一律不能使用。

③ 使用浓酸、浓碱时，必须极为小心地操作，防止溅出。用移液管量取这些试剂时，必须使用洗耳球，绝对不能用口吸取。若不慎溅在实验台或地面，必须及时用湿抹布擦洗干净。如果触及皮肤，应立即用大量水冲洗，并治疗。

④ 使用可燃物，特别是易燃物(如乙醚、丙酮、乙醇、苯、金属钠等)时，不要大量放在桌上，更不应放在靠近火焰处。只有在远离火源时，或将火焰熄灭后，才可大量倾倒这类液体。低沸点的有机溶剂不准在火焰上直接加热，只能在带有回流冷凝装置的水浴中加热或蒸馏。

⑤ 易燃和易爆炸物质的残渣(如金属钠、白磷、火柴头)不得倒入污物桶或水槽中，应收集在指定的容器内。

2. 实验室灭火法

实验中一旦发生了火灾，切不可惊慌失措，应保持镇静。首先立即切断室内一切火源和电源，然后根据具体情况积极正确地进行抢救和灭火。常用的方法有：

① 可燃液体燃着时，应立刻拿开着火区域内的一切可燃物质，关闭通风器，防止扩大燃烧。若着火面积较小，可用石棉布、湿布、铁片或沙土覆盖，隔绝空气使之熄灭。但覆盖时要轻，避免碰坏或打翻盛有易燃溶剂的玻璃器皿，导致更多的溶剂流出而再着火。

② 酒精及其他可溶于水的液体着火时，可用大量的水灭火，最好用湿布盖灭。

③ 汽油、乙醚、甲苯等有机溶剂着火时，应用石棉布或砂土扑灭。绝对不能用水，否则反而会扩大燃烧面积。

④ 金属钠着火时，可把沙子倒在它的上面灭火。

⑤ 衣服被烧着时切忌奔走，可用衣服、大衣等包裹身体或躺在地上滚动灭火。

⑥ 导线着火时不能用水及二氧化碳灭火器灭火，应切断电源或用四氯化碳灭火器。某些物质燃烧时选用的灭火剂，如表 1–1 所示。

⑦ 发生火灾时应注意保护现场。较大的着火事故应立即报警，火警电话：119。

表 1–1　物质燃烧时选用的灭火剂

燃烧物质	应用灭火剂	燃烧物质	应用灭火剂
苯胺	泡沫、二氧化碳	松节油	喷射水、泡沫
乙炔	水蒸气、二氧化碳	火漆	水
丙酮	泡沫、二氧化碳、四氯化碳	磷	沙子、二氧化碳、泡沫、水
硝基化合物	泡沫	赛璐珞	水
二氯乙烷	泡沫、二氧化碳	纤维素	水
钾、钠、钙、镁	沙子	橡胶	水
松香	水、泡沫	煤油	泡沫、二氧化碳、四氯化碳
苯	泡沫、二氧化碳、四氯化碳	漆	泡沫
重油、润滑油、植物油、石油	喷射水、泡沫	蜡	泡沫
		石蜡	喷射水、二氧化碳
		二硫化碳	泡沫、二氧化碳
醚类(高沸点，175℃以上)	水	醇类(高沸点，175℃以上)	水
醚类(低沸点，175℃以下)	泡沫、二氧化碳	醇类(低沸点，175℃以下)	泡沫、二氧化碳

3. 实验室急救

① 受玻璃割伤及其他机械损伤时，首先检查伤口内有无玻璃或金属等物碎片，然后用硼酸水洗净，再涂擦碘酒或红汞水，必要时用纱布包扎。若伤口较大或过深而大量出血，应迅速在伤口上部和下部扎紧血管止血，立即到医院诊治。

② 烫伤时，一般用浓的(90%~95%)酒精消毒后，涂上苦味酸软膏。如果伤处红痛或红肿(一级灼伤)，可擦医用橄榄油或用棉花沾酒精敷盖伤处；若皮肤起泡(二级灼伤)，不要弄破水泡，防止感染；若伤处皮肤呈棕色或黑色(三级灼伤)，应用干燥而无菌的消毒纱布轻轻包扎好，急送医院治疗。

③ 强碱(如氢氧化钠，氢氧化钾)、钠、钾等触及皮肤而引起灼伤时，要先用大量自来水冲洗，再用 5%硼酸溶液或 2%乙酸溶液涂洗。万一眼睛里溅进了酸或碱液，要立即用水冲洗，千万不要用手揉搓眼睛。清洗时要眨眼睛，并及时请医生治疗。

④ 强酸、溴等触及皮肤而致灼伤时，应立即用大量自来水冲洗，再以 5%碳酸氢钠溶液洗涤。如皮肤上沾到较大量的浓硫酸时，不宜先用水冲(以免烫伤)，可迅速用干布或脱脂棉拭去，再用大量水冲洗。

⑤ 水银由呼吸道进入人体，也可以经皮肤直接吸收而引起积累性中毒。严重中毒的征象是口中有金属味，呼出气体也有气味；流唾液，打哈欠时疼痛，牙床及嘴唇上有硫化汞的黑色；淋巴腺及唾腺肿大。若不慎中毒时，应送医院急救。急性中毒时，通常用呕吐剂或碳粉彻底洗胃，或者食入蛋白(如 1L 牛奶加 3 个鸡蛋清)或蓖麻油解毒并使之呕吐。

⑥ 触电时可按下列方法之一切断电路：关闭电源；用干木棍使导线与被害者分开；使

被害者和土地分离，急救时急救者必须做好防止触电的安全措施，手或脚必须绝缘。

第四节　化学实验基本操作

化学实验基本操作是指在进行化学实验时必须掌握的基本技能。例如，常用化学仪器的洗涤、安装和使用，化学试剂的取用、称量、加热、过滤、蒸发、集气和溶液配制等一系列操作方法。

一、玻璃仪器的洗涤

玻璃仪器要始终保持干燥洁净，每次实验前要检查是否洁净，实验后要及时清洗、晾干。洗涤时用水原则是少量多次，对一般实验来说玻璃仪器洗涤干净的标准为：其内壁附着的水很均匀，既不聚成水滴，也不会成股流下，晾干后不留水痕即可。

如果仪器内壁附着有不易涮掉的物质，要使用试管刷(或烧瓶刷)。使用试管刷在盛水的试管里转动或上下移动时，不可用力过猛，以防戳破试管底。洗净的仪器可倒置在不被碰撞的地方(如将试管倒插在试管架上)晾干备用。

二、试剂的取用

1. 取用试剂的一般操作规则

① 不能用手或不洁净的用具接触试剂。

② 瓶塞、药匙、滴管都不得相互串用。

③ 每次取用试剂后都应立即盖好试剂瓶盖，并把瓶子放回原处，使瓶上标签朝外。

④ 取用试剂应当是用多少取多少。取出的多余试剂不得倒回原试剂瓶，以防污染整瓶试剂，对确认可以再用的试剂另用清洁容器回收。

⑤ 取用试剂时，转移的次数越少越好(减少中间污染)。

⑥ 不准品尝试剂，不要把鼻孔凑到容器口去闻试剂的气味，只能用手轻轻煽动，使少量的气体进入鼻孔，防止受强烈刺激或中毒。

2. 固体试剂的取用

① 取用小颗粒或粉末状试剂可使用药匙。药匙的两端分别为大小两匙，取少量试剂时可利用小匙，往试管里装入粉末状固体时，应先将试管平斜，把盛有试剂的药匙小心地送入试管底部，然后翻转药匙并使试管直立，试剂即可全部落到底部。药匙用毕要立即用洁净的纸擦拭干净。如图 1–1 所示。

② 往试管(或烧瓶)中装入粉末状试剂时，为了避免沾在管口和管壁上，把粉末平铺在小纸条折叠成的纸槽中。再把纸条平伸入试管中，直立后轻轻抖动，试剂将顺利地落到容器底部。如图 1–2 所示。

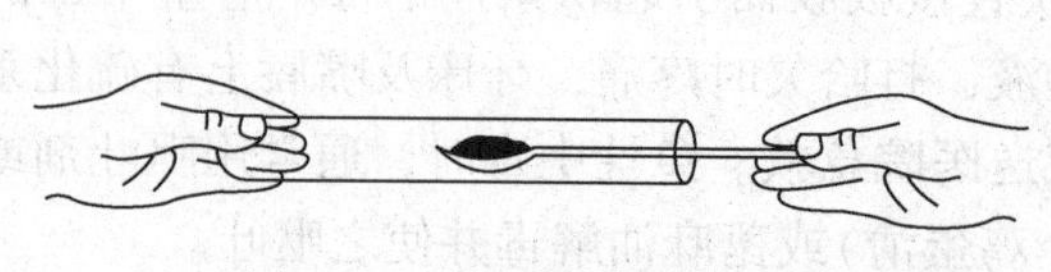

图 1–1　药匙取放固体试剂

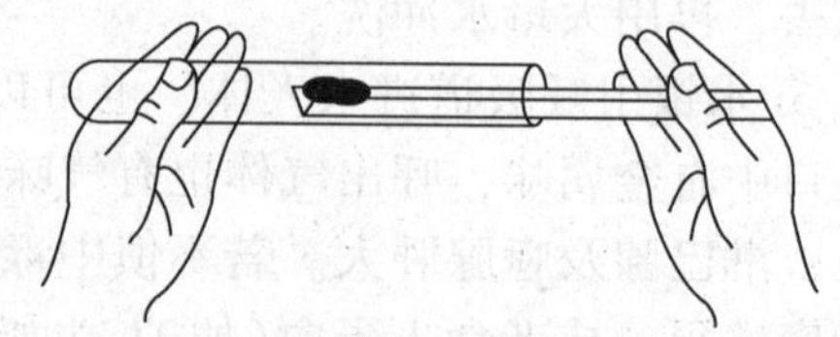

图 1–2　纸槽取用固体试剂

③ 取用块状试剂可用洁净干燥的镊子夹取。将块状试剂放入玻璃容器(如试管、烧瓶等)时，应先把容器平放，把块状试剂放入容器口后缓缓地竖立容器，使块状试剂沿器壁滑到容器底部，以免把玻璃容器底砸破。

3. 液体试剂的取用

(1) 倾注法

液体试剂通常都盛在细口试剂瓶中。取用时先打开瓶塞(如瓶塞上沾有液体，应在瓶口处轻轻地刮掉)，随手将瓶塞倒放在台面上。握住试剂瓶上贴标签的一面，使标签正对掌心的方向，应使试剂瓶口边缘与试管口的边缘相抵，如图 1-3 所示，逐渐倾斜瓶子，让试剂沿着洁净的试管壁流入试管，最后试剂瓶口在试管口上靠一下，再逐渐竖起瓶子。

往试管中注入液体时，应以拇指与食指、中指相对捏住试管上部近口处，以便于控制管口位置和观察液体的注入量。倾注完毕时，试剂瓶口上剩下的最后一滴，不应让它淌在瓶子的外壁上，要随手用接受液体的内口边缘、玻璃棒或原瓶塞把液滴轻轻刮掉，以免遗留在瓶口的液体滴流到瓶的外壁。

当往小口容器内转移液体时，也可以借助漏斗。往烧杯(或其他大口容器)中倾倒液体时，可用玻璃棒引流。

(2) 用滴管转移液体

转移少量液体或逐滴滴加液体时，可使用滴管。使用时，先用拇食指捏瘪橡胶乳头，赶出滴管中的空气(视所需吸入液体多少，决定捏瘪的程度)，然后把滴管伸入液面以下，再轻轻放开手指，液体遂被吸入，每次用滴管吸入的液体量以不超过滴管长的 2/3 为宜。用滴管往容器中转移液体时，根据需要接受液体的容器可直立或稍微倾斜，液滴可沿器壁自然淌下而避免迸溅(如图 1-4 所示)，但吸液后的滴管不准平持，更不准将尖嘴向上倾斜，滴管必须垂立于容器口的上方，其尖嘴不得接触容器壁。

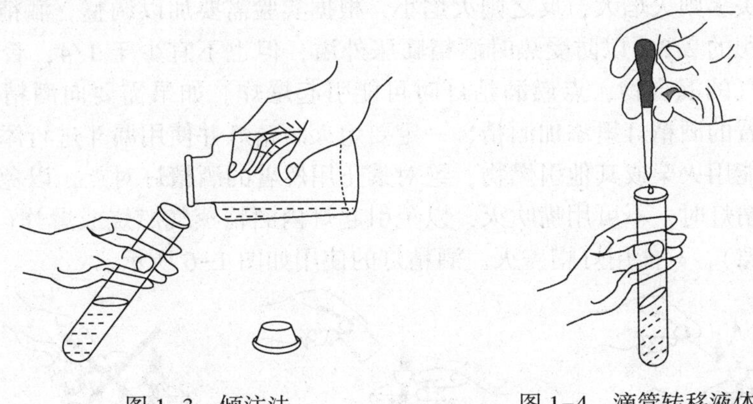

图 1-3　倾注法　　图 1-4　滴管转移液体

滴管用毕不能平放在台面上(应插在专用的试管或烧杯中)，以防被玷污。当使用滴管吸取不同液体时，滴管要及时洗净。洗净的方法是挤净液体后，反复吸、放蒸馏水。如果滴管的胶头内吸入了液体，必须摘下反复冲洗晾干后，装上再用。

(3) 一定体积液体的量取

取用一定量的液体，一般可用量筒量出其体积，选用量筒的规格视所量液体体积大小而定。量筒的标称容量越大其分度值越大，则精度越低；反之容量越小其分度值越小，则精度越高。如果要准确量取一定体积的溶液，需要用精密度较高的移液管、吸量管等。量取液体

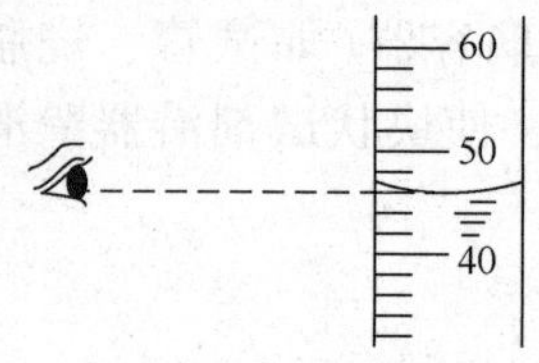

图 1-5　读取液体体积

时视线要跟量筒内液体的凹液面的最低处保持水平，读数方法如图 1-5 所示。如果仰视或俯视都会造成读数误差。

4. 托盘天平的使用

所有被称物质，特别是化学试剂，均不能直接放在托盘上，一般可放在纸片上或表面皿里(纸片或表面皿应事先称量，或在两边托盘上各放等质量的纸片或表面皿)，潮湿的、易潮解的或腐蚀性强的试剂，应放在已知质量的玻璃容器里称量。热的物体不仅可损坏天平盘，而且还能使托盘四周空气对流，影响正常操作，因此不能用托盘天平称取热的物体。

称量前对托盘天平进行校准。将天平放置在水平地方，游码放在游码标尺的零位上。天平空载时，观察指针是否停在分度盘中间的位置(或指针两边摆动的格数相等)。如不平衡可以调整调节零点的平衡螺母，如果天平的指针向右偏，则右端偏重，可将螺母向左调。当指针在分度盘左右两边摆动的格数接近相等时，即可开始称量。

称量时，将被称物体放在左盘，砝码放在右盘，10g(或 5g)以下可使用游码。加减砝码和拨动游码要使用镊子，加砝码时，应由大到小依次增减砝码，然后再拨动游码直到天平平衡点与零点重合(允许偏差在一小格之内)。这时砝码和游码所示质量之和，就是被称物体的质量。

称量完毕，把砝码依次放回砝码盒内，把游码拨回零位，天平托盘用软毛刷清扫干净。

三、物质的加热

化学实验中，酒精灯是最常用的加热工具，其点燃后所产生的火焰最高温度可达 800℃，它由灯体、陶瓷灯芯管和灯帽三部分组成。

使用前，先要检查一下灯芯，如果灯芯顶端不平或已烧焦，就要剪去少许，然后用镊子调整灯芯。灯芯露头多则火焰大，反之则火焰小，根据实验需要加以调整。酒精灯里的酒精量不得超过灯身容积的 2/3，以防受热时酒精膨胀外溢，但也不宜少于 1/4，否则灯里容易充满酒精蒸气和空气的混合物，点燃酒精灯时可能引起爆炸。如果需要向酒精灯中添加酒精，绝对禁止向燃着的酒精灯里添加酒精，一定要熄灭酒精灯并使用漏斗进行添加。

点燃酒精灯只能用火柴或其他引燃物，绝对禁止用燃着的酒精灯对点，以免酒精流出而引起失火。熄灭酒精灯时，不可用嘴吹灭，以免引起灯内酒精蒸气燃烧或爆炸(一般灯芯管与灯口之间都有间隙)，只能用灯帽盖灭。酒精灯的使用如图 1-6 所示。

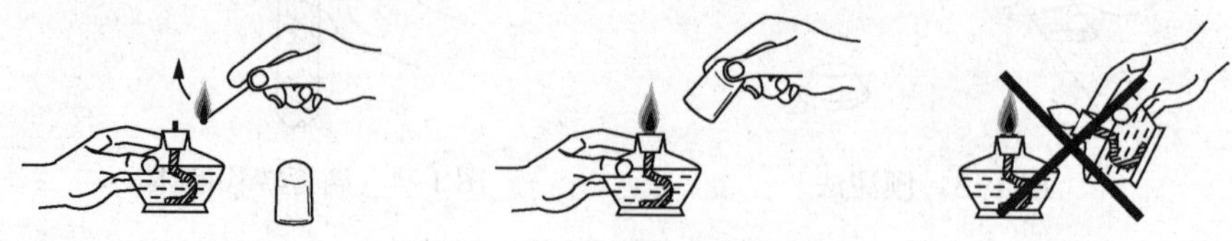
图 1-6　酒精灯的使用

酒精灯不用时，必须将酒精灯盖好，否则长时间放置导致酒精蒸发，灯内酒精中所含水分相对增多，再使用时不易点燃，而且浪费酒精。

◇ 实验与思考

【试一试】(1)用石棉网的铁纱部位自上而下地平放在酒精灯的灯焰中段，观察铁纱网有什么变化？这一现象说明了什么？

(2) 将一支火柴迅速地插到酒精灯火焰的焰心部位，约 2s 后取出，观察火柴头及杆各有什么变化？这一现象说明了什么？

(3) 用镊子夹持一段带有尖嘴的短玻璃管，将玻璃管的一端插抵焰心部位，将焰心部位气体导出，用火柴点燃尖嘴一端导管口，观察所发生的现象，说明原因。

【想一想】综合以上的现象可以说明酒精灯的火焰共分为外焰、内焰和焰心三个层次，试推测这三层的温度高低各如何？解释原因。

四、仪器的装配

化学实验中常需要把多件仪器按一定的要求组装成套，组装的基本要求是：科学、安全、方便、美观。组装时既要遵循一定程序，又要灵活掌握。

1. 仪器和零部件的连接

(1) 玻璃管和橡胶管连接

选用玻璃管的管口必须事先用火灼熔过，以去掉其锋利的断口。选用内径稍小于玻璃管外径的橡胶管，在玻璃管的一端蘸点水作润滑剂，两手分别捏住两管口的近端，将胶皮管从下缘开始套入，套入的长短以严密、牢固为度。

(2) 玻璃管插入带孔的橡皮塞

左手拿橡皮塞，右手拿玻璃管靠近要插入塞子的一端，先将玻璃管的一端蘸点水作润滑剂，拇指和食指微微用力，将玻璃管慢慢转入塞孔。注意，切不可使着力点离塞太远，也不要猛力直插，尤其是往弯管上装橡皮塞时，更要注意玻璃管上的着力点，只能落在靠近塞子的直管部位。

(3) 橡皮塞的安装

先选好大小适宜的塞子(一般以塞子能进入容器口 1/2 左右为宜)，塞塞子时，以左手握稳容器(如试管、烧瓶等)的颈部，右手拿住橡皮塞(或事先装好玻璃导管的橡皮塞)，边塞边转动，直至严密。

2. 仪器的安装与拆卸

一般铁架台的杆放在仪器的后边，有时为了操作方便，也可以放在仪器的左边或右边，但无论如何都必须使所承受的仪器的重心落在铁架台座的中心部位。固定仪器的铁夹有大有小，一般应选择与仪器大小相适应的，夹持的部位应靠近容器口。夹持较大容器(如烧瓶)时，其底部应有支撑物，如台面、铁圈或三脚架上的石棉网等。

组装多件仪器时，要了解实验的目的、方法、步骤，了解各种仪器的性能结构和各部件之间的相互关系。组装时先按要求配好管、塞，然后由低到高，按反应流程从反应器到接受器依次连接(一般是从左到右)。在连接前和连接时应适当调整其高度。检查仪器组装得是否牢稳、合理、美观。只有在检查气密性之后，才允许往仪器中添加试剂。

拆卸仪器时，一般先拆开各仪器间的连接导管，然后由后往前、由高到低依次拆卸。特殊情况可灵活处理。总的原则是不能违反仪器自身的性能和使用规则。

3. 装置的气密性检查

仪器装好后，放入试剂前先要检查是否漏气，以免出现漏气现象。避免因装置漏气而导致实验失败，甚至还会发生危险。

当全套仪器只有一个导管出口时，可把导管口没入水中，然后用手(或热毛巾)包围仪器外部，若导管口有气泡冒出，且当仪器冷却时，水能自导管口上升一段，而水柱持续不落，表明装置不漏气。

如果查出装置漏气，一定要找出原因，乃至更换元部件，不可勉强敷衍。

五、物质的分离

1. 过滤

过滤是分离固体与液体(或结晶与母液)的一种方法。通常用漏斗和滤纸进行过滤。过滤操作如图 1-7 所示，选择大小合适的圆形滤纸，沿直径对折，使其圆边重合，再把半圆折成 90° 角，打开滤纸成圆锥形，尖端朝下放入漏斗中，使滤纸紧贴漏斗壁。用左手食指按住滤纸并以蒸馏水润湿之，再小心地用食指按压滤纸，赶走留在滤纸与漏斗壁之间的气泡(目的是增加过滤速度)。

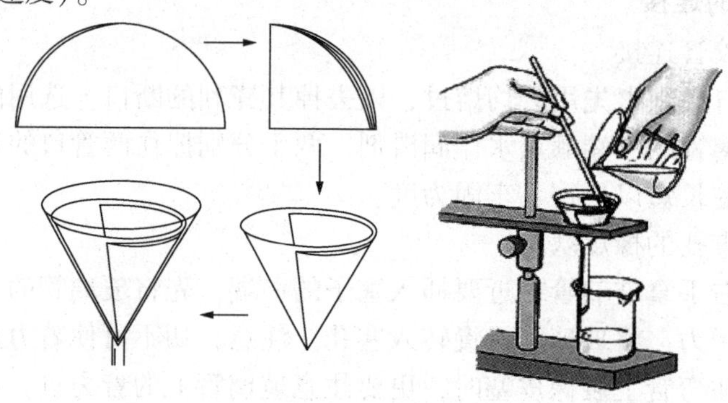

图 1-7　过滤操作

过滤时将漏斗放在铁架台的铁圈上，漏斗颈的下端要紧贴在接受容器的内壁上，使滤液沿器壁流下而不致飞溅。往过滤漏斗中转移液体时要用玻璃棒引流，引流的玻璃棒下端轻靠三层滤纸的一侧，以防液流把滤纸冲破。倾液时，烧杯尖嘴要紧贴玻璃棒，滤液的液面必须低于滤纸斗的上沿，当每次倾液完毕应将烧杯沿玻璃棒上提，并使烧杯壁与玻璃棒几乎平行后再离开，这样做可以防止液体流到烧杯外壁。

2. 蒸发

浓缩或蒸干溶液均可使用蒸发的方法，蒸发可在烧杯或蒸发皿中进行。给蒸发皿中的溶液加热，一般是将蒸发皿放在铁架台的铁圈上直接加热。当蒸发皿中溶液浓缩后，要用玻璃棒不断搅拌，以防局部过热而发生迸溅(必要时应撤火或改用小火)。当蒸发到出现固体或接近干涸时，可停止加热，利用余热使水分蒸干。注意：不要立即把热蒸发皿直接放到实验台上，以免烫坏台面。如果需要放在实验台上，要垫上石棉网。

3. 结晶

结晶常用来分离提纯固体物质，使晶体从溶液中析出而分离的方法。

① 蒸发溶剂：把溶液放在敞口的容器(如蒸发皿、烧杯)里，让溶剂慢慢地蒸发。由于溶剂减少，溶液渐变为饱和溶液。当溶剂继续蒸发时，溶质就会以结晶形式从溶液中析出。

② 降低溶液温度：先加热溶液使溶剂蒸发，成为热的饱和溶液，再缓缓冷却，溶质就会以结晶形式从溶液中析出。

第二章　中学化学演示实验研究

实验一　氧气的制备和性质

一、实验目的

（1）熟悉实验室制取氧气的几种方法，能遵循绿色化学的理念选择实验室制取氧气的方法；

（2）熟练掌握氧气性质实验的操作技能，探讨现象鲜明、生动、直观的性质实验设计方法；

（3）研究有关氧气实验室制法和氧气性质实验的教学技能。

二、实验用品

仪器和材料：大试管（20mm×200mm，附单孔橡皮塞和导气管）、试管夹 1 只、试管（15mm×180mm）4 支，单孔橡皮塞、胶皮管、玻璃导管、集气瓶（125mL）6 个，尖嘴导管（长 20mm）1 个，水槽、铁架台（带铁夹）、酒精灯、坩埚钳（镊子）、研钵 1 个。

药品：氯酸钾固体（分析纯）、高锰酸钾固体、二氧化锰（分析纯）、木炭、澄清石灰水、10%过氧化氢溶液、细铁丝、硫粉、棉花、火柴、细沙。

三、实验内容

（1）氧气制备的三种方法

（2）二氧化锰做催化剂验证实验

（3）木炭在氧气中燃烧

（4）硫在氧气中燃烧

（5）铁丝在氧气中燃烧

四、实验操作

1. 氧气的制备

（1）高锰酸钾分解制氧气

用带有导管的橡皮塞塞紧试管，并检查装置是否漏气，不漏气的装置才能进行实验。检验实验装置是否漏气的具体操作：实验装置安装好后，将导管插入水面以下，用手捂热试管，若导管口处有气泡冒出，则装置气密性良好。氧气制备装置如图 2-1。

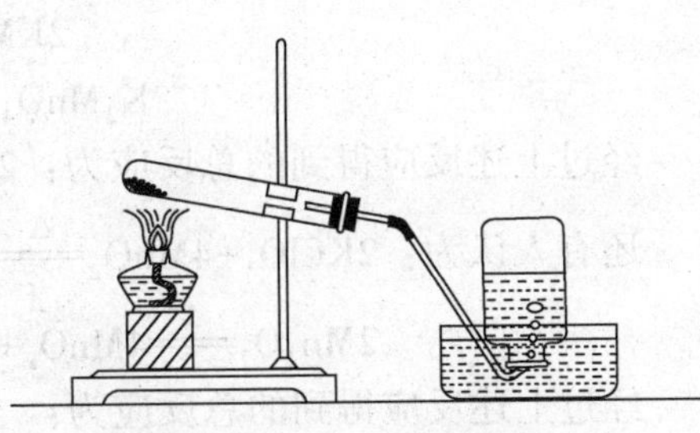

图 2-1　实验室制氧气

试管里放进约 3g$KMnO_4$，用一小团棉花放在靠近试管口的地方，防止加热时 $KMnO_4$ 粉末进入导管，把带有导管的塞子塞紧试管口。

将 1 个集气瓶盛满水，并用玻璃片盖住瓶口。盖瓶口时，先盖住瓶口的一小部分，随后推动玻璃片盖满全部瓶口，注意不要让瓶口水面处留有气泡。然后把盛满水的瓶子连同玻璃片一起倒立在盛水的水槽内。

加热试管，先使酒精灯在试管下方来回移动使试管均匀受热，然后对高锰酸钾所在的部位加热。导管口开始有气泡放出时，不宜立即收集，当气泡连续、均匀地放出后，再把导管口伸入盛满水的集气瓶里。等瓶子里的水排完以后，在水面下用玻璃片盖住瓶口。小心地把瓶子移出水槽，正放在桌子上。加热 6g 高锰酸钾可收集到约 400mL 的氧气。

注意：

a. 加热试管时，试管口略向下倾斜，高锰酸钾固体药品受热产生水气，防止管口处冷凝的水滴倒流而使试管炸裂。

b. 导管口不宜伸入试管过深，利于气体导出。

c. 加热前预热，防止试管局部受热炸裂。

d. 停止加热时，先将导管移出水面，然后再熄灭酒精灯，试管冷却过程中水就不会倒吸入试管，防止试管被炸裂。

e. 高锰酸钾受热分解反应比较平稳，适宜用做学生实验。

（2）氯酸钾分解制氧气

用天平称取氯酸钾 6g，倒入研钵轻轻压碎（切不可研磨），二氧化锰 2g（事先在蒸发皿内焙烧处理，除去其中可能含有的有机杂质和炭屑）。将二氧化锰和氯酸钾混合均匀，用药匙（或光洁的凹形纸条）装入大试管中（20mm×200mm），实验装置和高锰酸钾分解制氧气的装置类似。加热试管中的混合物，分别用向上排气法和排水法收集氧气（其中一瓶要留 1/5 体积的水）待用。6g 氯酸钾分解，大约可收集 1400mL 的氧气，理论上 25℃时可收集 1796mL 氧气。

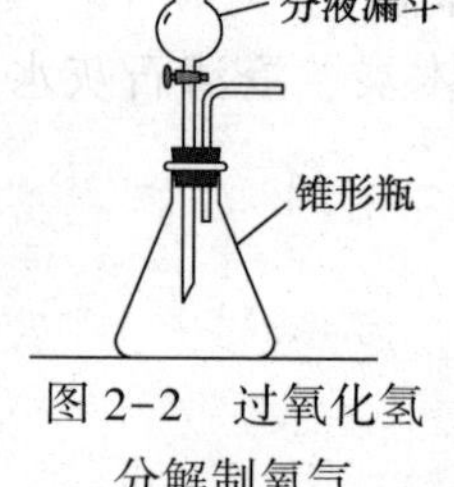

图 2-2　过氧化氢分解制氧气

（3）过氧化氢分解制氧气

装置如图 2-2 所示，在锥形瓶中加入 0.5gMnO_2，锥形瓶上加分液漏斗，分液漏斗中装入 20mL10%H_2O_2。反应时控制 H_2O_2 的滴加速度，待出现连续气泡时，用排水法收集氧气，备用。

2. 二氧化锰催化作用的验证

二氧化锰对氯酸钾分解反应的催化机理，有人认为是产生了容易分解的中间产物的缘故：

$$2KClO_3+2MnO_2 \xlongequal{\triangle} 2KMnO_4+Cl_2+O_2\uparrow$$

$$2KMnO_4 \xlongequal{} K_2MnO_4+MnO_2+O_2\uparrow$$

$$K_2MnO_4+Cl_2 \xlongequal{} 2KCl+MnO_2+O_2\uparrow$$

经过上述反应得到的总反应为：$2KClO_3+(2MnO_2) \xlongequal{} 2KCl+3O_2\uparrow+(2MnO_2)$

还有人认为：$2KClO_3+4MnO_2 \xlongequal{\triangle} 2KCl+2Mn_2O_7$

$$2Mn_2O_7 \xlongequal{\triangle} 4MnO_2+3O_2\uparrow$$

经过上述反应得到的总反应为：

$$2KClO_3+(4MnO_2)\xlongequal{\triangle}2KCl+3O_2\uparrow+(4MnO_2)$$

① 在一支干燥而洁净的试管（15mm×180mm）中，加入少量二氧化锰，用试管夹夹住在灯焰上加热，并随时用带有火星的木条检验是否有氧气放出。

另取一支干燥而洁净的试管，先加入少量氯酸钾，在酒精灯上加热至正好熔化。用带着火星的木条插入试管中，检验是否有氧气放出。观察现象后，及时把试管移开火焰，迅速加入少量二氧化锰，再用带火星的木条插入试管中。

从上面三个实验，概括出用氯酸钾制取氧气时二氧化锰的作用。

② 在一支试管中加入 5mL5%的过氧化氢溶液，把带火星的木条伸入试管，木条是否复燃？微微加热装有过氧化氢溶液的试管，有什么现象发生？把带火星的木条伸入试管，观察发生的现象。在另一支试管中加入 5mL5%的过氧化氢溶液，并加入少量二氧化锰，把带火星的木条伸入试管，观察发生的现象。待试管中没有气泡产生时，重新加入 1mL5%的过氧化氢溶液，观察发生的现象，如果再加过氧化氢溶液，又有何现象？

3. 氧气的化学性质

（1）木炭在氧气里燃烧

用坩埚钳夹取一小块木炭在酒精灯上烧到发红，观察其在空气里燃烧的情况。趁木炭还红热时，将红热的木炭插入盛有氧气的集气瓶（由瓶口向下缓慢插入），观察木炭在氧气里燃烧的现象。集气瓶里氧气基本耗尽，木炭燃烧停止后，取出坩埚钳，并立即向集气瓶里加少量澄清石灰水，振荡，观察有什么现象发生？

（2）硫在氧气中燃烧

实验装置如图 2-3 所示。首先将燃烧匙底部铺上细沙，放在火焰上灼烧，至火焰颜色不变，然后放入少量的硫，在酒精灯上加热至燃烧（此时发出微弱淡蓝色火焰）。将燃烧匙深入盛满氧气的集气瓶，防污染生成的 SO_2 气体逸出，盖上毛玻璃片，观察硫在空气和氧气中燃烧有何不同。

（3）铁丝在氧气里燃烧

取几根纱窗细铁丝，擦去表面铁锈或油漆，拧成一束呈螺旋形绕在一根火柴上。点燃火柴，待火柴临近烧完时缓慢插入盛有氧气的集气瓶（集气瓶里装有少量水）因为铁与氧气反应生成的四氧化三铁温度很高，如果粘在瓶底，会使集气瓶破裂。观察铁丝在氧气中燃烧的现象，注意生成物的颜色和状态。装置如图 2-4 所示。

图 2-3　硫在氧气中燃烧

图 2-4　铁在氧气中燃烧

五、注意事项

1. 氧气制备实验的注意事项

（1）制取氧气的氯酸钾和二氧化锰必须纯净，不能含有还原性的物质，以防止在加热或摩擦情况下发生爆炸。较大的颗粒要放入干燥而洁净的研钵中轻轻压碎，切不可研磨，更不能和二氧化锰混合研磨。

(2) 用高锰酸钾或氯酸钾分解制氧气时，试管口要略向下倾斜，防止加热时固体试剂所吸附的水释放出来产生倒流，使试管骤然受冷而破裂。停止制取氧气时，应先把导管从水里拿出来，然后移去酒精灯。

(3) H_2O_2在 pH 值为 4 时最稳定。炭粉及尘埃都能使 H_2O_2分解，在碱性溶液中分解最快。为防止 H_2O_2分解，保存时可加入少量磷酸作为稳定剂，并贮存在不透明的塑料瓶中。使用时可加入少量碱。

(4) 收集氧气时，要待气泡均匀冒出再开始收集，因刚开始冒出的气泡是试管中原有的空气，待空气气泡排完后开始收集，方可得到较纯的氧气。为保证良好的实验效果，可多收集 2 瓶氧气，用做实验失败或现象不明显时补做备用。

2. 氧气性质实验的注意事项

(1) 在集气瓶内做燃烧实验时，一般应将燃烧物从瓶口慢慢伸向瓶底，以充分利用全部气体，延长燃烧时间，同时也避免集气瓶局部受热炸裂。

(2) 演示硫在氧气中燃烧时，硫的用量要少，防止硫过多在氧气中消耗不完，取出瓶外后继续燃烧，产生的二氧化硫会污染空气。

(3) 做铁丝燃烧实验时应用留有水或铺一层细沙的集气瓶，以防止生成炽热的四氧化三铁溅落入瓶底，使瓶底局部受热而破裂或熔粘在瓶底上。铁丝燃烧时，防止燃着的铁丝靠近或接触瓶壁，一定待火柴燃烧至仅有火星时方可将铁丝伸进集气瓶内，否则一部分氧气要消耗在火柴梗的燃烧上。

六、思考与讨论

(1) $KClO_3$单独加热，在 365℃时熔化，大约在 380℃时发生分解生成 $KClO_4$、KCl 和 O_2，继续加热至 400℃以上时，$KClO_4$分解为 KCl 和 O_2。而在有催化剂 MnO_2存在下，加热至 240℃即可分解出 O_2。$KMnO_4$加热的温度高于 200℃，便有 O_2产生。H_2O_2在有催化剂存在时，常温下即可分解出 O_2。从绿色化学的角度来讲，用哪种方法制氧气最好，简要说明理由。

(2) 用 $KClO_3$和 MnO_2混合物制取 O_2，用排水法收集氧气的集气瓶中常伴有刺激性气味和白色烟雾。集气瓶经过静置、用水或稀 NaOH 溶液洗涤或缓慢加热反应物，控制 O_2产生速率，即可消除此现象。产生此现象的原因可能是反应产生少量 Cl_2和未被分解的 $KClO_3$小颗粒所致。你在实验过程中是否遇到上述现象，如果没有，你认为实验成功的关键是什么？

(3) 保证氧气性质实验成功的关键及注意事项有哪些？

(4) 中学教学中氧气性质演示实验的教学目的是什么？观察重点是什么？应引导学生观察哪些现象？你能否设计出一个铝在氧气中燃烧的演示实验？

(5) 设计一个简单实验，避免硫燃烧时污染空气。

实验二　氢气的实验室制法和性质

一、实验目的

(1) 了解启普发生器的构造，掌握其使用方法；

(2) 设计和安装一套简易启普发生器的代用装置，熟练掌握氢气实验室制备和性质实验的操作技能；

(3) 研究有关氢气制备和性质实验的教学。

二、实验用品

仪器和材料：启普发生器、烧杯、30mm×200mm 大试管 1 只、长颈漏斗 1 个、15mm×75mm 试管 2 个、玻璃水槽（外径 240mm）1 个、塑料爆鸣筒（自制）、集气瓶、尖嘴导管 1 个、弹簧夹 1 个、塑料筒 1 个、直玻管 1 根、酒精灯 1 个、蒸发皿 1 个、导管、玻璃棒、带有铁夹的铁架台、砂纸、火柴。

药品：粗锌粒、高锰酸钾固体、硫酸溶液（浓硫酸和水体积比 1∶4）、硫酸铜、细木条、洗涤剂、甘油、凡士林。

三、实验内容

(1) 启普发生器的安装和使用

(2) 简易启普发生器的设计和安装

(3) 氢气的制取

(4) 氢气纯度的检验

(5) 氢气性质实验
- ①氢气爆鸣实验
  - 氢气和空气混合气的爆炸
  - 氢气和空气扩散相的爆炸
- ②氢气在空气中燃烧
- ③氢气还原氧化铜

四、实验操作步骤

1. 启普发生器的使用

(1) 启普发生器结构

启普发生器由三部分组成（见图 2-5）：上面一部分是球形漏斗，下面一部分是玻璃球体和玻璃半球体所组成的容器，第三部分是导气管。球体有两个开口，正上方开口是球形漏斗插入的孔道，上侧口是气体的出口（配有导气管和橡皮塞）。半球体有一个下侧口用于排废酸，用玻璃磨砂塞或橡皮塞塞紧并拴住。

球形漏斗的长颈几乎伸到半球体的底部，它和容器上玻璃球体相接处是磨砂密合，可防止漏气。将发生器各部件洗净、擦干并在磨砂处和活塞处涂上薄薄的一层凡士林，装好旋转呈均匀透明状，以防漏气或漏液。

(2) 检查气密性

先打开导气管活塞，从漏斗处加水充满半球体，关闭活塞；继续加水至液面到达球形漏斗体积的容积一半处为止，作一个记号，静止 2min。如果水面不下降，证明启普发生器不漏气。把水放掉重新安装。

(3) 装锌

拔去上侧口的橡皮塞，从上侧口放入一层玻璃丝在球体和半球体之间的“蜂腰”处，防止锌粒掉下去。然后，用药匙加入粗锌粒。

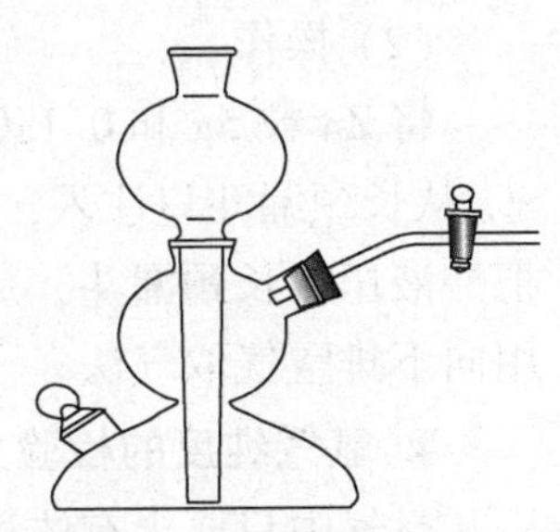

图 2-5　启普发生器

(4) 装酸

扭开导气管活塞，将稀硫酸从球形漏斗中加入至浸没锌粒为止，关闭活塞待用。

(5) 排酸

启普发生器用过后应排掉废酸。首先关闭导气管活塞，再用橡皮塞塞住球形漏斗口，然后右手握住启普发生器的球体(不能握球形漏斗)把下侧口放在大口接受器(废液缸或大烧杯)之上，左手拔去半球体下侧口的活塞，让酸液慢慢流出来。然后将锌粒、玻璃丝和启普发生器洗净，并在有磨砂处垫上纸片或涂上凡士林，以防黏结。如中途需要加酸，可以在排完废酸后，再塞紧塞子，加入新的酸液。

2. 简易启普发生器的设计和安装

根据启普发生器的使用原理，将一大试管用隔板分割成两部分(隔板需带有小孔，小孔的大小以不能使锌粒漏过为宜)，相当于启普发生器的玻璃球和玻璃半球的容器，上部安装一长颈漏斗，长颈几乎伸到试管底部。制备氢气时，使硫酸溶液透过隔板，当停止制备氢气时，关闭导气管附近的活塞，使锌粒和硫酸溶液(1∶4)分离。长颈漏斗的容积需能装盛回流的硫酸溶液，因此，隔板的位置应适当，通常置于大试管的下 1/3 处。大胶塞上有两个孔，一个孔插长颈漏斗，另一孔导出氢气。装置如图 2-6 所示。

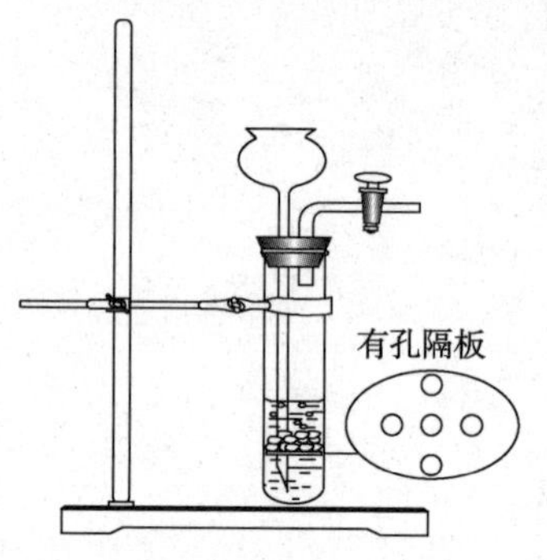

图 2-6　简易启普发生器

3. 氢气的制取

(1) 原理

$$Zn+H_2SO_4 = ZnSO_4+H_2\uparrow$$

如果用的锌粒纯度较高，开始时有反应发生，但反应速率很慢，过一段时间后反应停止。为使反应顺利进行，可用粗锌粒或加入少量硫酸铜或加一些铜丝。

原因是：反应刚开始时，氢离子得到电子生成氢气逸出，但由于氢在锌表面上的超电位约为-0.7V，和锌的电极电势-0.79V 非常接近，所以反应开始不久就停止了。如用粗锌或加入少量硫酸铜，因含有的杂质微粒可以和锌形成许多微小的原电池，因此可使反应能够继续进行。

演示实验要求产气速度较快，因此常加入少量的硫酸铜($CuSO_4\cdot 5H_2O$)。首先，锌粒与硫酸铜发生置换反应 $CuSO_4+Zn = ZnSO_4+Cu$，置换出来的 Cu 附着在 Zn 上，与 Zn 构成微电池，Zn 成为原电池(微电池)的负极，Cu 成为微电池的正极，Zn 失去电子给 Cu，H^+在 Cu 上得到电子，在 Cu 表面不断产生氢气逸出，Zn∶$CuSO_4\cdot 5H_2O$ 最适合的质量比为5∶0.1。

(2) 操作

将 Zn 粒 5g 和 0.1g$CuSO_4\cdot 5H_2O$ 放在有孔的隔板上，塞紧橡胶塞，打开弹簧夹，稀 H_2SO_4从长颈漏斗口注入，以浸没 Zn 粒为宜。当不需要氢气产生时，夹紧弹簧夹，管内氢气把酸液压入长颈漏斗，从而把酸与 Zn 粒隔开，反应停止。H_2的收集可用排水取气法，也可用向下排空气取气法。

4. 氢气纯度的检验

空气中只要含有体积分数为4%~74.2%的氢气，点燃时就会爆炸，因此使用氢气之前，必须检验纯度。使用容积较大的发生器(200mL 以上)务必十分小心。

检验方法：打开导气管活塞，用排水法收集一小试管氢气，用大拇指堵着试管口，试管口向下移近酒精灯火焰，松开大拇指，如听见尖锐的爆鸣声，表示氢气不纯。此时应换一只试管或用拇指堵住刚刚使用过的试管一会儿，然后再收集氢气，检验纯度(为什么?)，直至发出轻微的“噗”声为止，说明氢气已纯，可以使用。

5. 氢气性质实验

(1) 氢气爆鸣实验

氢气的爆炸反应实质是氢气和氧气发生的强烈反应。

$$2H_2+O_2 \xlongequal{\text{引爆}} 2H_2O$$

① 氢气和空气混合气的爆炸。

方法一：

准备一个约 125mL 的塑料瓶，塑料瓶盖上烫一个小孔，安装上电打火装置。用排水取气法收集 1/3~1/2 塑料试剂瓶的氢气，提出水面后立即用玻璃片盖好，上下颠倒 1~2 次(每次 5s)成为混合气体。将瓶盖轻轻盖在瓶口，不能太紧，用电火花引燃混合气体，观察现象。

注意：氢气和氧气的混合气体，当体积比为 2∶1 时爆炸最猛；

氢气和空气的混合气体，当体积比为 2∶5 时爆炸最猛。

方法二：

向洗涤剂的溶液中通入氢氧(2∶1)混合气体，形成五六个气泡后，关闭止水夹，移走该装置，再用燃着的火柴接触气泡，立即发出很响的爆鸣声。此实验方法安全，重现性好。

② 氢气和空气扩散相的爆炸。

准备一个约 125mL 的塑料试剂瓶，在瓶底烫一个 0.5cm 粗细的圆孔，然后再用软纸包裹的小棍堵上小孔。用排水取气法收集氢气至满，取出盖好，把塑料瓶倒扣在有凹坑处，或者在塑料瓶下支一段木条，拔掉堵孔的小棍，立即用带火的木条在小孔处点燃，实验装置如图 2-7 所示。观察现象并解释原因。

(2) 氢气点燃生成水

$$2H_2+O_2 \xlongequal{\text{点燃}} 2H_2O$$

在导气管上接一尖嘴玻璃导管，点燃氢气，观察氢气燃烧现象。再在火焰的上方罩一冷而干燥的烧杯，观察现象。装置如图 2-8 所示。或者在烧杯内壁沾微量的高锰酸钾粉末，将烧杯罩在火焰上方，开始可以看到水气，过一会儿，就可观察到高锰酸钾紫色溶液顺着烧杯壁往下流。为了加强观察效果，可在烧杯下面垫一张干燥的滤纸，让流下的高锰酸钾溶液滴在滤纸上，产生紫色积痕。

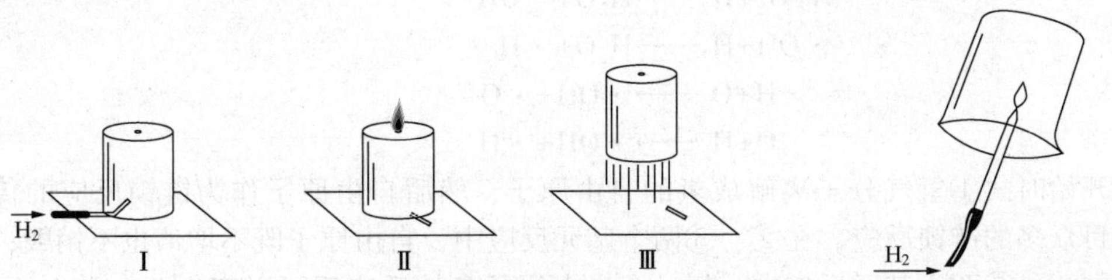

图 2-7　氢气的扩散爆炸　　图 2-8　氢气燃烧产生检验

关于观察氢气燃烧火焰颜色：火焰本来接近无色(极淡的蓝紫色)，但在玻璃管口点燃时，由于玻璃中钠离子的挥发，是火焰呈黄色。为了避免钠元素焰色反应的干扰，使火焰呈淡蓝紫色(有时看不清火焰)可以在管口套上一短段干净的铝质尖嘴管，并用火柴梗、棉花等放在火焰上点燃，以显示其存在。火焰虽不易吹熄，但只要将橡皮管一捏，气流中断，火焰自然熄灭。注意：氢气点燃前务必要检验氢气的纯度，确保安全。

(3) 氢气还原氧化铜

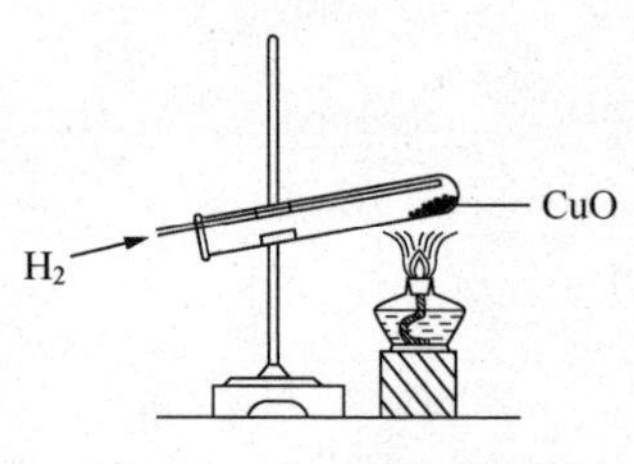

图 2-9　氢气还原氧化铜

取干燥的大试管一支，装入少量氧化铜粉末，使它平铺在接近试管底部的一侧，用铁夹固定在铁架台上，并使试管口稍向下倾斜，实验装置如图 2-9 所示。用自制氢气简易发生器制取氢气，将经检验证明已纯净的氢气通入大试管中(通氢气的玻璃管要伸到大试管的底部，为什么?)。估计试管中的空气排尽后，在装有氧化铜的地方加热，观察现象。反应结束后，移去酒精灯，再继续通氢气至试管冷却(为什么?)。

五、注意事项

(1) 点燃氢气或加热氢气之前，一定要检验氢气的纯度，否则有爆炸的危险。因为在氢气和空气的混合物中，当含氢的体积在 4%~74.2%的范围遇到火就会立即爆炸。而纯净的氢气则能在空气中安静燃烧。连续检验氢气时，不要用同一个试管，需要更换一只试管(为什么?)重新检验。

(2) 使用启普发生器时，要远离火源，防止氢气不纯而引起爆炸。

(3) 做氢氧混合气体爆鸣实验时，应注意在点燃肥皂泡前一定要拿走储气瓶，并夹好橡皮导管。否则易引起爆炸事故。

(4) 做氢气还原氧化铜的实验时，通入的氢气要纯，加热前应先通入氢气把试管内的空气排尽，然后才能加热(为什么?)。同时氢气气流要均匀，避免时快时慢，一般每秒 2 个气泡即可。在停止加热后，要继续通入氢气至试管冷却(为什么?)。

六、讨论与研究

1. 氢氧混合气体的爆炸机理

氢气与氧气(或空气)混合后能否爆炸，主要决定于混合气体的组成、温度和压强等条件。

氢气与氧气(或空气)的混合气爆炸时发生如下的链反应：

$$H_2 \longrightarrow \cdot H + \cdot H \quad ①$$

$$\cdot H + O_2 + H_2 \longrightarrow H_2O + \cdot OH \quad ②$$

$$\cdot OH + H_2 \longrightarrow H_2O + \cdot H \quad ③$$

$$\cdot H + O_2 \longrightarrow \cdot OH + \cdot O \quad ④$$

$$\cdot O + H_2 \longrightarrow \cdot OH + \cdot H \quad ⑤$$

链反应开始时式①氢气分子离解成氢的自由原子，然后自由原子作为链锁反应的传递者，形成数目众多的链锁反应。在②、③两个基元反应中，自由原子既不增值也不销毁，属直链反应。在④、⑤两个基元反应中，每一个自由原子参加反应后可以产生两个自由原子，即增值了一个自由原子，属支链反应。因而在反应气体中的自由原子浓度就会上升，这些自由原子又可以参加直链反应或支链反应，所以反应速度也就相应地加快，这样又会增值更多的自由原子。如此迅速发展，很快使反应加速到爆炸的程度。

2. 氢气还原氧化铜实验的研究

(1) 氢气还原氧化铜的实验中，若氢气量不足，会生成氧化亚铜，而在温度超过1000℃时，氧化铜也会分解生成氧化亚铜，同时放出氧气。

$$2CuO \xlongequal{\triangle} Cu_2O + 1/2O_2\uparrow$$

高温时，熵增大了，故Cu(Ⅰ)比Cu(Ⅱ)稳定。反应条件不同时，氧化亚铜因形成的晶粒大小不同而呈现黄、橙、红等不同的颜色。氧化亚铜是一种弱碱性的有毒物质，其对热稳定性很好，在1235℃熔化时也不分解。

但在溶液中，Cu(Ⅰ)很不稳定，可歧化为Cu(Ⅱ)和Cu。

(2) 氢气还原氧化铜的实验往往会出现砖红色的粉末状氧化亚铜，要想成功演示氢气还原氧化铜实验，需要考虑锌粒纯度、硫酸浓度和氧化铜的用量。首先为了加快反应速率，不宜用纯锌，硫酸的浓度以3mol/L的为宜，硫酸浓度过大，锌会发生钝化现象；浓度过小，反应速率太慢。其次，氧化铜粉末的选择最好用硝酸铜或氢氧化铜分解制得，硝酸铜分解制得的氧化铜粉末活性高，氢气在短时间内即可将氧化铜还原。用市售的氧化铜粉末进行实验可采用向试管中平铺氧化铜粉末的方法加快反应速率。具体操作如下：先在氧化铜粉末中加少量水，调成糊状，用玻璃棒均匀地、薄薄地涂于试管内壁，通入已经验纯的氢气，加热。或者事先在试管内壁盛氧化铜处用少量的水润湿，吹入氧化铜粉末，使试管内壁形成均匀的氧化铜薄层，通入已经验纯的氢气，加热。

七、小结与讨论

(1) 氢气与空气的爆鸣体系中，氢气和空气的混合爆炸实验与这两种气体的扩散爆炸实验的异同点有哪些，原因何在?

(2) 氢气制备的简易装置还可以怎样设计?

(3) 如何清晰地观察到氢气在空气中燃烧火焰的颜色?

实验三　氯气的实验室制法和性质

一、实验目的

(1) 掌握有毒气体的制取和性质实验的操作；

(2) 掌握向上排气法和排饱和食盐水收集氯气的操作；

(3) 探索氯气和氢气光化反应成功的关键因素。

二、实验用品

仪器和材料：分液漏斗、圆底烧瓶、简易启普发生器、长颈漏斗、集气瓶(250mL，125mL)、毛玻片、燃氢的尖嘴弯管、酒精灯、导管、水槽、铁圈、铁夹、铁架台、坩埚钳、镊子、小刀、石棉网、胶塞、火柴。

药品：固体高锰酸钾、二氧化锰、饱和食盐水、浓盐酸、10%氢氧化钠溶液、硫酸溶液(1:4)、金属钠、锌粒、镁条、细铜丝、细铁丝。

三、实验内容

（1）氯气的制取

①用二氧化锰和浓盐酸制取

$$MnO_2+4HCl(浓)\xlongequal{\triangle}MnCl_2+2H_2O+Cl_2\uparrow$$

②用高锰酸钾和浓盐酸制取

$$2KMnO_4+16HCl\xlongequal{}2KCl+2MnCl_2+8H_2O+5Cl_2\uparrow$$

③用氯酸钾和浓盐酸制取（不主张学生实验）

$$KClO_3+6HCl\xlongequal{}KCl+3H_2O+3Cl_2\uparrow$$（低温不得加热）

（2）氯气的性质实验

①钠在氯气中燃烧

②铜在氯气中燃烧

③铁在氯气中燃烧

④氢气在氯气中燃烧

⑤氢气–氯气混合气的光化爆鸣反应

四、实验原理及操作

1. 氯气制备的实验原理

氯气的制备实验有多种，如用二氧化锰和浓盐酸制取氯气，用高锰酸钾和浓盐酸制取、用氯酸钾和浓盐酸制取氯气时不需要加热，因高锰酸钾与浓盐酸反应过于激烈，反应时会有极易分解而引起爆炸的七氧化二氯生成。用氯酸钾和浓盐酸制取氯气时，温度稍高就有少量二氧化氯生成，因此实验时应特别小心，加入浓盐酸速度不宜过快，学生实验不主张用该法。

反应方程式如下：

（1）用二氧化锰和浓盐酸制取

$$MnO_2+4HCl(浓)\xlongequal{\triangle}MnCl_2+2H_2O+Cl_2\uparrow$$

（2）用高锰酸钾和浓盐酸制取

$$2KMnO_4+16HCl(浓)\xlongequal{}2KCl+2MnCl_2+8H_2O+5Cl_2\uparrow$$

2. 氯气制备实验操作

（1）用二氧化锰和浓盐酸制取氯气

① 实验装置如图 2–10 所示。

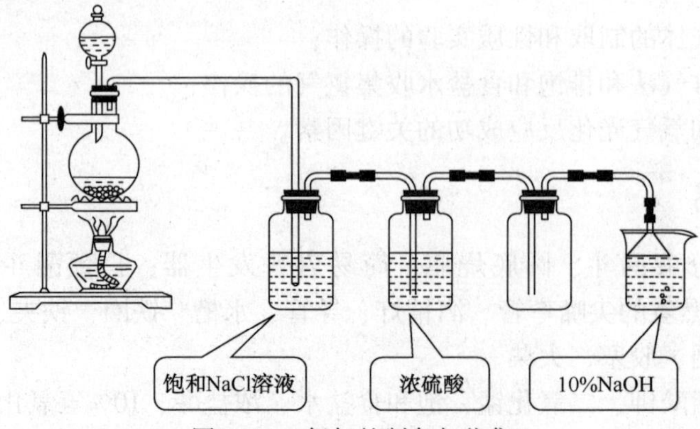

图 2–10　氯气的制备与收集

② 实验步骤：检查装置的气密性良好后，在干燥的圆底烧瓶(或具支试管)中加入5~8gMnO_2，从分液漏斗中一次注入浓盐酸大约20mL(浸没MnO_2即可)，微热，用向上排空气法收集氯气(收集4~5瓶)，或用密闭串联集气瓶收集，集气瓶需干净干燥。氯气充满集气瓶后，用涂凡士林的毛玻璃片盖好备用。实验结束后用稀的氢氧化钠溶液吸收尾气，防止污染空气。

③ 实验注意事项：

a. 加热的温度不应超过90℃。加热时要经常移动火焰，否则制得的氯气会含有较多量的氯化氢和水蒸气。

b. 为制备干燥的氯气，可在氯气发生器与集气瓶之间增装浓硫酸洗气瓶，如需收集较为纯净的氯气(如氢氯混合气的爆鸣)可用排饱和食盐水法集气。

c. 氯气发生器停止使用时，应及时移到通风橱内或室外作清洗处理。先通过分液漏斗向烧瓶中加入稀碱液，当烧瓶内壁黏附有二氧化锰污迹，可加少量浓盐酸温热后刷洗。

(2) 用高锰酸钾和浓盐酸制取氯气

取7g高锰酸钾和约30mL浓盐酸反应，可制得氯气约1800mL。仪器装置和图2-10类似，但不需加热用的酒精灯。高锰酸钾要研细，以加速反应。实验中，控制浓盐酸的加入，避免反应过于猛烈。

3. 氯气的性质实验

(1) 氢气-氯气混合气的光化反应

方法一：在同一水槽内用排饱和食盐水的方法收集纯净的氯气和氢气。先在同一个集气瓶中用排饱和食盐水的方法收集氯气3次并倒掉，第4次收集氯气3/5瓶，剩余的部分收集已经验纯的氢气至满，盖上用食盐水浸湿的硬纸片，颠倒集气瓶混合气体后正放在地板上，点燃镁条贴近集气瓶(0.5~1cm)，就听见“噗”的一声，纸片被冲起。

方法二：取一支试管用排饱和食盐水的方法，先收集2/5左右试管的氢气，后收集3/5左右试管的氯气。用软木塞塞好，但不能塞得太紧。然后用试管夹夹在离试管口的1/5处，迅速移到太阳光直接照射的地方，立即发生爆炸，将塞子冲得很远(见图2-11)。

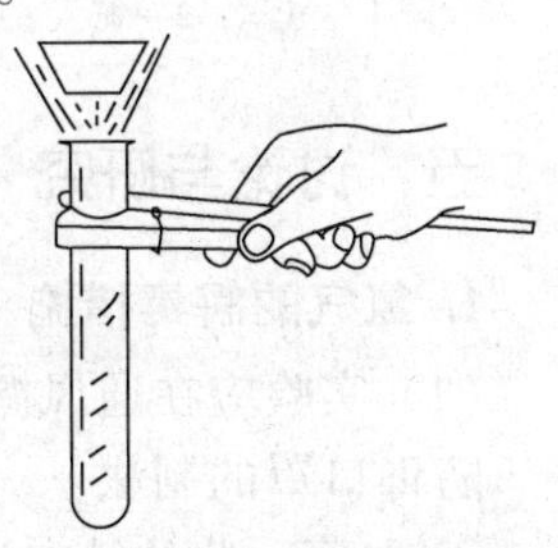

图2-11　氢气、氯气混合爆鸣

注意，该实验成功的技术关键是：

a. 气体纯度要高，通常的气体验纯已不适用，需用气体预先洗瓶，不论是氢气还是氯气，都要待排出3~4倍发生器体积的气体后，再行收集，因氯气的密度比氢气大，所以要先收集氯气，且用同一个集气瓶收集两种气体的成功率更高。

b. 气体体积比：理论上氯气：氢气应为1∶1时反应最剧烈，但实际上氢氯混合气的爆炸极限是9.8%~52.8%，即氢气在混合气中的比例为9.8%~52.8%，若取50%时，很有可能因操作误差而超出爆炸极限范围，导致实验失败。因此通常取爆炸极限的中间值进行实验，实验时收集的气体中氯气占3/5~2/3，氢气占2/5~1/3。

c. 天晴时，可用日光代替燃烧的镁条引爆。通常用镁条燃烧引爆(距离0.5~1cm)。若火焰太远导致瓶内出现白烟后，实验就会失败，只能重新收集气体再做。

(2) 钠在氯气中燃烧

取黄豆大小金属钠，先刮除淡黄色的外皮，用滤纸吸去煤油，在石棉网上预先放上一薄层细沙(保护石棉网)，将处理好的金属钠放到细沙上，用酒精灯加热，当金属钠熔化成一小球(钠熔点 97.5℃)时，将充满氯气的集气瓶迅速倒扣在放置钠的石棉网上，同时撤掉酒精灯，观察实验现象。钠在氯气中立即燃烧，火焰呈黄色，且有大量白烟生成。当金属钠燃尽后取出观察，石棉网上生成了白色固体(氯化钠)。注意：如果金属钠没有燃烧完全，继续加热至燃烧完全，以防遇水时引起危险。另外，此实验中收集氯气的集气瓶必须干燥，否则现象不明显。

(3) 铜在氯气中燃烧

将铜丝(粗的一根、细的一束)用坩埚钳夹着，在酒精灯上加热至红热时，立即插入充满氯气的集气瓶中，红热的铜丝在氯气里燃烧，瓶里充满棕色的烟。把少量水注入瓶里，振荡，氯化铜溶于水生成蓝绿色溶液。

注意：

a. 铜丝温度要高，否则看不到明显的燃烧情况。

b. 铜丝要放在集气瓶中央，不要靠在壁上，以免瓶壁炸裂。

c. 集气瓶要干燥，否则生成的棕色烟($CuCl_2$)很快消失而转变成近于白色的烟雾($CuCl_2 \cdot H_2O$)。

(4) 铁在氯气中燃烧

用一束细铁丝，用镊子或坩埚钳夹着，在酒精灯上加热至红热时，立即插入充满氯气的集气瓶中，红热的铁丝在氯气里燃烧，瓶里充满棕色的烟，把少量水注入瓶里，振荡，氯化铁溶于水生成黄色溶液。

(5) 氢气在氯气中燃烧

用简易启普发生器制取氢气，气体验纯后，连接一个尖嘴弯管，见图 2-12。将燃着的氢气慢慢送入氯气瓶中，可看到火焰为苍白色，并有大量酸雾生成。

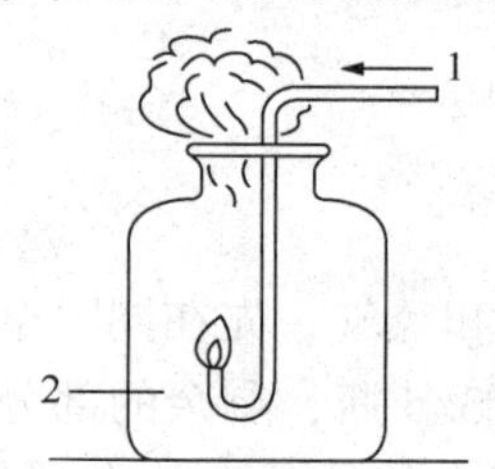

图 2-12　氢气在氯气中燃烧
1—氢气；2—氯气

五、讨论与研究

1. 氯气的解毒措施

(1) 实验应在通风橱内或通风之处进行，必要时戴上防毒口罩。

防毒口罩的制法：

① 取薄一些的纱布口罩，浸以热的硫代硫酸钠饱和溶液(加少量甘油或蜂蜜)，取出后稍加挤压，再晒干即成。使用时在里面衬上一层普通纱布。硫代硫酸钠可吸收氯气，生成氯化钠、硫酸氢钠等无毒物质。

$$Na_2S_2O_3+4Cl_2+5H_2O = 2NaCl+2H_2SO_4+6HCl$$
$$Na_2S_2O_3+4Cl_2+5H_2O = 2NaHSO_4+8HCl$$

② 也可以用棉花蘸取碳酸钠溶液，把普通口罩的外层涂湿，再撒上一层碳酸钠粉末。

(2) 如果空气中氯气浓度较大，应及时加强通风，还可以把氨水洒在地上进行消毒。

$$3Cl_2+2NH_3 = 6HCl+N_2$$
$$HCl+NH_3 = NH_4Cl$$

(3) 如果不慎吸入了较多的氯气，可嗅闻有等体积酒精和 10%氨水的混合液组成的蒸气来解毒。单独嗅闻酒精和 10%氨水的蒸气也可。

2. 氢氯混合气光化反应的研究

氢氯混合气光化爆鸣成功的关键是纯度，为了安全，湿的纸片不要盖得太紧。

在强光照射下，氢气和氯气的反应是直链反应，氯分子吸收光子后化学键发生均裂，形成自由原子(Cl·)，从而引起下列链反应：

$$Cl_2 \xlongequal{光} 2Cl\cdot$$

$$Cl\cdot + H_2 \xlongequal{} HCl + H\cdot$$

$$H\cdot + Cl_2 \xlongequal{} HCl + Cl\cdot$$

反应在瞬间放出大量的热，反应热使反应体系的温度剧烈上升。而温度又使此放热反应的速率再按指数规律上升，这样放出的热量也跟着上升，如此交替作用，最后就会引起爆炸。

六、思考与讨论

(1) 制备氯气时反应物不同，反应的条件也不同，为何有的需要加热，有的却不需要？

(2) 氯气制备和收集的装置如何改进更符合绿色化实验的理念？尝试探索氯气制备和性质实验的微型化改进。

(3) 在课堂教学中如何演示或探究像氯气这样的有毒气体的性质？

实验四　典型无机物性质实验

一、实验目的

(1) 熟练掌握有关无机物性质实验成功的关键；

(2) 总结简单小型化学实验在操作技术方面的特点和要求；

(3) 学会有关物质性质实验的演示教学技能。

二、实验用品

仪器和材料：试管、试管架、试管夹、酒精灯、铁架台、坩埚钳、镊子、药匙、石棉网、尖嘴钳、单孔胶塞、气球、玻璃棒、50mL 高脚烧杯、滴管、玻璃导管、磁铁、玻璃片、集气瓶、梯形铁架、100mL 烧杯、漏斗、干燥的圆底烧瓶 2 个、大烧杯 1 个、500mL 塑料瓶 2 个、50mL 锥形瓶。

药品：硫粉、铁粉、浓硫酸、大理石、白糖、10%稀盐酸、小蜡烛、金属钠、酚酞试液、浓氨水、蒸馏水、氢氧化钠固体、1mol/L 三氯化铁溶液、尿素、0.01mol/L 硝酸钾溶液、0.1mol/L 氢氧化钠溶液。

三、实验内容

(1) 硫和铁的反应

(2) 浓硫酸的脱水性

(3) 二氧化碳不支持燃烧

（4）钠与水的反应

（5）氨的喷泉实验

（6）电泳实验

四、实验原理及操作

1. 硫和铁的反应

硫和铁反应是固体之间的反应，固体硫和铁的配比以及混合均匀程度是实验成功的关键。将2g还原铁粉和1g硫粉混合均匀，堆放在石棉网上。截去一个500mL的白塑料瓶的瓶底，用氢氧化钠溶液润湿瓶壁后罩在反应物上。将玻璃棒的一端穿过一个硬纸板，另一端在酒精灯上灼烧至红热，迅速伸入到铁粉和硫粉的混合物中，移动纸板紧盖瓶口，防止气体外逸，观察现象。用磁铁吸引检验产物时，磁铁靠近生成物的前段部位，观察现象。

注意事项：

（1）铁粉稍过量，减少二氧化硫气体产生污染空气。

（2）固体反应物混合均匀是保证充分反应的关键，采用混合研磨法。

（3）要摆放一定形状，“之”字形或“3”字形都可，便于观察撤去热源后，反应放出的热量能够使反应继续进行。

（4）产物检验时，可用白纸包裹磁铁，便于观察。

2. 浓硫酸的脱水性实验

浓硫酸可将化合物中的氢氧元素按2∶1的形式脱去，表现出脱水性。将5g蔗糖倒入50mL高脚烧杯中，加几滴水润湿白糖，然后用量筒取98%的浓硫酸4mL，倒入蔗糖中，用一根长约20cm的玻璃棒搅拌，待蔗糖变黑并有少量气体产生时，停止搅拌，将玻璃棒直立于烧杯中央，反应产物沿玻璃棒向上膨胀。

注意事项：

（1）烧杯放在石棉网上，防止反应过程中有物质溢出。

（2）蔗糖加水为了引发反应，搅拌速度一定不要太快或时间太长，以免反应物飞溅，影响实验效果。

（3）操作者不要离试验台太近，防止危险发生。

3. 二氧化碳不支持燃烧实验

用稀盐酸和大理石反应制备二氧化碳，向上排气法收集二氧化碳气体备用。

方法一：将二氧化碳气体慢慢倒入盛有燃烧蜡烛的烧杯中，如图2-13所示，观察现象并分析。

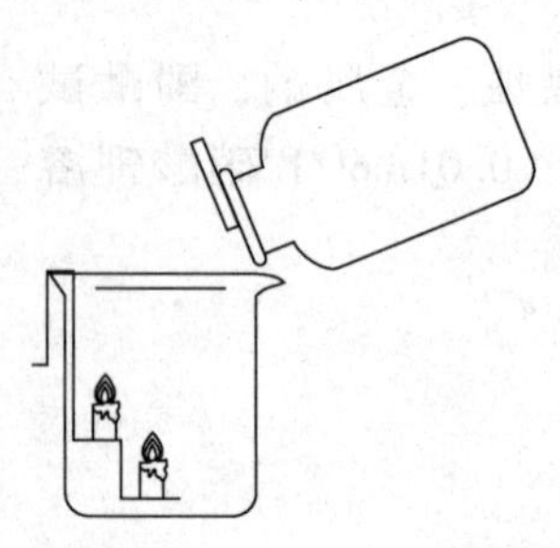

图2-13

此实验成功率极低，经常会出现以下三种情况：一是两个蜡烛都不熄灭；二是上面的蜡烛先熄灭；三是两个蜡烛同时熄灭。这三种情况都会使实验目的无法实现。

方法成功率低的原因：

（1）由于收集的二氧化碳气体不足；或蜡烛燃烧过旺，二氧化碳气体不足以将其熄灭，往往只是火焰晃动几下就又正常燃烧了。

（2）由于倾倒的过程中，气体会扩散，加之蜡烛正在燃烧，加快了烧杯内的气体流动，使大部分二氧化碳气体处于烧杯的上半部，所以上面的蜡烛先熄灭。

(3) 由于倾倒的速度过快，蜡烛熄灭的前后顺序不明显，看似同时熄灭。为避免该情况发生，只需在操作时缓慢倾倒二氧化碳就可以。

方法二：在烧杯中放入梯形铁皮架，在两个阶梯上固定两根生日小蜡烛，将蜡烛点燃，然后将二氧化碳气体沿着漏斗往烧杯中慢慢地倾倒下去，如图 2-14，观察实验现象并分析。

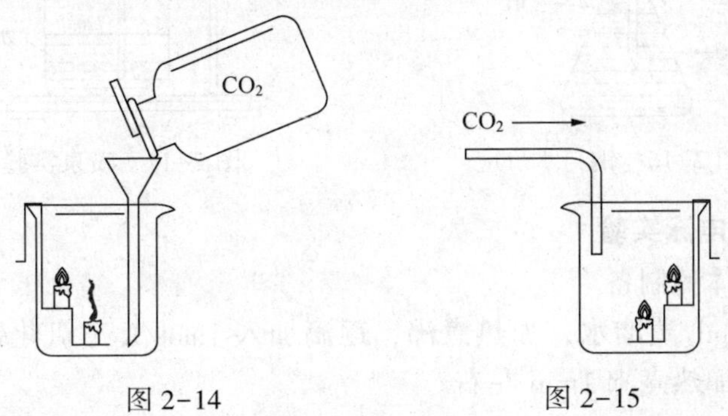

图 2-14　　　　图 2-15

利用漏斗能很好地防止二氧化碳气体刚倒出来就扩散开，而先接触到下面的蜡烛，使下面的蜡烛先熄灭。所以能很好地解决上面第二种情况中出现的问题。将普通蜡烛改成生日小蜡烛：生日小蜡烛燃烧的火焰要比普通蜡烛的火焰小得多，所以要熄灭其火焰所需的二氧化碳气体的量较少，更容易熄灭，很好地解决了上述情况一中出现的问题。

◇ 请思考

如图 2-14 所示，通入二氧化碳气体后，发现燃着的蜡烛由下而上依次熄灭，由此得出：二氧化碳是一种不能燃烧、不支持燃烧、密度比空气大的气体。由于漏斗末端位于烧杯底部，空气排出过程中氮气也能使燃着的蜡烛由下而上依次熄灭，而氮气的密度比空气的密度略小(标准状况下，氮气的密度为 1.251g/L，空气的密度为 1.293g/L)。由此可知图 2-14 不能得出“二氧化碳的密度比空气大”的结论，将装置改成图 2-15 的形式能解决这个问题吗?

4. 钠与水的反应

方法一：向一盛有水的烧杯里，投进一小块金属钠(绿豆大小)，仔细观察实验现象。然后滴加几滴酚酞溶液，溶液颜色有何变化。

方法二：在 50mL 锥形瓶中加入 15mL 的煤油或苯，加入滴有酚酞的蒸馏水，煤油的密度比水小，加入蒸馏水后会出现分层现象，煤油在上层。当加水到煤油接近锥形瓶口时，停止加蒸馏水，将一小块钠放进锥形瓶，由于 $\rho_{煤油}<\rho_{钠}<\rho_{水}$，钠沉到煤油下而浮于水面上，塞紧带有分液漏斗和导管的橡胶塞，打开导管上的活塞，从分液漏斗处继续加水至橡皮塞的下边缘，关闭导管处的活塞，实验装置如图 2-16 所示。观察实验现象。反应结束后，打开导管处的活塞，检验产生的气体。

5. 氨的喷泉实验

向大烧杯中注入 2/3 体积的水后，滴加几滴无色酚酞指示剂，用玻璃棒搅拌均匀，干燥的圆底烧瓶中充满氨气，装置如图 2-17 所示。首先打开止水夹，观察直行玻璃管的尖嘴处有无实验现象发生，其次挤压胶头滴管的胶头，使少量水进入圆底烧瓶，再次打开止水夹，观察直行玻璃管的尖嘴处有无实验现象发生。

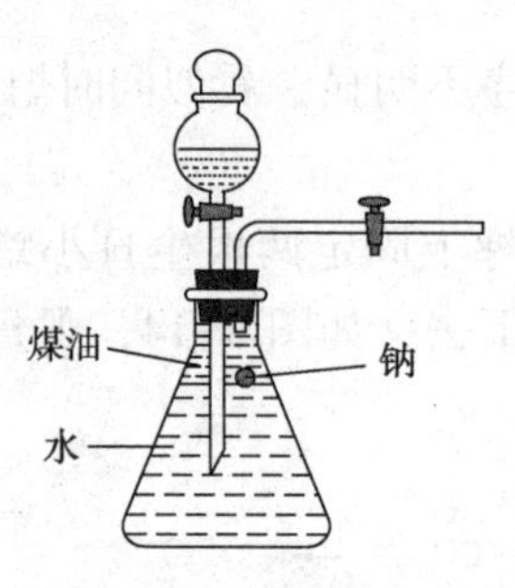

图 2-16　钠与水反应

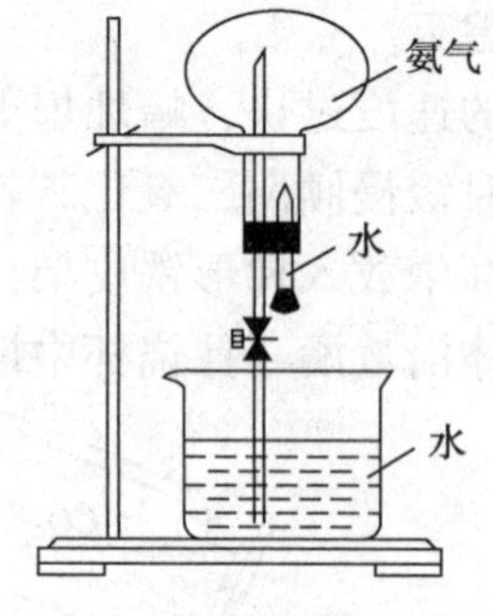

图 2-17　喷泉实验

6. 胶体的制备及电泳实验

（1）氢氧化铁胶体的制备

在烧杯中盛有 50mL 蒸馏水，加热煮沸，逐滴加入 1mol/L 三氯化铁溶液，至溶液颜色呈棕红色为止，继续加热煮沸 1min 左右。

（2）电泳

装置如图 2-18 所示，用铁丝（曲别针）或粗铜丝螺线圈作电极，低压直流电源作电源。

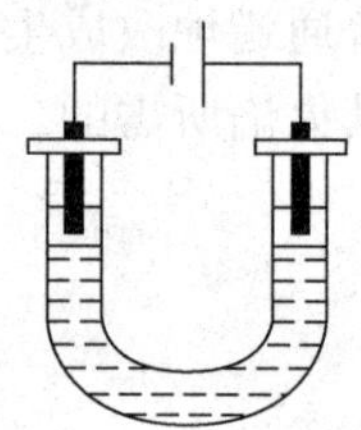
图 2-18　电泳实验装置

在 50mL 氢氧化铁胶体溶液中加入 2g 尿素（为了增大液体密度），搅拌促其溶解，然后加进 U 形管，至两臂各留下 4cm 长度的空间为止，小心地滴入 0.01mol/L 硝酸钾溶液（为了保持清晰的界面，应在两臂轮流小量地滴入），直到 U 形管两臂各剩下 1cm 高的空间为止，插入电极，电极下端离溶胶保持 1cm 的距离。

通 30V 直流电，大约 5min 后观察现象，氢氧化铁溶胶液面在正极降低，在负极升高。这说明氢氧化铁胶体微粒带正电。

注意：

a. 胶体电泳实验中的 $Fe(OH)_3$ 溶胶必须是用蒸馏水配制。KNO_3 溶液要稀，浓度大会造成溶胶在阴极区聚沉。

b. 胶体电泳实验中，胶体溶液的浓度对胶体电泳速度的影响并不显著，而胶体溶液的用量对胶体电泳的速度有一定的影响。在通电电压相同的情况下，如果胶体溶液过多（电极间距离相对加大），电泳的速度要慢一些。

c. 电极直接接触胶体溶液，会产生电解反应，甚至破坏胶体而产生聚沉。在胶体上面加 KNO_3 溶液起导电作用，而 KNO_3 溶液与胶体之间有一清晰的界面是做好电泳实验的关键之一。为此，在胶体溶液中加入尿素增大其密度，有利于界面清楚。加入 KNO_3 溶液时操作要慢，而且要左右两臂少量轮流滴加，以保持平衡。为确保界面清晰，还可以在加入 KNO_3 溶液前，先加入液面高度约 1cm 的蒸馏水（或苯），当滴加 KNO_3 溶液时，可缓慢地先通过水（苯）层，不至于把溶胶层冲乱。

（3）电泳实验可选用的胶体

除用氢氧化铁胶体做电泳实验外，还可以用其他胶体进行实验，常见的有以下几种：

a. 三硫化二锑胶体。在盛有 100mL 蒸馏水的锥形瓶中，加入 0.5g 酒石酸锑钾，搅拌使之溶解后，缓慢通入硫化氢气体，可得橙红色的三硫化二锑胶体。

b. 碘化银胶体。取一支大试管，注入 0.01mol/L 碘化钾溶液 10mL，用滴管逐滴加入 0.01mol/L 硝酸银溶液，边滴加边振荡，一直加到刚出现浑浊为止，即可制得浅黄色的碘化银胶体。

c. 硅酸溶胶。在盛有5mL1mol/L盐酸的试管里，滴加20%硅酸钠溶液，振荡试管，只要硅酸钠用量不超过3mL，便能得到透明的硅酸溶胶。

d. 淀粉溶胶。称取0.5g淀粉放入烧杯中，用少量蒸馏水调成糊状，将糊状物加入刚煮沸的100mL蒸馏水中，继续煮沸几分钟，即得澄清、透明的淀粉胶体。

五、思考与讨论

(1) 钠与水反应可以观察到哪些现象？设计一套简易实验装置，既能观察到钠与水的反应现象，又能迅速验证放出的气体是氢气。

(2) 喷泉实验的原理是什么？在中学阶段除了氨气以外，还有哪些气体可以用来做喷泉实验？

(3) 在“胶体电泳”实验中，为什么要往$Fe(OH)_3$胶体中加入一定量的尿素？

(4) 为什么要使电极与胶体液面保持一定的距离？为什么要加入硝酸钾溶液，怎样加入？

(5) 电压的高低、U形管的大小和胶体的用量不同，对胶体电泳实验的效果有什么影响？

实验五　常见有机化合物实验

一、实验目的

(1) 掌握测定乙醇结构式的实验操作技能，提高有关定量测定实验的能力；

(2) 掌握乙醇、苯酚、纤维素主要性质的实验操作技能；

(3) 研讨有机化学演示实验的教学技能。

二、实验用品

具支试管(25mm×220mm)1支、水槽1只、量筒(500mL，10mL)各1只、试管(10mm×100mm)3支、5mL注射器、铁架台、试管架、试管夹、玻璃棒、导管和橡胶管。

无水乙醇(C.P)、金属钠、脱脂棉、10%氢氧化钠溶液、70%硫酸、2%硫酸铜溶液、2%硝酸银溶液、2%稀氨水、乙醛、二甲苯、苯酚、蒸馏水、紫色石蕊溶液、10%稀盐酸、饱和溴水、三氯化铁溶液、粗铜丝。

三、实验内容

(1) 乙醇结构式的测定

(2) 乙醇的氧化反应及产物检验

(3) 苯酚的性质实验

(4) 纤维素水解实验

(5) 乙醛性质实验

四、实验步骤

1. 乙醇结构式的测定实验

分子式为 C_2H_6O 的结构简式有两种：CH_3CH_2OH 和 CH_3OCH_3。由结构简式知，当乙醇的结构式为第一种情况时，则与钠反应断开的键为羟基上的氢氧键，产生氢气的物质的量与所用乙醇的物质的量的关系为 2∶1；若乙醇的结构式为第二种情况时，则因为所有氢的化学环境相同，都直接和碳元素相连，根据已有知识可知，直接和碳相连的氢不会和钠发生反应。因此，根据乙醇和钠反应的现象和产生氢气的量就可推测出乙醇的结构。

（1）乙醇结构的定量测定

取一支配有橡皮塞的洁净的具支试管，并在橡皮塞上打一个小孔，装上一支胶头滴管。用橡皮管把排气导管与支管相连接，排气导管与水槽中倒立的量筒相通。装置如图 2-19 所示。

检查装置气密性良好。将具支试管上的橡皮塞取下，用胶头滴管准确吸取 1.0mL 无水乙醇，注意防止胶头未套紧，乙醇滴下。取约 1g 金属钠(事先除去表面上的氧化物、吸干煤油)，切成 2~3 块，立即放入具支试管里，塞紧橡皮塞。挤压胶头滴管上的胶头，使乙醇逐滴分次加入试管中，可观察到乙醇跟金属钠反应产生气体。1.0mL 乙醇全部滴完后，如反应过于缓慢，可以小心地稍稍微热试管，待乙醇与金属钠基本上反应结束并完全冷却后，测出量筒里的气体体积。根据实验数据，进行计算，确定乙醇的结构式。

上述方法进行乙醇结构的定量测定，胶头滴管中的乙醇易洒落，不便于操作。用注射器代替胶头滴管进行实验就可以预防乙醇洒落。实验方法进行改进，实验步骤如下。

a. 制备钠珠。称取 1g 除去氧化膜和煤油的金属钠，切成小块，放入小锥形瓶中。加 5~6mL二甲苯，边加热边振动，当金属钠完全熔化后，离开火焰，剧烈振荡，冷却形成小颗粒钠珠。

b. 改进后的实验装置如图 2-20 所示，按实验装置图连接好装置，检查装置的气密性后，放入用滤纸吸干二甲苯后的钠珠。

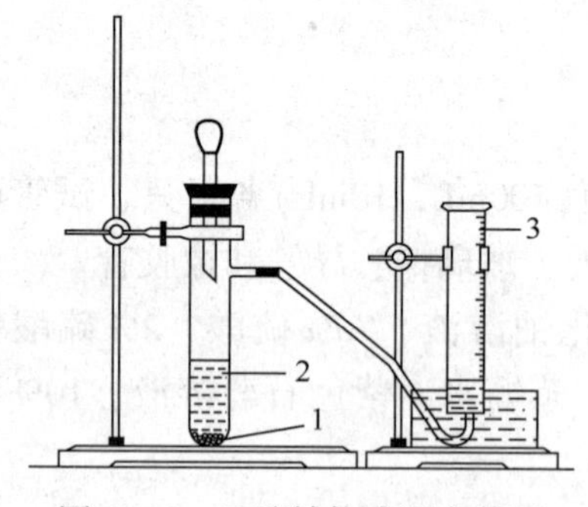

图 2-19　乙醇结构式测定装置

1—钠；2—无水乙醇；3—氢气

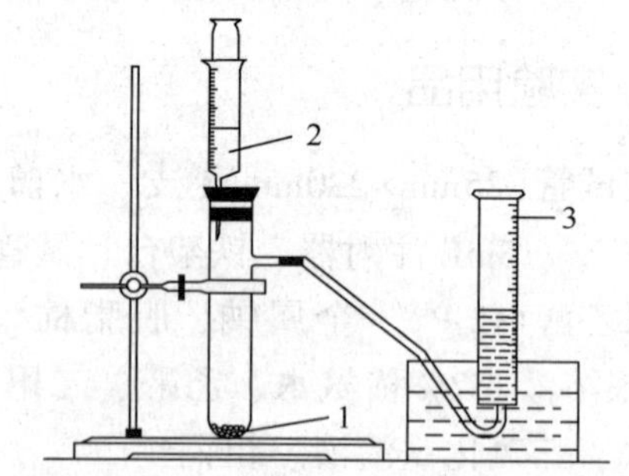

图 2-20　测定乙醇结构式的实验装置

1—钠珠；2—无水乙醇；3—量筒

c. 用 5mL 注射器，准确吸取 2mL 无水乙醇，将注射器中的空气排尽，再把注射器的针头插入橡皮塞中央。如果橡皮塞太长，针头不能穿透橡皮塞，可用小刀将橡皮塞切短。

d. 慢慢推压注射器，一次准确地加入 1mL 无水乙醇直接与金属钠反应，产生的氢气通过排水集气进入大量筒中，反应产生的氢气由快到慢，一般在 2~3min 后，无气泡产生时，反应基本结束。此时，准确地用量筒读取生成气体的体积，即为氢气体积的数值。

e. 记下当时的气压和室温，根据理想气体状态方程和阿伏加德罗定律，将产生的氢气体积换算成标准状况下氢气的体积，从而确定乙醇的结构式。

（2）乙醇结构式测定实验的注意事项

a. 装置气密性要好，装置不漏气，具支试管要干燥。

b. 金属钠表面的氧化膜要全部去掉，煤油要擦拭干净，切金属钠时，动作要尽量迅速以防氧化。另外，不需要切得太碎。

c. 吸取乙醇体积要准确，滴加乙醇的速度不能太快，要防止乙醇溅在管壁上，还要防止反应剧烈使乙醇蒸发。

d. 实验完毕，具支试管中剩余的金属钠要收回，或者先往具支试管里倒入一些乙醇，使未反应掉的金属钠反应完了，然后再用水处理（为什么?）。

e. 一定要使乙醇尽可能反应完全。反应进行到后阶段时，在间断微热过程中，反复自然冷却试管，使汽化的乙醇冷凝下来，直到使乙醇与钠完全作用了为止。

2. 乙醇的氧化反应

乙醇在空气里能够燃烧，发出淡蓝色的火焰，生成二氧化碳和水，乙醇的燃烧反应属于氧化反应。

在试管里加5mL无水乙醇，取一根光洁的铜丝，下端绕成螺旋状，放在酒精灯外焰上加热，使铜丝表面有一薄层黑色的氧化铜生成，立即把它插入无水乙醇中，如此反复操作数次。观察铜丝的变化，并注意闻试管中液体的气味变化。用新制氢氧化铜检验氧化后的产物。

3. 苯酚的性质

（1）苯酚的酸性

① 在试管中取少量苯酚溶液，滴加紫色石蕊溶液，观察现象。

② 取少量苯酚与水的混合液，逐滴滴加5%的NaOH溶液，并不断振荡试管，直到溶液恰好澄清（注意NaOH千万不能过量）。

③ 向上步反应所得澄清溶液中滴加稀盐酸，观察现象。

（2）苯酚跟溴水的反应

向盛有少量苯酚稀溶液的试管里滴加过量的饱和溴水，观察实验现象。

（3）显色反应

把几滴三氯化铁溶液注入苯酚的稀溶液里，观察溶液的颜色变化。

（4）苯酚性质实验注意事项：

a. 苯酚有毒，具有强烈的腐蚀性，万一不小心溅在皮肤上时，应立即用酒精洗涤。实验过程中的废液不可随意倾倒，应回收到指定的容器中。

b. 苯酚跟溴水反应的产物2,4,6-三溴苯酚能溶解在苯酚溶液中，将溴水滴加到苯酚溶液中很难得到白色沉淀，而且饱和浓溴水易挥发、污染大，对人体健康不利。可以采用在少量溴水溶液里滴加1~2滴苯酚稀溶液，充分振荡，静置，则有白色沉淀产生，现象非常明显。

4. 纤维素水解实验

纤维素在浓酸中或用稀酸在一定压强下长时间加热，可发生水解反应，生成具有还原性的葡萄糖。生成的葡萄糖可用新制的氢氧化铜来检验。

（1）实验操作

a. 把一小团脱脂棉放入试管中，加入几滴70%的浓硫酸，用玻璃棒把棉花捣成糊状。

b. 小火微热，使之成为亮棕色溶液。

c. 稍冷，滴入3滴2%硫酸铜溶液，并加入过量10%氢氧化钠溶液，以中和浓硫酸并生成蓝色的氢氧化铜悬浊液，此时混合液应呈碱性(pH值≈11)。

d. 试管放在酒精灯上加热煮沸，观察到溶液逐渐由深蓝色变为淡黄色、橙黄色、砖红色、生成Cu_2O沉淀。

（2）注意事项

a. 所用棉花量要少，否则不易充分水解，影响实验效果。

b. 所加浓硫酸的浓度要适中，一般以75%左右为宜。如硫酸浓度过高则会使纤维素发生炭化，变黑；如硫酸浓度太稀，则会影响纤维素水解的进行。

c. 水解时加热的温度不要太高，否则也会使纤维素发生炭化。

d. 加入的氢氧化钠应过量，才能使水解液显碱性，以便顺利地用新制备的氢氧化铜检测纤维素水解产物。

（3）实验改进

改进一：

用少许脱脂棉(或几片碎滤纸)放入试管里，加入3~4mL水和70%浓硫酸的体积比为1∶5的硫酸溶液，在酒精灯上加热2~3min，试管内棉花完全溶解成透明液体后，继续加热2min，液体呈亮棕色。然后将亮棕色液体倾入盛有2~3mL水的烧杯里，用氢氧化钠溶液将其pH值调至11。再滴加3滴硫酸铜溶液，振荡后，取混合液2mL，在酒精灯上加热，即可看到有红色Cu_2O沉淀生成。

改进二：

把少许脱脂棉放入试管中，加入70%的硫酸3~4mL。用玻璃棒把棉花捣烂，形成无色黏稠液体。把试管放在水浴中加热约15min，可看到溶液呈亮棕色。放冷后倾入盛有20mL水的烧杯里，用氢氧化钠中和硫酸，至溶液显碱性(用pH试纸检验)。取一支试管，加入2mL10%的NaOH溶液，滴入4滴2%的$CuSO_4$溶液，振荡，溶液变成淡蓝色后，加入2mL上述中和后的纤维素水解液，振荡混合，在酒精灯上加热煮沸，很快就出现红色的Cu_2O沉淀。

5. 乙醛的性质

（1）银镜反应

在洁净的试管里加入2mL2%的硝酸银溶液，然后一边摇动试管，一边逐滴加入2%的稀氨水，直到产生的沉淀恰好溶解为止。

再向试管中加入3~5滴乙醛溶液，振荡后，把试管放在60~70℃的热水浴中，静置不动。观察试管内壁有什么变化。

实验完毕，试管内的银氨溶液要及时处理，先加入少量盐酸，倒去混合液后，再用少量稀硝酸洗去银镜，并用水洗净。

（2）乙醛还原氢氧化铜

在试管里加入1mL10%氢氧化钠溶液，滴入6~8滴2%的硫酸铜溶液，振荡试管，观察现象。

再向试管中加入5~8滴乙醛溶液，加热，观察现象。

(3) 乙醛性质实验的注意事项

a. 银镜反应所用试管必须洁净，否则就不能使金属银均匀附着在试管内壁上形成银镜，而只能得到黑色、疏松的银沉淀。实验室中，一般可先用去污粉、洗液、氢氧化钠溶液、碳酸钠溶液等洗涤试管，然后再用蒸馏水冲洗，直到管壁上形成均匀水膜，无水珠或不聚集成股流下，即得到洁净的试管。

b. 配制银氨溶液时，向2%的硝酸银溶液中滴加2%的氨水至沉淀刚好溶解即可，应防止加入过量的氨水。银氨溶液经加热或放置2~3h后，会生成极易爆炸的物质氮化银(Ag_3N)，所以银氨溶液不能长期储存，使用时必须随用随制，实验剩余的银氨溶液可用硝酸处理。

c. 做乙醛还原氢氧化铜实验时，硫酸铜溶液和氢氧化钠溶液不宜过浓，加入的乙醛应略微过量，充分混合后再加热，可以防止氢氧化铜分解生成黑色的氧化铜。但过多的乙醛也会使氢氧化铜被还原为金属铜。

五、实验记录与结论分析

实验内容	实验目的	装置图或反应原理	正常现象	结论分析	注意事项

六、思考与讨论

(1) 总结以上实验操作的技术关键，操作中应注意什么？

(2) 苯酚与溴水的反应，为什么有时得不到白色沉淀？你认为应如何改进？

(3) 乙醇结构测定实验中产生误差的因素有哪些？你对改进实验装置和操作方法有何想法？

(4) 纤维素水解实验中加入过量氢氧化钠溶液的作用是什么？

(5) 试分析影响银镜反应的因素有哪些？怎样使实验效果更明显？

七、知识拓展

1. 银镜反应的条件

银镜反应必须在微碱性溶液中进行，pH值一般控制在9~10，这是因为在碱性溶液中醛的还原能力比在酸性溶液中强；但不能呈强碱性，因为在强碱性溶液中加热银氨溶液，由于氨的挥发失去，就会形成“雷爆银”(Ag_3N)。同时，当pH值大于11时，反应过快，产生大量黑色的银沉淀，难以得到银镜。

2. 说明乙醛具有还原性的其他实验方法

(1) 如果用同体积的硝酸银溶液(0.5mol/L)、硝酸铵溶液(1.5mol/L)、氢氧化钠溶液(2.5mol/L)相混合来代替银氨溶液，则在室温下也能析出光亮的银镜。

（2）为防止氢氧化铜分解，也常采用费林试剂。费林试剂平常配成甲、乙两种溶液。甲溶液用34.6g$CuSO_4 \cdot 5H_2O$溶于200mL水中，再加0.5mL浓H_2SO_4，混匀后，用水稀释到500mL。乙溶液用173g酒石酸钾钠晶体和71g粒状NaOH固体溶于400mL水中，再稀释成500mL溶液。使用时，取等量甲、乙两种溶液混合后立即使用。由于酒石酸根离子跟Cu^{2+}形成了配合物，混合溶液中不会出现沉淀。

使用费林试剂也可这样操作：取甲、乙两种液体各5mL，混合均匀后，加入盛有1mL30%乙醛溶液的试管中，摇均匀，放在水浴上加热，即有红色的氧化亚铜沉淀析出。

3. 苯酚跟溴水反应时，为什么有时得不到白色的三溴苯酚？

实验中使用饱和溴水和苯酚，在常温下立刻发生反应，会生成2,4,6-三溴苯酚的白色沉淀。但有时实验中却出现了黄色沉淀，这是因为在过量的溴水中，三溴苯酚可以继续和次溴酸（溴水中存在）作用生成黄色的2,4,4,6-四溴环己二烯酮。如果用2%的氢碘酸（或亚硫酸氢钠溶液）处理，可重新还原为2,4,6-三溴苯酚。

实验六　化学基本概念和原理实验

一、实验目的

（1）通过对物质变化过程中质量变化、热量变化实验的探讨，掌握实验成功的关键操作；

（2）掌握控制变量法探究燃烧需同时的具备三个条件；

（3）初步掌握质量守恒定律和燃烧条件等实验的演示技能和探究技能。

二、实验用品

托盘天平、锥形瓶、小试管、大试管、500mL烧杯、小烧杯、酒精灯、火柴、玻璃管、气球、薄铜片、金属圆柱体、镊子、钥匙、滤纸、大试剂瓶（配套合适大小的橡皮塞）、U形管、橡胶管。

白磷、红磷、大理石、10%稀盐酸、热水、细沙、硝酸铵固体，氢氧化钠固体、氯化钠固体。

三、实验内容

（1）燃烧条件探讨实验

（2）质量守恒定律实验

（3）物质溶解过程热效应实验

四、实验原理与操作

1. 燃烧条件探讨实验[6]

白磷的着火点为40℃，红磷的着火点为240℃。用热水给红磷和白磷加热，观察实验现象，通过一个装置控制反应条件，探究燃烧需同时具备的三个条件：可燃物；与空气（或氧气）接触；达到燃烧所需的最低温度。

首先，在500mL的烧杯中放一个金属圆柱体，注入400mL热水，热水的温度要高于80℃，在圆柱体上放一小块白磷。在烧杯上盖一薄铜片，铜片的一端放一小堆红磷，另一端放一小块用滤纸吸干水后的白磷，实验装置如图2-21所示，观察实验现象并记录时间。当铜片上的白磷燃烧后，用一个内壁沾有水的小烧杯罩在白磷上方。然后取下铜片，用一支空试管向下罩住水中的金属圆柱体(白磷)实验装置如图2-22所示，观察现象并记录。

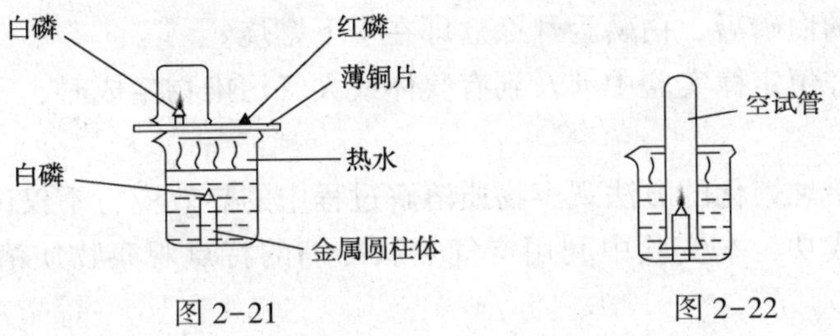

图2-21　　图2-22

2. 质量守恒定律实验

(1) 在小试管中放入10%的稀盐酸15g，锥形瓶中放入5g大理石，塞好塞子，放在天平上称量。取下锥形瓶，倾斜锥形瓶使盐酸溶液进入锥形瓶中，观察现象。待反应结束后，再将锥形瓶放在天平上称量，观察天平是否平衡。实验装置如图2-23所示。

(2) 在底部铺有细沙的锥形瓶中，放入一粒火柴头大的白磷，白磷要放在正对锥形瓶口的地方。在锥形瓶口的橡皮塞上安装一根玻璃管，其上端系牢一个小气球，并使玻璃管下端能与白磷接触。将锥形瓶和玻璃管放在托盘天平上用砝码平衡，然后取下锥形瓶。将橡皮塞上的玻璃管放到酒精灯火焰上灼烧至红热后，迅速用橡皮塞将锥形瓶塞紧，并将白磷引燃。待锥形瓶冷却后，重新放到托盘天平上，观察天平是否平衡。实验装置如图2-24所示。在锥形瓶底部铺层细沙的作用是防止热的燃烧物溅落炸裂锥形瓶(防止锥形瓶底部局部受热爆裂)。

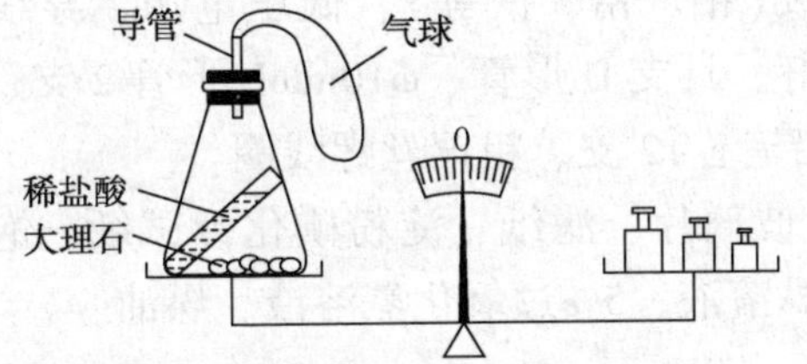

图2-23　盐酸和大理石反应质量变化

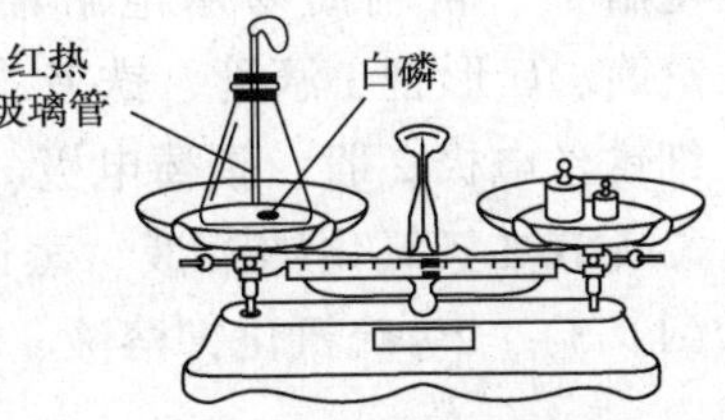

图2-24　白磷燃烧实验质量变化

3. 物质溶解时的热效应实验

物质溶解时，溶质分子或离子向溶剂中扩散吸收热量；同时，溶质粒子与溶剂发生溶剂化作用放出热量。当吸收的热量大于放出的热量时，溶解的总热效应为吸热，反之则为放热。

选择与试剂瓶匹配的橡皮塞并在其上打两个孔，按照图2-25所示装置连接好U形管，打开活塞，向U形管中注入高度为10cm左右的水柱，保持U形管两侧的水柱高度一致。关闭止水夹，先把4g硝酸铵固体放入试管中并加入20mL水进行溶解，观察并解释实验现象。固体完全溶解后将试管中的溶液倒入废液瓶，再按照上述操作进行实验。

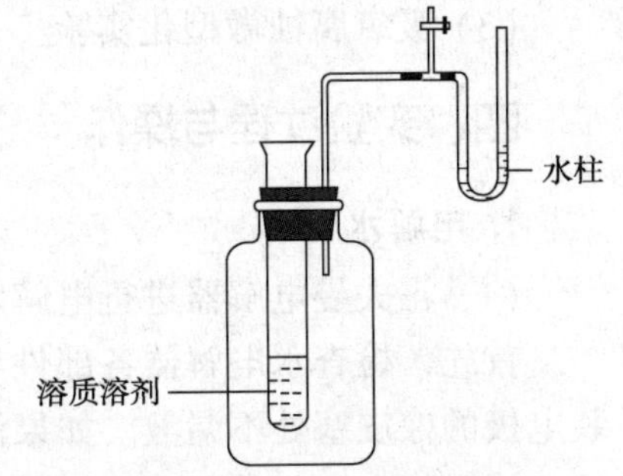

图2-25　物质溶解过程热效应装置

分别观察 2g 氢氧化钠、1g 氯化钠溶解过程中的热效应变化。

五、思考与讨论

(1) 总结以上实验成功的关键和注意事项。

(2) 燃烧条件探讨实验中，白磷燃烧后为什么用内壁沾有水的烧杯罩上？用试管倒扣在水下的金属圆柱体上的白磷后，白磷为什么立即在水下燃烧？

(3) 你认为质量守恒定律实验中涉及到有气体或大气污染物生成时，还可以如何进行实验改进？

(4) 用结冰或使蜡烛熔化的方法观察物质溶解过程中的热效应，不仅试剂用量大，演示时间长，而且还不易成功，本实验中利用空气热胀冷缩的特点观察物质溶解过程中的热效应，有哪些优点？

实验七　电化学有关实验

一、实验目的

(1) 了解电离和电解的概念以及它们之间的联系和区别；
(2) 掌握电解水和电解饱和食盐水的实验操作技能；
(3) 掌握吸氧腐蚀微型化实验的基本操作和实验方法。

二、实验用品

霍夫曼电解器、自制简易水电解器、电极(铂、铅、铁等)、低压电源、导线、烧杯(100mL)、量筒、U 形管、滴管、铁夹、酒精灯、具支 U 形管、ϕ10mmU 形管 2 支、长胶头滴管 1 支、细铁丝电极 2 股、碳棒电极(活动铅笔芯)2 支、粗铜丝螺线圈。

10%硫酸或 10%氢氧化钠溶液、蒸馏水、玻璃片、滤纸、淀粉碘化钾试纸、饱和食盐水、稀盐酸(1∶3)、2%硫氰化钾溶液、1%酚酞溶液、5%过氧化氢溶液、煤油。

三、实验内容

(1) 电解水实验
(2) 电解饱和氯化钠溶液
(3) 吸氧腐蚀微型化实验

四、实验过程与操作

1. 电解水

(1) 霍夫曼电解器进行电解水实验

首先，检查水电解器各部件，霍夫曼电解器装置如图 2-26 所示，玻璃活塞处不漏气，装电极的橡皮塞处不漏液。如果活塞处漏液，可在活塞处薄薄地涂上一层凡士林油。

检查气密性，从漏斗中加入一定量的水，记下测气管中(或漏斗中)的液面位置，关上导气活塞。静置几分钟，观察液面位置有无变化，如果没有变化，则霍夫曼电解器的气密性良好。然后打开电解器下口胶塞将水排出。

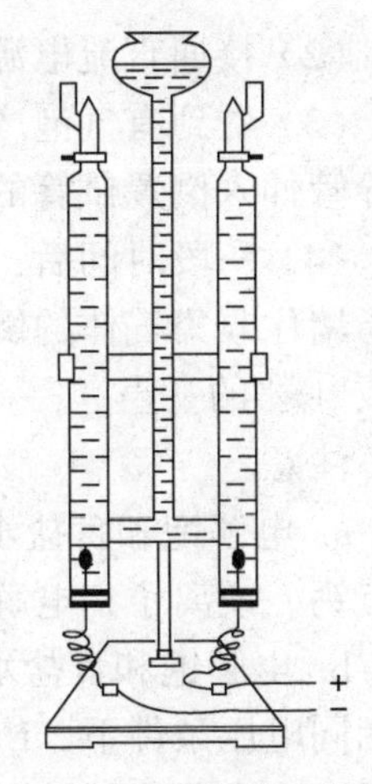

图 2-26 霍夫曼电解器

打开活塞，将 10%硫酸溶液从漏斗口加入，使整个管子充满溶液没有气泡，关闭活塞。

两极电极通过导线与低压电源的正、负极相连，接通 12V 直流电进行电解。2~3min 后断电，读出电解器的测气管示数，观察两极产生的气体体积有什么关系。用一根带火星的木条放在阳极的尖嘴玻璃管上方，打开测气管活塞，气体排出，根据带火星木条复燃现象证明气体是氧气。

将一小试管扣在另一支测气管的尖嘴上，打开活塞，使气体排出，迅速取下小试管，移向燃着的酒精灯，根据爆鸣声证明该气体为氢气。

实验完后，将酸液排出(方法同前面排水的方法)，并将电极、电解器洗干净放好。

(2) 用自制的简易水电解器进行电解水实验

电极用粗铁丝制作，套于塑料管内，使两端裸露，用一大烧杯作电解槽，电解液用 10%氢氧化钠溶液，用两支口径、长短都一样的试管收集电解水产生的氢气和氧气。简易水电解装置如图 2-27 所示。

装置准备好后，先将电解液注入烧杯中，两根电极挂在烧杯壁上，两支试管都灌满电解液倒扣在电极上，将电极与电源相连，通以 12V 直流电进行电解，断电后，检验阴阳极的气体。

(3) 电解水实验的注意事项

a. 为保证正确读取电解产生的气体体积，首先要将两个测气管的内壁洗干净，以防电解出的气体附着在管壁上；其次加入电解液后，应注意检查并赶走连接两测气管的橡皮管处的空气泡。最后电解结束时，可用手指轻敲测气管，以使附着在电极表面和管壁上的气泡脱离。

b. 电解液与电极材料要配套，一般使用氢氧化钠溶液时电极可以用曲别针或镍板。使用硫酸时，电极材料可用保险丝。

2. 电解饱和食盐水

(1) 在具支 U 形管里装入滴有酚酞溶液的饱和食盐水，用导线把碳棒和直流电源相连接，装置如图 2-28 所示。

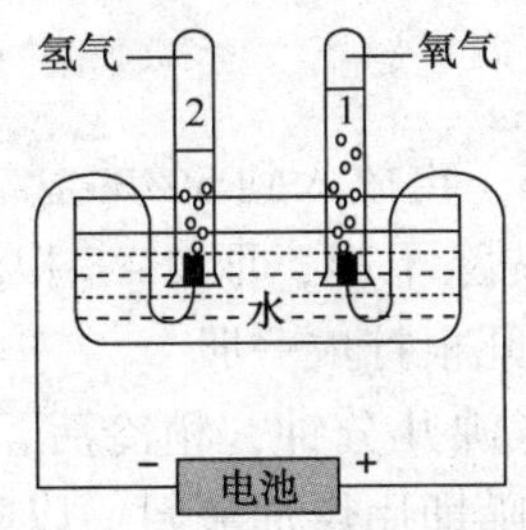

图 2-27 简易水电解器

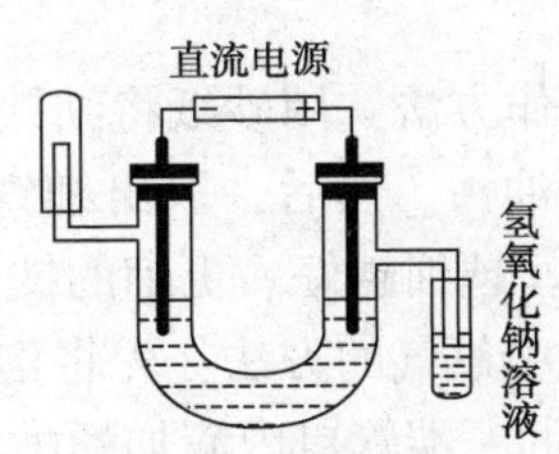

图 2-28 电解饱和食盐水

（2）接通直流电源后，将电压调至30V，注意观察U形管内的实验现象。

（3）看到有气泡产生后，将与电源正极相连的导管伸入NaOH溶液中，与电源负极相连的导管伸入倒置试管的底部，收集气体。

（4）一段时间后，用湿润的淀粉碘化钾试纸检验与电源正极相连的一侧放出的气体，用手指堵住收集气体的倒置试管管口，移近酒精灯的火焰，迅速移开手指，会听到尖锐的爆鸣声或“噗”的一声。

注意：

a. 电解饱和食盐水实验中，所用的饱和食盐水需精制（或用蒸馏水配制）。如果溶液中含有钙、镁离子，电解时在阴极附近会出现乳白色浑浊（氢氧化镁沉淀）现象。

b. 电解饱和食盐水实验中，阴、阳两电极之间的距离要适当。如用U形管作电解器，在相同电压条件下，U形管的大小和电极插入溶液的深度都会影响电解的速度。选用较小的U形管，或两电极插入U形管底部，两电极之间的距离较近，电解速度就快些，现象明显，效果较好。

3. 吸氧腐蚀微型化实验

（1）实验装置如图2-29所示。在U形管a中，加入饱和食盐水，将铁丝—碳棒电极分别插入U形管a中的两支管口内，向碳棒电极一侧滴入2~3滴酚酞试液。静置3~5min，观察两极现象，解释现象产生的原因。

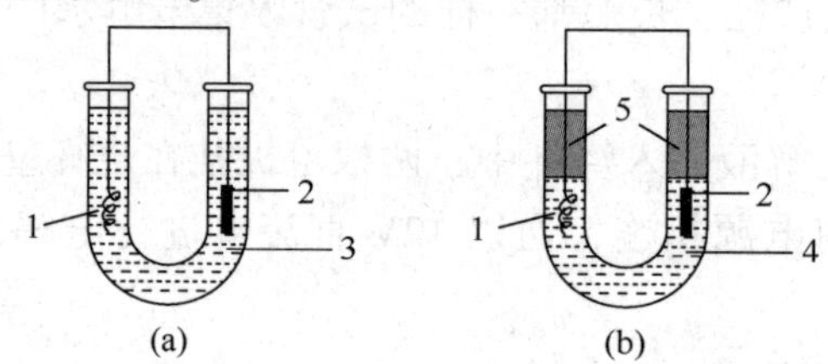

图2-29　吸氧腐蚀的微型实验装置

1—铁丝电极；2—碳棒电级；3—饱和食盐水；4—除氧气的食盐水；5—煤油

（2）在U形管b中，加入除去氧气的饱和食盐水，将铁丝、碳棒电极分别插入U形管b中的两支管口内，向碳棒电极一侧滴入2~3滴酚酞试液，再用少量煤油液封U形管b中的两支管口。静置3~5min，观察两极现象，解释现象产生的原因。

（3）用胶头滴管从U形管a中的铁丝电极一侧吸取少量溶液于小试管中，加1滴稀盐酸（1∶3）酸化，再加2~3滴2%的硫氰化钾溶液，观察溶液的颜色变化。再向小试管中滴加1~2滴5%过氧化氢溶液，振荡，观察溶液的颜色，解释现象产生的原因。

（4）向U形管b中碳棒电极一侧的煤油下方鼓入3~5次的空气，5min左右该碳棒电极一侧的溶液颜色将会呈现什么颜色，并解释原因。

（5）实验探讨

a. 铁电极的制作方法：用砂纸将细铁丝打磨光亮，再放入到5%的氢氧化钠溶液中煮沸5min左右，以除去油污。然后，取出细铁丝，用水洗涤干净，取2~3根细铁丝拧成一股，即为铁电极。细铁丝越细越好。更细的铁丝，可多取几根拧成一股。

b. 除去食盐水中氧气的方法：先将饱和食盐水煮沸几分钟，稍冷后，将其倒入U形管中。放入碳棒电极的一端管口内滴加酚酞溶液后，应随即用煤油液封，以防空气进入电解质溶液中。

五、实验记录与结果分析

实验内容	演示目的	仪器装置(装置图)	正常现象	实验结论分析	注意事项

六、实验问题与研究

(1) 从实验的仪器装置、电极材料、电解液的选用、电压、电解时间以及操作技术等方面，讨论如何使电解水实验的演示效果更理想。

(2) 试分析电解水实验的结果有时氢氧体积比不是 2∶1 的主要原因。

(3) 试从电压高低、电极材料、电极距离和饱和食盐水的用量等方面分析总结做好饱和食盐水电解实验的经验。

(4) 请你给某个化学实验设计一组微型实验方案，并通过实验探究，寻找出最佳实验条件。

七、实验拓展

1. 电解水时为什么要加入少量电解质

从纯水导电实验测得，在25℃时，纯水中 H^+ 和 OH^- 的浓度等于 10^{-7} mol/L。因此，实际上观察不到水的电解现象。这是因为，当 H^+ 在阴极上得到电子而生成氢气时，破坏了附近水的电离平衡，最终使阴极附近的 OH^- 的数目相对增多，这就使阴极附近的溶液带负电，它会吸引其他的 H^+ 并阻止 H^+ 继续在阴极上放电。阳极的情况与此相仿。若在水中加入少量某种强电解质，由于这些强电解质在溶液中全部电离，离子数目增多，在电场的影响下分别向两极移动。这样，水在电解时，阴阳两极附近的溶液里离子的电荷得到平衡，使水的电解能继续进行。

以纯水中加入 Na_2SO_4 通电分解为例，在水溶液中存在着 Na^+、H^+、SO_4^{2-}、OH^- 四种离子。根据它们电极电位的高低，在阳极，OH^- 放电，产物是氧气。随着 OH^- 不断放电，阳极附近聚集了相对多的 H^+ 时，由于 SO_4^{2-} 不断迁移到阳极附近，使阳极附近溶液里离子的电荷得到了平衡。在阴极，H^+ 放电，产物是氢气。同理，阴极附近溶液里离子的电荷也得到平衡。这样，水的电离平衡就不断向右移动，H^+ 和 OH^- 不断地在两极上放电，但 Na_2SO_4 并不发生电解，它只是起着使电极附近电解质溶液里的电荷迅速得到平衡，从而使水的电解能继续进行的作用。

2. 水电解器的电极材料和电解液的选择

用不同的电极材料，进行电解水的实验，铂电极最好。现在市售的水电解器电极都是铂电极的，但价格较高，在自制水电解器时，多采用其他材料作电极。需要注意的是，当电极不是铂电极时，电极材料与电解液的匹配很重要，其基本原则是，所选的电极材料应不与所用的电解液起化学反应，而且在电解时能在电极表面形成不溶于该电解液的保护膜。如铁在碱性溶液中是比较好的电极材料，但在酸性溶液中则不行。

实验证明，用5%~10%的氢氧化钠溶液作电解液时，用铁钉或粗铁丝等作电极较好。

如果用10%的稀硫酸作电解液，保险丝、不锈钢丝或镀铬曲别针等是较好的电极材料。

3. 电解液浓度、电极距离和电压的选择

如果用作电解液的酸或碱浓度过稀，电解速度太慢，时间太长，不符合演示实验要求。若酸或碱的浓度过大，腐蚀性大，操作不安全。经验证明，酸或碱电解液的浓度，一般选择5%~10%为宜。

当电极材料和电极面积相同且电解液的浓度一定时，电压高、电极距离近则电解速度快。相反地，电压低、电极距离太远，电解速度慢。一般学校的低压直流稳压电源的电压是30V，我们选择10~20V之间即可。

4. 电解水所得的氢气和氧气体积之比不恰是2∶1的主要原因和改进方法

电解水时，收集到的氢气与氧气的体积比，往往不是理论值，其原因主要有：

（1）在相同的温度下，氢、氧两种气体在水中的溶解度不同，氧气的溶解度稍大些。

（2）当电极材料不是铂时，阳极本身会被氧化而消耗一部分氧气。

（3）电极产生副反应等。如用稀硫酸溶液作电解液，有人认为有下列副反应发生：

$$H_2SO_4 = H^+ + HSO_4^-$$

在阴极：

$$2H^+ + 2e^- = H_2\uparrow$$

在阳极：

$$2HSO_4^- - 2e = H_2S_2O_8\text{（过二硫酸）}$$

$$H_2S_2O_8 + H_2O = H_2SO_4 + H_2SO_5\text{（过一硫酸）}$$

$$H_2SO_5 + H_2O = H_2O_2 + H_2SO_4$$

生成的过氧化氢在酸性溶液中较稳定，不易放出氧气。

改进方法：

（1）要注意电极材料与电解液的匹配，当电极材料不是铂时，在电解液中加入碱溶液比加入酸溶液的误差会小些。

（2）在正式电解前进行几分钟的预电解，并将正、负电极固定使用。这样既可以使气体在电解液中饱和，又可以在阳极表面形成一层难溶性的保护膜，避免在电解过程中阳极继续被氧化而放不出足量的氧气。

（3）选用的电解质如硫酸或氢氧化钠等，要尽可能纯净，并用蒸馏水配制。

第三章　中学化学综合探究实验

实验一　阿司匹林药品中有效成分的检测

一、实验目的

(1) 探究阿司匹林药片中有效成分的含量；
(2) 掌握药品含量测定的滴定分析法；
(3) 学会检测生活用品中化学成分的实验设计方法。

二、实验探究内容

(1) 阿司匹林药品中有效成分的探究
(2) 阿司匹林药品中有效成分含量的探究

三、实验相关资料

阿司匹林曾经是国内外广泛使用的解热镇痛药，它的主要成分是乙酰水杨酸。乙酰水杨酸是有机弱酸($K_a = 1\times10^{-3}$)，结构式为 COOH　$OCOCH_3$ ，摩尔质量为 180. 16g/mol，微溶于水，易溶于乙醇。在强碱性溶液中溶解并分解为水杨酸(邻羟基苯甲酸)和乙酸盐，反应式如下：

$$\text{(COOH, OCOCH}_3\text{)} + 3OH^- = \text{(COO}^-\text{, O}^-\text{)} + CH_3COO^- + 2H_2O$$

由于药片中一般都添加一定量的辅料，如硬脂酸镁、淀粉等不溶物，不宜直接滴定，可采用返滴定法进行测定。返滴定法(剩余量滴定，俗称回滴)：当反应较慢或反应物是固体时，加入符合计量关系的滴定剂，反应常常不能立即完成，此时可以先加入过量的滴定剂，等反应完成后，再用另一种标准溶液滴定剩余滴定剂的方法。阿司匹林有效成分的测定实验，可将药片研磨成粉状后加入过量的 NaOH 标准溶液，加热一段时间使乙酰基水解完全，再用 HCl 标准溶液进行滴定和过量的 NaOH 反应，滴定至溶液由红色变为接近无色即为终点。

四、主要仪器和试剂

50mL 酸式滴定管、25.00mL 移液管、试管、胶头滴管、锥形瓶、酒精灯、研钵、小烧杯。

0.1mol/L NaOH 溶液、0.1mol/L HCl 溶液、酚酞指示剂、石蕊溶液、氯化铁溶液、0.1mol/L Na_2CO_3溶液、10%稀硫酸、阿司匹林药片。

五、实验步骤

1. 阿司匹林中有效成分的探究

(1) 样品处理

将一片阿司匹林药片研成粉末后，溶解于适量水中，制成浊液，静止后取用清液。

(2) 官能团的检验

① 取用两支洁净试管，分别向其中加入 2mL 阿司匹林清夜，待用。

② 向其中一支试管中滴加几滴石蕊溶液，观察现象。

③ 向另一支试管中滴入 2 滴稀硫酸，将溶液在酒精灯上加热片刻后，滴入 2 滴氯化铁溶液，振荡，观察现象；再向其中逐滴加入碳酸钠溶液，振荡，观察现象。

2. 阿司匹林中有效成分含量的测定

(1) 样品处理：准确称取磨碎的药片约 0.6g 于 100mL 烧杯中，用移液管准确加入 25.00mL 0.1mol/L NaOH 标准溶液后，用量筒加水 20mL，轻摇几下使之混合均匀，水浴加热一段时间使其完全水解。迅速冷却，将烧杯中的溶液转移至 100mL 容量瓶中，用蒸馏水稀释至刻度线，摇匀。

(2) 滴定：准确移取上述试液 10.00mL 于 250mL 锥形瓶中，加水 20~30mL，加入 2~3 滴酚酞指示剂，用 0.1mol/L HCl 标准溶液滴定过量的氢氧化钠，滴定至溶液红色刚刚消失且半分钟之内不变色即为终点，记录数据。

(3) 数据处理：根据所消耗的 HCl 溶液的体积计算药片中乙酰水杨酸的质量分数。

六、实验思考

(1) 药品中有效成分检验一般需要经过哪些步骤？

(2) 结合阿司匹林中乙酰水杨酸含量的测定，总结返滴法进行含量测定的基本思路及注意事项。

(3) 讨论实验产生误差的主要原因及减小误差的方法。

实验二　氢氧化铁胶体电泳实验探究

一、实验目的

(1) 探究氢氧化铁胶体的制备及电泳实验的最适宜条件；

(2) 掌握电泳实验操作的要点。

二、实验探究内容

（1）电泳和电解的区别

（2）胶体电泳实验的实验装置和实验效果的影响因素

三、实验相关资料

胶体是一个高度分散的多相体系，由于其选择性地吸附一定量的离子以及其他原因所致，胶粒表面带有一定量的电荷，胶粒周围的介质分布着带有相反电荷的离子(反离子)，整个溶胶体系保持电中性。胶粒周围的反离子由于静电引力和热扩散运动的结果形成了双电层，即紧密层和扩散层。紧密层约有一两个分子厚，紧密吸附在胶核表面上，而扩散层的厚度则随外界条件而改变。在电场的作用下，紧密层和胶粒作为一个整体移动，而扩散层中的反离子则向相反的方向移动。这种在电场作用下分散相粒子相对于分散介质的运动形成了胶体的电泳。

做电泳实验时，需加入摩尔质量较大的物质以增大密度，一般用廉价且易得的尿素。尿素的用量对电泳实验有影响。除此之外，氢氧化铁胶体的电泳还受诸多因素影响，如：溶胶中胶粒形状、表面电荷数量、溶剂中电解质的种类、离子强度、pH 值、温度和所加电压。综合考虑选择电解质种类、电压和尿素的用量对电泳实验的影响程度。

四、仪器和药品

实验仪器：烧杯、量筒、U 形管、电极、直流电源、导线、电炉。

实验药品：氯化铁饱和溶液、尿素颗粒、0.01mol/L KNO_3溶液、0.01mol/L KCl 溶液、0.01mol/L NaCl 溶液、蒸馏水。

五、实验过程

（1）使用饱和氯化铁溶液制备胶体。

在 1 只烧杯中加入 500mL 的蒸馏水，加热煮沸，逐滴加入 10mL 饱和氯化铁溶液，并不断搅拌，保持沸腾 2min。在其余 4 只烧杯中分别加入 100mL 的蒸馏水，加热煮沸，逐滴加入 4mL、6mL、8mL、10mL 饱和氯化铁溶液，滴加饱和氯化铁的过程中要不断搅拌，并保持沸腾 2min。制备出不同浓度的氢氧化铁胶体，探究各浓度氢氧化铁胶体的电泳效果。

（2）分别称量 1.5g、2.0g、2.5g、3.0g、3.5g 的尿素，选择最低浓度的氢氧化铁胶体，取 50mL 最低浓度的氢氧化铁胶体溶液分别放于 5 个烧杯中，趁热加入上述实验所需的尿素，搅拌促进其溶解，晾凉后转移到 U 形管中，直至两臂各留下 3cm 长度的空间为止。再向 U 形管中的两侧分别加入等量的硝酸钾导电液，保持两端界面清晰和液面相平。插入石墨电极，接通 20V 的直流电，观察现象约 5min。选择出最适宜的尿素浓度。

（3）选择出适宜的尿素浓度后，再分别取三个最低浓度的胶体 50mL，加入最适宜合适尿素用量，冷却后转移到 U 形管中，分别加入 0.01mol/L 的 NaCl、KCl、KNO_3导电液，在同样 20V 电压下进行实验，观察实验现象，选择出合适的导电液。

（4）分别取 5 个不同浓度的胶体 50mL，加入最适宜的尿素用量和合适的导电液，进行电泳实验，比较效果，选择最佳的氢氧化铁胶体浓度。

（5）选择最佳浓度的氢氧化铁胶体 50mL，加入最适宜的量的尿素，加入效果最好的导电液，以10V、20V、30V的电压条件进行电泳，对比实验现象。

六、数据处理及分析

1. 尿素用量对实验影响

序号	1	2	3	4	5
尿素量/g	1.5	2.0	2.5	3.0	3.5
现象					

2. 导电液种类对电泳效果的影响

序号	1	2	3
药品	0.01mol/L KNO_3	0.01mol/L NaCl	0.01mol/L KCl
现象			

3. 胶体浓度对电泳效果影响

序号	1	2	3	4	5
饱和氯化铁量/mL	10	4	6	8	10
现象					

4. 电压对电泳效果影响

序号	1	2	3
电压/V	10	20	30
现象			

5. 实验分析

胶体溶液的浓度对胶体电泳速度的影响并不显著，电压对胶体电泳有影响，电压越高，电泳速率越快，反之则越慢。如果电压和胶体的浓度过低，电泳速率较慢，界面也不清晰平整；反之则阴极产生气体的速率加快，电流的热效应增大，胶体的发散、凝聚作用增强，电泳速率和实验效果并不好。综上所述，氢氧化铁胶体浓度大一点，电压控制在30V左右即可。

胶体电泳的实验中，电极直接接触胶体溶液，会产生电解反应，甚至破坏胶体而产生聚沉。在胶体上面加KNO_3溶液起导电作用，而KNO_3溶液与胶体之间有一清晰的界面是做好电泳实验的关键之一。对比分别含有KNO_3、NaCl、KCl三种电解质的溶胶在相同实验条件下的电泳速度，用KNO_3作电解质效果最好。因为KNO_3中K^+和NO_3^-的迁移率较接近，其导电性较好。导电液的配制采用0.01mol/L KNO_3溶液最佳。

七、实验思考

（1）电压的高低、U形管的大小和胶体的用量不同，会对胶体电泳实验的效果有什么影响？

（2）胶体电泳现象的原理是什么？接通电源后，胶体上部的导电液中有什么现象？

实验三　白酒中甲醇含量的测定

一、实验目的

（1）探究白酒中甲醇含量，形成化学实验设计和探究能力；

（2）掌握白酒中甲醇含量的检测原理，了解化学在生活中的应用，体验化学走向生活的乐趣。

二、实验原理

甲醇在磷酸溶液中被高锰酸钾氧化成甲醛，过量的高锰酸钾及在反应中产生的二氧化锰可用硫酸-草酸溶液除去，甲醛与无色的品红-亚硫酸溶液作用生成蓝紫色的醌型色素，根据所得溶液的颜色与标准系列比较即可定量测出白酒中甲醇的浓度。

三、主要仪器和试剂

实验仪器：分光光度计、100mL 容量瓶、圆底烧瓶、冷凝管、小烧杯，牛角管、锥形瓶。

实验试剂：高锰酸钾（A. R）、85%磷酸溶液、草酸（$H_2C_2O_4$）、1∶1 硫酸、碱性品红（A. R）、10%亚硫酸钠溶液、浓 HCl、活性炭、甲醇、蒸馏水、无甲醇无甲醛的乙醇。

四、实验过程

1. 试剂配制

（1）高锰酸钾-磷酸溶液

称取 3g 高锰酸钾（A. R）固体，加入 15mL 85%磷酸（A. R）溶液及 70mL 水溶解完全，加水至 100mL 定容。贮于棕色瓶中备用。

（2）草酸-硫酸溶液

称取 5g 无水草酸（$H_2C_2O_4$）或 7g 含 2 个结晶水的草酸（$H_2C_2O_2 \cdot 2H_2O$），溶于 1∶1 冷硫酸中，加 1∶1 冷硫酸至 100mL 定容。贮于棕色瓶中备用。

（3）品红-亚硫酸溶液

称取 0.1g 研细的碱性品红（A. R），分次加水（80℃）共 60mL 使其溶解，冷却后加 10mL 10%亚硫酸钠溶液、1mL 浓盐酸，再加水至刻度线，充分混匀，放置过夜。如溶液有颜色，可加少量活性炭搅拌后过滤至无色，贮于棕色瓶中，置暗处保存。溶液呈红色时应弃去重新配制。

（4）甲醇标准溶液

准确吸取 1.26mL 的甲醇（相当于 1.000g 甲醇），移入 100mL 容量瓶，加蒸馏水至刻度线，摇匀，使用时吸取 10.0mL 此甲醇溶液置于 100mL 容量瓶中，加水稀释至刻度，混匀，低温保存，此溶液每毫升含 1mg 甲醇。

（5）无甲醇无甲醛的乙醇制备

取 300mL 无水乙醇，加高锰酸钾少许，振摇后在沸水浴中蒸馏，在馏出液中加 $AgNO_3$

1g 和 NaOH 溶液（1.5gNaOH 溶于少量水中），摇匀，取上清液再蒸馏，弃去最初和最后的 1/10 蒸馏液，收集中间的蒸馏部分，加蒸馏水配成 60%无甲醇的乙醇溶液。

2. 白酒中甲醇含量的测定

（1）精确吸取 0.00mL、0.20mL、0.40mL、0.60mL、0.80mL、1.00mL 甲醇标准应用液（相当于 0mg、0.2mg、0.4mg、0.6mg、0.8mg、1.0mg 甲醇）分别置于 25mL 比色管中，加水到 5.0mL，编号为 1、2、3、4、5、6，再各加入 0.30mL 无甲醇无甲醛的乙醇、2.0mL 高锰酸钾-磷酸溶液、2.0mL 草酸-硫酸溶液、5.0mL 品红-亚硫酸溶液混匀静置 0.5h 后，在分光光度计上测定吸光度。

（2）以 1 号管为参比，于 590nm 波长处测 2~6 号的吸光度，以吸光度 A 为纵坐标，甲醇含量为横坐绘制标准曲线。

（3）根据待测白酒中含乙醇多少适当取样 xmL（含乙醇 30%的取 1.0mL；40%的取 0.80mL；50%的取 0.60mL；60%的取 0.50mL），加水至 5.0mL 混匀，加入 2.0mL 高锰酸钾-磷酸溶液混匀，放置 10min，再加 2.0mL 草酸-硫酸溶液、5.0mL 品红-亚硫酸溶液，混匀静置 0.5h 后加入比色管中，在分光光度计上测定吸光度。

（4）根据测得的吸光度与标准系列比较，计算出白酒中甲醇的含量。

五、实验拓展

（1）亚硫酸品红溶液呈红色时应重新配制，新配制的亚硫酸品红溶液放冰箱中 24~48h 后再用为好。

（2）白酒中其他醛类以及经高锰酸钾氧化后由醇类变成的醛类（如乙醛、丙醛等），与品红-亚硫酸作用也显色，但在一定浓度的硫酸酸性溶液中，除甲醛可形成经久不褪的紫色外，其他醛类则历时不久即行消退或不显色，故无干扰，因此操作中时间条件必须严格控制。

（3）当加入草酸-硫酸溶液褪色时放出热量，温度升高，此时需适当冷却，才能加入品红-亚硫酸溶液。品红-亚硫酸显色时，温度最好控制在 20℃以上，温度越低，所需显色时间越长，温度越高所需显色时间越短，显色的稳定段也短。另外，温度对吸光度也有影响，标准管和试样显色温度之差不应超过 1℃。

（4）酸度过低，甲醛和亚硫酸显色不完全，酸度过高会降低显色的灵敏度。

（5）配制草酸-硫酸溶液时，称取的草酸量一定要准确。如果草酸过量，溶液浓度过高，过剩的草酸将亚硫酸品红还原而成红色；反之，就不能使溶液褪色。

（6）甲醛显色灵敏度与乙醇浓度有密切的关系，试样显色灵敏度随乙醇的浓度改变而改变，乙醇浓度越高，甲醛显色灵敏度越低。当乙醇浓度在 50%~60%，甲醛显色较灵敏，故在操作中试样管与标准管显色时乙醇浓度应严格控制一致。

（7）酒中的醛类以及经高锰酸钾氧化其他醇生成的醛（乙醛、丙醛等），与品红-亚硫酸作用也显色。但是在一定浓度的硫酸酸性下，除甲醛可以形成经久不变的紫色外，其他醛类物质所形成的色泽会慢慢消褪。因此必须严格遵守显色半小时后，测定吸光度。

（8）国家标准 GB 2757—81 中明确要求以谷类为原料的白酒中甲醇的含量不得超过 0.04g/100mL，以薯干及代用品为原料的白酒中甲醇的含量不得超过 0.12g/100mL。超过国家规定标准的都为不合格的白酒。

六、实验思考

（1）讨论实验产生误差的主要原因及减小误差的方法。

（2）查阅资料，了解甲醇对人身体有哪些危害。

（3）白酒中甲醇含量的检测方法还有哪些？

实验四　铁的吸氧腐蚀探究

一、实验目的

（1）通过实验探究铁制品吸氧腐蚀和析氢腐蚀的异同；

（2）了解缩短吸氧腐蚀反应时间的装置改进方法。

二、实验探究内容

（1）实验中借助什么装置、通过何种现象判断铁生锈是发生哪种反应造成的。

（2）探究能够缩短吸氧腐蚀实验中观察到实验现象的时间，提高课堂效率。

三、主要仪器和试剂

实验仪器：试管、洗耳球、止水夹、滤纸、毛细尖嘴管、药匙、乳胶管、具支试管、电流表、大烧杯、导线。

实验试剂：铁粉、碳粉、1mol/L 氯化钠溶液、0.1mol/L 醋酸溶液、酚酞试液、0.1mol/L KSCN 溶液、0.1mol/L $K_3[Fe(CN)_6]$溶液、红墨水、铜片、铁片、30%双氧水。

四、实验步骤

（1）将滤纸卷成圆筒状放进具支试管中，使滤纸的上边缘高度在支管口下方为宜。量取1mL 氯化钠溶液倒入试管中，倾斜并转动试管，使滤纸完全润湿。

（2）在滤纸的内外面分别滴2滴酚酞溶液、0.1mol/L KSCN 溶液、0.1mol/L $K_3[Fe(CN)_6]$溶液，不同的溶液要滴在不同的地方。将铁粉 2g 和碳粉 2.5g 均匀混合后倒入试管（铁粉和碳粉按质量比为 4∶5 混合即可），倒入混合物的同时，倾斜并转动试管，使混合物均匀撒在试管内的滤纸上。

（3）在胶塞上穿过一支带有橡胶管和止水夹的玻璃管，将拉细的玻璃导管插入滴有红墨水的水中，按图 3-1 组装好仪器。塞紧胶塞，打开止水夹，右侧毛细尖嘴管和烧杯中液体高度保持一致。关闭止水夹，观察毛细尖嘴管内液面的变化及试管内壁滤纸上的实验现象。

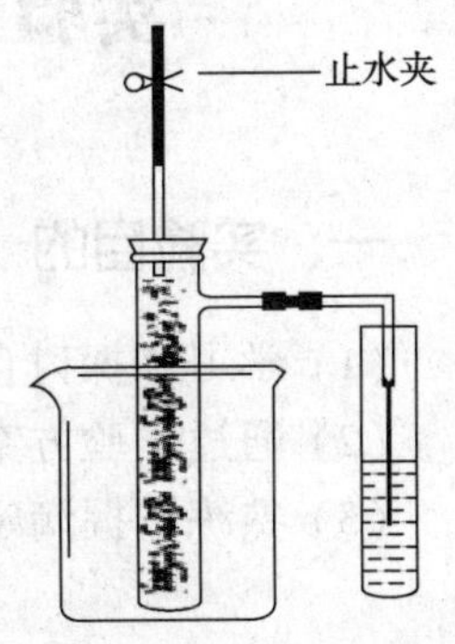

图 3-1　铁的吸氧腐蚀

（4）采用上述装置，将一张 pH 试纸和两张条形滤纸放入具支试管中，用 1mL 醋酸溶液润湿试纸和滤纸，在 pH 试纸上滴 2 滴酚酞溶液，在两张滤纸上分别滴 2 滴硫氰化钾溶液和铁氰化钾溶液，再将铁粉和碳粉按质量比为 4∶5 均匀混合后的混合物撒入试管中。按照操作 3 继续进行实验并观察实验现象。

除了通过上述实验间接探究在不同环境下铁被腐蚀的原因，还可以借助电流表直观地观察铁被腐蚀时电子的转移方向。具体实验方法如下。

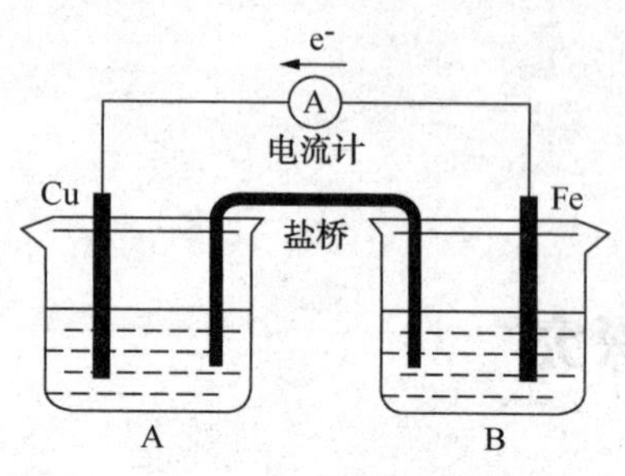

图 3-2 铁的吸氧腐蚀

按图 3-2 连接好装置，在两个烧杯中放入适量热的蒸馏水，观察电流表指针变化。在铜片附近加入 1mL 双氧水，观察实验现象。当电流表指针复原后，在铜片附近再加入 3mL 醋酸溶液，观察现象。

五、实验研讨

实验过程中巧用滤纸作为反应载体，既保证了具支试管内壁受溶液润湿程度一样，又使反应混合物能均匀吸附在滤纸上从而增加反应物的接触面积，还可用酚酞溶液、KSCN 溶液、$K_3[Fe(CN)_6]$溶液滴在滤纸上检验反应产物。

毛细尖嘴管液面上升，说明试管内气体减少，但不能说明是吸氧腐蚀。实验探究时要考虑，通过产物的检验证明反应原理的实验方法。观察到滤纸上颜色的变化：滴有酚酞溶液的部位显红色，证明有 OH^-生成，说明接受电子的是溶液中的 O_2而不是 H^+，证明铁粉发生了吸氧腐蚀。滤纸上滴有 KSCN 溶液的部位没有显红色，证明没有 Fe^{3+}生成，而滴有 $K_3[Fe(CN)_6]$溶液的部位出现蓝色，证明有 Fe^{2+}生成，其他部位出现墨绿色并逐渐变成斑状褐色，说明生成的 $Fe(OH)_2$进一步被 O_2氧化成 $Fe(OH)_3$。用手触摸试管外壁，能感到试管温度明显上升，具支试管上部无滤纸处的内壁可以看到小水珠，说明 $Fe(OH)_3$脱去一部分水生成 $Fe_2O_3 \cdot nH_2O$，进而形成铁锈。

铁的吸氧腐蚀实验还可以采用如下操作：将 NaCl 溶液与琼脂共热，待琼脂全部溶解后，加入几滴酚酞并搅拌，将混合液倒入内壁裹有铁皮的 100mL 烧杯中；待混合液凝固时，将一根碳棒插在琼脂的正中间固定碳棒。用导线将铁片与碳棒连接，一段时间后观察碳棒边缘有红色物质出现，时间较长则可以看到红色向周围扩散，证实正极产物 OH^-的存在。

六、思考与讨论

(1) 铁的吸氧腐蚀和析氢腐蚀有什么区别？重新设计一套装置探究两种腐蚀发生的条件。

(2) 铁的吸氧腐蚀原理是什么？该实验的影响因素有哪些？

实验五　食物中维生素 C 含量的比较研究

一、实验目的

(1) 学习和探讨食物中维生素 C 含量的方法和技能；

(2) 通过实验方案的设计和动手实验，培养化学实验设计和探究能力；

(3) 熟练掌握滴定操作技能。

二、实验原理

维生素 C 分子式 $C_6H_8O_6$，结构简式为

$$
\begin{array}{l}
\qquad\qquad\qquad\qquad\quad O \\
CH_2—CH—CH \qquad\quad C=O \\
\;|\qquad\quad\;\; | \qquad\quad C=C \\
OH \qquad OH \quad\;\; HO \qquad OH
\end{array}
$$

，分子中的烯二醇基具有还原性，在酸性溶液中能被 I_2 氧化，可用淀粉作为指示剂，滴入 I_2 标准溶液呈蓝色且半分钟内不褪色为止，测定食物中维生素 C 含量。

$$C_6H_8O_6+I_2 = C_6H_6O_6+2HI$$

三、实验仪器及药品

实验仪器：烧杯多个、量筒、玻璃棒、布氏漏斗、真空泵、台秤、滴管、容量瓶多个(250mL)、酸式滴定管、酒精灯、研钵、离心机、滤纸、锥形瓶等；

实验药品：维生素 C 药片、果汁或蔬菜汁、0.010mol/L 碘水、0.1mol/L HCl 溶液、2%淀粉溶液。

四、实验过程

(1) 维生素 C 标准溶液配制。

取 2 片维生素 C 片剂(100mg/片)投入到盛有 20mL 新鲜煮沸的冷蒸馏水中溶解，当维生素 C 药片全部溶解后，把溶液转移到 100mL 容量瓶中，并加水至刻度线，现配现用。

(2) 制备果蔬组织提取液。

将果蔬(苹果、西瓜、西红柿)洗净，用纱布拭干其外表水分，分别称取 20g 可食用部分，置于研钵中研碎，加 50mL 新鲜煮沸的冷蒸馏水过滤，滤液备用。

(3) 维生素 C 标准溶液标定。

将配制好的维生素 C 溶液 20mL 倒入洁净的锥形瓶中，加入 0.1mol/L HCl，调节溶液的 pH 值至 3 左右，加 2mL 淀粉溶液，用 0.010mol/L 碘液滴定，直到溶液显蓝色且半分钟内不褪色，记录所消耗碘水的体积。重复上述操作两次，取三次的平均值 V_1。

(4) 食物中维生素 C 含量的测定。

移取 20mL 果蔬提取液注入 250mL 锥形瓶中，加入 0.1mol/L HCl，调节溶液的 pH 值至 3 左右。加入 2mL 淀粉溶液，用 0.010mol/L 碘液进行滴定，直到溶液显蓝色且半分钟内不褪色，记录所消耗碘水的体积。重复上述操作两次，取三次的平均值 V_2。

(5) 通过与标准溶液的对比计算果蔬中维生素 C 含量。

(6) 数据处理。

项目	编号	滴定前的读数/mL	滴定后的读数/mL	消耗碘溶液的体积/mL	消耗碘溶液体积的平均值/mL	标准差	维生素 C 含量
维生素 C 标准溶液	1						
	2						
	3						
食物提取液	4						
	5						
	6						

五、注意事项

（1）将果蔬组织彻底粉碎，使组织中的维生素 C 充分溶解出来，以免造成维生素 C 含量测定值与实际含量有较大误差。为能够比较果品蔬菜中维生素 C 含量的高低，各种食物应取等质量，稀释时加等量的水。

（2）整个操作过程要迅速，防止还原型抗坏血酸被氧化，果蔬浸出液应随配随用，滴定过程一般不超过 2min。

（3）试样溶解时要用新鲜煮沸的冷蒸馏水，标准维生素 C 溶液和被检测的果蔬组织提取液的 pH 值必须调至 3 左右，以保持溶液的酸性环境，防止维生素 C 被破坏。

（4）用碘量法测定食物中维生素 C 含量时，两种果蔬不易选：①含色素多的果蔬，因为过多的色素会遮盖或影响碘与淀粉发生的颜色反应，若被测果蔬组织颜色较深，可加入氯仿萃取。②提取液不易过滤的果蔬。

六、实验拓展

维生素 C 是一种含有 6 个碳原子的酸性不饱和多羟基化合物，属水溶性维生素，具有强还原性。维生素 C 广泛分布在植物绿色部分及水果中，人体不能自身制造，必须不断地从食物中摄入。维生素 C 影响胶原蛋白的形成，并且有解毒作用，它参与体内的氧化还原反应，有防止贫血的作用，可改善变态反应，刺激免疫系统，是人体不可缺少的物质，缺乏时会产生坏血病，故又称抗坏血酸。

由于维生素 C 的还原性很强，较容易被溶液和空气中的氧气氧化，在碱性介质中这种氧化作用更强，因此滴定宜在酸性介质中进行，以减少副反应的发生。考虑到 I^- 在强酸性中也易被氧化，故一般选在 pH 值为 3~4 的弱酸性溶液中进行滴定。

0.02mol/L 碘溶液进行配制时，称取 10g KI 溶于蒸馏水中，配成 KI 溶液，取 1.27~1.30g 碘，加入到 KI 溶液中，待碘单质完全溶解后，加水定容到 250mL，置于棕色瓶中。

七、思考与讨论

（1）维生素 C 有哪些生理意义？如何保存果蔬才能保证维生素 C 不流失、不破坏？
（2）根据维生素 C 的性质，准确测得维生素 C 含量实验中应注意哪些操作？

实验六　微型化实验

一、实验目的

（1）了解装置气密性检验的方法；
（2）掌握氮的氧化物相互转化的微型化实验操作方法；
（3）了解一些用玻璃仪器进行的微型化实验。

二、实验原理

注射器气密性良好，实验过程中可以防止物质被空气中的氧气氧化和污染物逸出污染大气，因此，可用注射器作为某些反应的反应器。由于注射器上自带刻度，活塞可伸缩，其容积变化能够直观显示体积的变化数值而用作量具。

三、实验用品

50mL 医用注射器 3 支、400mL 烧杯 1 只、止水夹 2 个。

细铜丝若干、浓硝酸、冰、0. 1mol/L 盐酸、0. 1mol/L 醋酸、镁条。

四、实验内容

（1）注射器用作反应器；

（2）压强、温度对化学平衡的影响；

（3）二氧化氮转化为硝酸；

（4）注射器用作量具。

五、实验步骤

1. 制取二氧化氮气体

（1）检查注射器的气密性。

连接好如图 3-3 所示的装置，注射器活塞推到底部，将针头部分用止水夹密封。向外拉注射器活塞，然后放开，看活塞能否恢复原位，若能则气密性良好；否则表明漏气。气密性良好的注射器用于作反应器和量具，气密性不好的注射器可在针筒内壁涂少量凡士林，一则起到润滑作用，二则起到封闭效果。

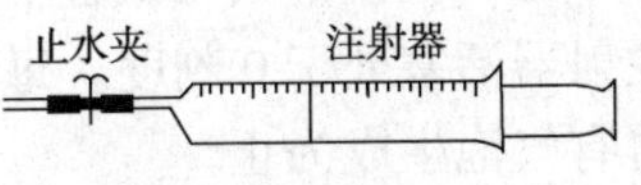

图 3-3　注射器用作反应器

（2）取 50mL 医用注射器 a，抽去活塞，放入约 0. 1g 铜丝，重新插入活塞。

（3）用注射器 a 吸取大约 5mL 浓硝酸，注射器针头部分口向上，迅速排尽筒内空气，夹紧止水夹。

（4）铜丝与浓硝酸剧烈反应，直到铜丝反应完全，针管内红棕色气体约为 40mL，放置待用。

铜丝与浓硝酸反应实验不能得到纯的二氧化氮，因为随着反应的进行，硝酸越来越稀，产物就有变化。因此，用铜与浓硝酸制得的气体中有 NO_2、N_2O_4及 NO 等多种成分，但这些气体的存在一般不影响做 NO_2的性质实验。

2. 二氧化氮转化为四氧化二氮

（1）另取一个 50mL 医用注射器 b，从针筒 a 内抽取约 25mL 二氧化氮气体，立即关闭两针管上的止水夹。

（2）一只手推动医用注射器 b 上的活塞压进约 15mL，另一只手握紧医用注射器 b 上的橡皮管，以防推动活塞时橡皮管脱落，观察针筒 b 内的气体颜色变化，并与针筒 a 内的气体颜色比较。注意观察活塞刚压进不久时，针筒 b 内的气体颜色，静置片刻后针筒 b 内的气体颜色又有什么变化，解释出现这种现象的原因。

（3）将针筒 b 的活塞拉动到原来的刻度位置，稍等片刻，再将针筒 b 横放入盛有冰水的水槽中，静置一会儿，与针筒 a 内的气体颜色比较针筒 b 内气体颜色变化和活塞位置出现什么变化。

3. 二氧化氮转化为硝酸

（1）将针筒 b 从冰水中取出，待其恢复到室温后，打开针管上的止水夹，吸取大约 10mL 水，关闭止水夹。

（2）振荡，静置，观察针筒 b 内的气体颜色变化并读出针筒 b 内剩余气体的体积。

（3）将针筒 b 的活塞抽拉数次，观察针筒中气体的颜色和气体的体积。

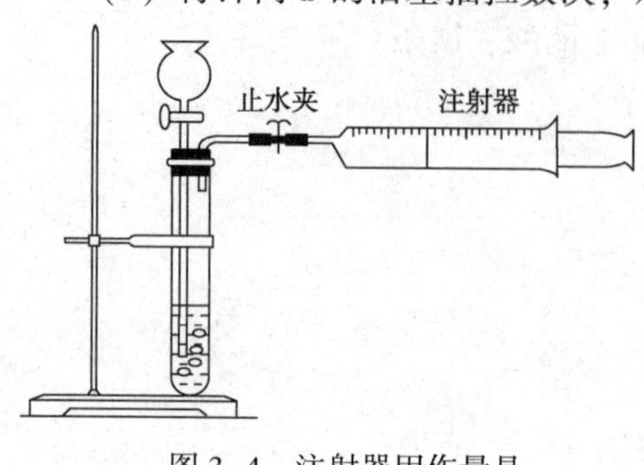

图 3-4　注射器用作量具

4. 注射器用作量具

（1）检查装置气密性。

连接好如图 3-4 所示的装置（注射器内留有一半体积的空气），打开止水夹，向长颈漏斗中注入水，使其下管口液封，慢慢推注射器的活塞，瓶内气压增大，长颈漏斗内形成一段水柱，过一会后水柱的液面不下降，再慢慢往外拉活塞至初始位置以后，瓶内气压减小，液柱下降，下管口有气泡冒出。说明此装置气密性良好。

（2）将镁带打磨光亮后，用天平称量 0.1g 的镁条，并剪成较短的镁段。

（3）将镁带放入试管中，连接好装置，向长颈漏斗中加入 0.1mol/L 盐酸 15mL，50mL 注射器活塞处于 0 刻度。每隔 30s 读取一次注射器所示气体体积，并记录到表格中。直到不再有气泡生成为止。

（4）用同样的方法测量 0.1mol/L 醋酸 15mL 与同等质量的镁反应过程中每隔 30s 的产气量。记录数据填到表 3-1 中。

表 3-1　数据记录表

项　目	0.5min	1.0min	1.5min	2.0min	2.5min	3.0min	…
和盐酸反应产生的气体体积/mL							
和醋酸反应产生的气体体积/mL							

（5）以反应时间为横坐标，生成气体的体积为纵坐标，绘制产气量随时间变化的曲线图，比较相同浓度的醋酸和盐酸分别与足量镁反应的过程中，在反应速率、反应时间、产气量等方面有何异同，思考产生异同的原因。

六、思考与讨论

（1）注射器中氮的氧化物之间转化实验成功的关键是什么？

（2）相同浓度和体积的盐酸与醋酸分别与足量镁反应的异同点？

（3）分析本次实验的误差来源以及需要注意的问题。

七、实验拓展

微型实验的设计不拘泥于使用某些特定的仪器，可选取各种材料进行实验设计，只要起到药品用量少、实验现象效果明显即可。可谓微型实验设计无定法，节约环保是目的。

1. 玻璃管和玻璃曲管的应用

玻璃管的内径小、盛装药品量少、受热快，将玻璃管加工成 W 形、V 形来用作某些实验的反应器，具有试剂用量少、反应现象明显、系列反应管道化、有害气体不易泄漏、污染少等优点。

使用示例：氯气的制备和性质实验

钠与氯气反应[7]即可用 W 形管进行微型化实验。实验装置如图 3-5 所示。用 1mL 的小针管吸入浓盐酸 1mL，在管中 2 处放置小团棉花，b 处 3 的位置放入高锰酸钾晶体 0.2g，4 处的干燥管中加入碱石灰，6 处放少量干净的河沙，在河沙上的 5 处放绿豆大小的金属钠。先向 W 形管中加入浓盐酸，然后再点燃酒精灯，观察实验现象。

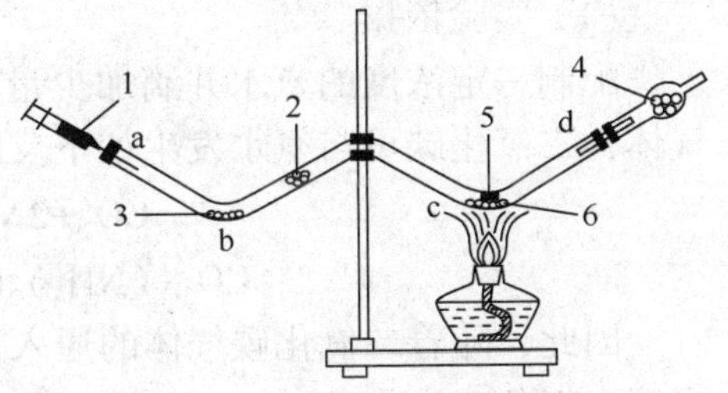

图 3-5　Cl_2 与金属钠的反应

实验讨论：

（1）将本实验活动与相应的常规实验比较，说明利用玻璃管反应器进行的实验设计有哪些特点。

（2）尝试总结利用玻璃管反应器设计实验的一般思路。

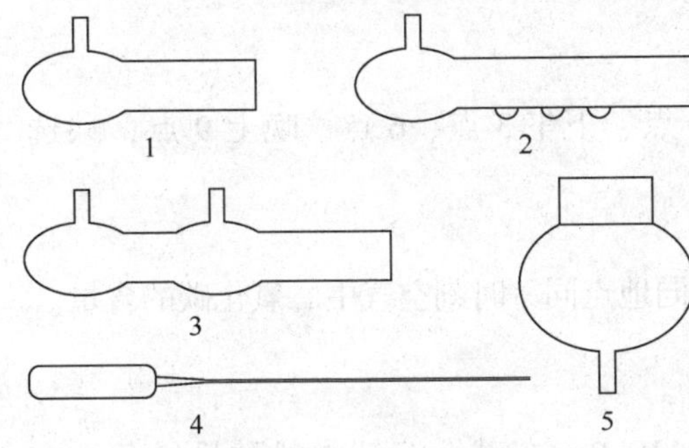

图 3-6　微型气体实验仪

1—微型气体发生器；2—微型气体发生器；3—微型混合气体发生器；4—塑料多用滴管；5—微型集气瓶

2. 微型气体实验仪

微型气体实验仪，如图 3-6 所示，克服了常规实验装置复杂、操作烦琐、污染严重等不足，能够进行气体的制备、收集、检验和性质实验等操作，具有安全环保、节约药品、操作简便等优点。

微型气体实验仪主要由微型气体发生器(1)、微型气体发生器(2)、微型混合气体发生器(3)、塑料多用滴管(4)、微型集气瓶(5)以及实验室常用配件等组成。

其中微型气体发生器(1)和微型气体发生器(2)是底部设置有凹坑和支管的玻璃管，其中凹坑和支管相对，凹坑用于盛放固体药品，液体试剂则通过插入支管的塑料多用滴管滴入(支管和塑料多用滴管之间用胶皮管密封连接)。微型气体发生器的直管部分还设置有多个小凹坑，可以直接进行气体的性质实验。

微型混合气体发生器(3)设置有两个凹坑和两个支管，可以制备两种气体并进行气体之间的反应。微型集气瓶(5)是底部带有导气管的漏斗状球形容器，用于收集气体以及试验固体物质在气体中的燃烧等实验。

实验七　空气中二氧化碳含量的测定

一、实验目的

（1）通过探究实验学会探究的方法，掌握探究的过程和结果的表述；

（2）了解测定空气中二氧化碳含量的简便方法。

二、实验探究设计

（1）实验依据。

配制一定浓度的氨水并滴加少量酚酞试液（此时溶液呈浅红色），向其中通入二氧化碳气体，二氧化碳可与氨水发生如下反应：

$$CO_2+2NH_3 \cdot H_2O = (NH_4)_2CO_3$$

$$CO_2+(NH_4)_2CO_3+H_2O = 2NH_4HCO_3$$

因此，随着二氧化碳气体的通入，溶液的 pH 值逐渐降低。当溶液 pH 值降至 8 左右时，溶液由红色变为无色。

（2）物品准备。

仪器和材料：50~100mL 注射器、胶帽、烧杯。

药品：浓氨水、酚酞试液（1%）、蒸馏水。

（3）场地。

选择测定地点，如操场、学校通风较好的教室、刚下课后门窗紧闭的教室、宿舍、办公室、种植花草或蔬菜的温室或植物园等。

（4）按测定时间、测定地点测定并记录。

在相同的时间点，如：早晨 6 点、上午 9 点、12 点、下午 3 点、6 点、晚上 9 点，共选 6 个测定地点同时测定，一个测定小组需 6 个人员。

（5）综合测定数据，得出测定结果。

（6）得出一天之内空气中二氧化碳含量的变化和不同地点同一时刻空气中二氧化碳的含量。

三、实验原理

酚酞作为酸碱指示剂，其 pH 值变色范围为 8.2~10.0，在碱性溶液中酚酞显红色，在酸性或中性溶液中为无色。氨水呈弱碱性，在稀氨水中滴加少量酚酞试液，溶液呈浅红色。

配制一定浓度的氨水并滴加少量酚酞试液（此时溶液呈浅红色），向其中通入二氧化碳气体，二氧化碳可与氨水发生如下反应：

$$CO_2+2NH_3 \cdot H_2O = (NH_4)_2CO_3$$

$$CO_2+(NH_4)_2CO_3+H_2O = 2NH_4HCO_3$$

因此，随着二氧化碳气体的通入，溶液的 pH 值逐渐降低。当溶液 pH 值降至 8 左右时，溶液由红色变为无色。

根据上述原理，在相同体积相同浓度的氨水（滴有少量酚酞试液）中，通入不同时间不同地点的空气（其中二氧化碳气体的含量不同），那么根据反应所消耗的空气体积，通过对比，可以测定空气中二氧化碳的相对含量。

四、实验内容

（1）配制稀氨水的准备液；

（2）准备注射器和胶帽；

（3）选择测定地点；

（4）按测定时间测定并记录；

（5）综合测定数据；

（6）计算并比较，写出测定报告。

五、实验操作

（1）将 1~2 滴浓氨水滴入 500mL 蒸馏水中，制成稀氨水，然后再滴入 2 滴酚酞试液，使溶液呈浅红色，密封包存。

（2）用 50mL（100mL）注射器吸取上述溶液 10mL，在测定地点抽气到 50mL（100mL）刻度处［抽气约 40mL（90mL）］，用胶帽堵住注射器的吸入口，用力振荡 2~3min，然后将注射器吸入口向上，小心将余气排出（不要排出已吸收了气体的液体）。

重复上述操作，抽气，振荡，每次保障抽气量一样，如此反复进行，直到红色恰好褪去为止。记录抽气次数 N_1 = ____次。

（3）用同样的方法在空旷地段、大教室、阶梯教室、种植花草树木的草坪、宿舍、办公室测定 CO_2 含量，记录抽气次数 N_2 = ____次（同一地点，每次做 3 组数据取平均值）。

（4）在同一地点的不同时间分别测定 CO_2 含量，记录抽气次数 N_3 = ____次（每次做 3 组数据取平均值），记录准确。

（5）将测定的数据记录在表 3-2 中，并用空旷地段空气中二氧化碳的含量（体积分数以 0.033%计）作为比较标准，计算出各测定地点空气中二氧化碳的体积含量（抽气次数和空气中二氧化碳的体积含量成反比）。

（6）小组人员数据汇总。将小组成员的数据进行汇总，列出数据表或绘制同一地点二氧化碳含量随时间变化的曲线，并用文字表述一天之内不同地段空气中二氧化碳含量的变化情况，试说明原因。

表 3-2　空气中二氧化碳含量测定数据记录表

编　号	取样地点	取样时间	抽气次数 N	空气中二氧化碳的体积含量
1	空旷地段	6：00		0.033%
2				
3				
1		9：00		
2				
3				
1		12：00		
2				
3				
1		15：00		
2				
3				
1		18：00		
2				
3				
1		21：00		
2				
3				

续表

编　号	取样地点	取样时间	抽气次数 N	空气中二氧化碳的体积含量
1	大教室	6：00		
2				
3				
……	……	……		

六、注意事项

(1) 选择的地段：除二氧化碳以外没有其他酸性污染(二氧化硫)的地方，如操场、学校通风较好的教室、刚下课后门窗紧闭的教室、宿舍、办公室、街头、种植花草或蔬菜的温室或植物园等。

选择的取样时间可以是白天、夜晚、清晨等。

(2) 以上各地点空气中二氧化碳的体积含量需测定者在同一取样时间段重复测定 3 次以上，取平均值(也可以几个人同时测定，取平均值)。

(3) 实验中所用酚酞和氨水的混合液，必须取自同一试剂瓶，每次抽气的体积要完全一样。

七、实验拓展

1. 大气中的二氧化碳含量

通常情况下，大气中二氧化碳的含量为 0.02%~0.04%。二氧化碳在大气层中所占的比例虽然很少，但它对地球上的生物却很重要，因为它与生物圈有着密切的关系。生物圈每年从大气吸收二氧化碳的量和向大气排放二氧化碳的量几乎相等，维护正常的生态平衡。19 世纪工业革命前，大气中二氧化碳的含量约为 0.029%。工业革命后，随着人口增加和工业发展，人类活动已经打破了二氧化碳的自然平衡。植被(尤其是森林)的破坏和大量化石燃料及生物体的燃烧使生物圈向大气排放的二氧化碳量超过了它从大气中吸收的二氧化碳量，使大气中二氧化碳含量逐年上升，目前已经达到 0.035%左右。

2. 二氧化碳对大气系统的影响

二氧化碳没有短期的危害效应，所以一般不把其看成大气的污染物，但是二氧化碳能吸收长波辐射，也参与地球表面的许多有机和无机化学反应过程，所以它在大气中含量的变化对大气系统会产生较大的影响。

(1) 影响生物圈中光合作用的速率

二氧化碳在大气圈和生物圈之间进行着频繁而迅速的交换。绿色植物不断地通过光合作用吸收二氧化碳，释放氧气。

由于光合作用的结果，二氧化碳转化为有机化合物进入生物圈中，也正是由于光合作用的存在，才使地球上由于燃烧呼吸消耗的氧气得以补充，也维持着大气中二氧化碳含量的相对稳定，为动物的生存奠定了基础。光合作用本身是一个复杂的综合过程，大气中二氧化碳的含量是影响其反应速率的一个因素。

(2) 影响岩层的风化和沉积

大气中的二氧化碳直接参与岩石风化和海洋中矿物的溶解和沉积。若二氧化碳的含量增大，则岩石风化的速率会提高，海洋中碳酸盐的溶解速率也会加快。

(3) 可引起温室效应

存在于大气中的某些痕量物质和存在于对流层中的臭氧具有吸收太阳在近地表面的长波辐射从而使大气增温的作用，称之为温室效应(green-house effect)，具有这种作用的气体称为温室气体(green-house gases)。实际上，在人为干扰之前，温室效应和温室气体就存在，温室效应是地球大气层的一种物理特性。假如没有大气层，地球表面的平均温度不会是现在的15℃，而约是-18℃。大气中的二氧化碳和水蒸气等，能够吸收来自地球表面的长波辐射，再反射回地面，从而维持着地球表面的适宜温度，这属于自然温室效应。但是，近年来大气中温室气体(如二氧化碳、氯氟烃、甲烷、低空臭氧和氮氧化物等)的含量剧增，加强了温室效应的作用，破坏了地球上"自然"温室效应所形成的热平衡，这种温室效应被称为"人为"温室效应。人们平时所说的温室效应指的就是后者。温室气体的大量增加，会引起全球气候变暖、海平面上升、冰川融化、气候异常，这一系列的变化，将会严重阻碍世界各国的经济发展，并带来自然环境和社会环境的严重破坏。

3. 空气中二氧化碳含量不同对人体的影响

二氧化碳在新鲜空气中的体积分数约为0.033%，人生活在这个空间，不会受到危害。如果室内聚集着很多人，而且空气不流通，或者室内有煤气、液化石油气及煤炉燃烧，使空气中氧气含量相对减少，产生大量二氧化碳，室内人员就会出现不同程度的中毒症状。关于二氧化碳在空气中的最大允许含量，各国尚无统一规定，日本规定室内空气中二氧化碳含量为0.15%时作为换气标准。空气中二氧化碳含量对人体的影响情况见表3-3。

表3-3　空气中二氧化碳含量对人体的影响

空气中二氧化碳的含量/%	症　状	空气中二氧化碳的含量/%	症　状
2.5	经数小时无任何症状	8.0	呼吸困难
3.0	无意识的呼吸次数增加	10.0	意识不清，不久导致死亡
4.0	出现局部刺激症状	20.0	数秒后瘫痪，心脏停止跳动
6.0	呼吸次数增加		

实验八　铝热反应实验

一、实验目的

(1) 掌握铝热反应实验成功的关键；

(2) 了解铝热反应在钢轨焊接中的应用。

二、实验用品

铁架台、蒸发皿(10cm)、小试管(10mm×100mm)、细沙、小铁钉、坩埚钳、氯酸钾、镁条、氧化铁粉、铝粉

三、实验探究内容

(1) 铝热反应的现象如何能直观观察？

（2）如何模拟铝热反应在野外进行钢轨焊接的应用?

四、实验过程

（1）向小试管中加入 1/2 体积的干燥细沙，用镊子将两支小铁钉插入细沙中，其中 1/4 的铁钉露出细沙之外，如图 3-7 所示。

（2）将氧化铁和铝粉按照质量比 7∶2 进行混合，在细沙上装满混合均匀的氧化铁和铝粉，并敦实。

（3）在装满药品的小试管上铺少量的氯酸钾粉末，用玻璃棒将氯酸钾与表面药品略微混合，在小试管口插入一根打磨过的镁条 5cm 左右。

（4）将装满细沙的蒸发皿放在铁架台的铁圈上，将小试管竖直插入盛细沙的蒸发皿中，并用试管夹将小试管固定在铁架台上，如图 3-8 所示。

（5）点燃镁条，观察现象。反应结束后，趁热在沙与红热界面处滴加少量水，倒出细沙并取出铁钉，观察现象。

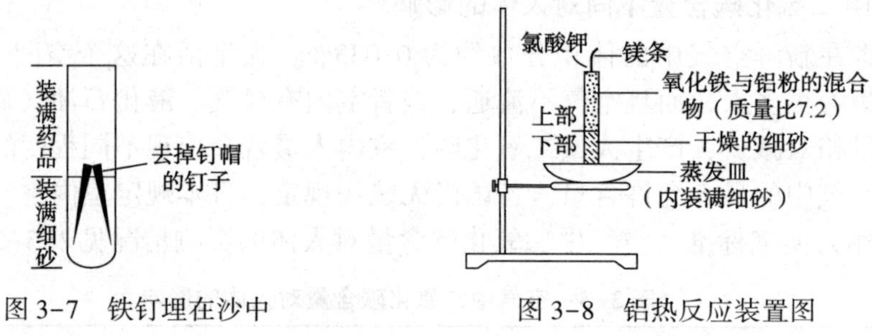

图 3-7　铁钉埋在沙中　　图 3-8　铝热反应装置图

五、实验注意事项

（1）小试管尺寸不易过大，以防装入过多的反应物，反应过程产生的熔融物将试管烧漏。

（2）氯酸钾要适量(0. 5g 左右)，避免反应产生大量气体引起喷射。

（3）细沙在使用前用盐酸浸泡后晾干再使用，防止细沙中混有少量的石灰石在高温下产生气体引起铁水溅出。

（4）为了减缓反应的剧烈程度可以适当减少还原剂铝粉的用量，使氧化铁和铝粉质量比按照 7∶2 混合，减慢反应速率，反应现象直观明了。

（5）将镁条打磨光亮或酸洗以除掉氧化膜，并且要 5cm 左右，太短热量不够，太长燃烧时间太长，并造成浪费。

（6）不能在承接容器中加水，否则水高温分解会生成氢气导致危险发生。切忌在反应物附近放可燃物、易燃物或玻璃等易爆物品。

六、实验拓展

铝热法是一种利用铝的还原性获得高熔点金属单质的方法，可简单认为是铝与某些金属氧化物在高热条件下发生的反应。将铝粉和一定量的高熔点金属氧化物(如氧化铁等)混合，该混合物称为铝热剂，铝热剂着火点较高，需要用氯酸钾助燃，镁条引燃。实验现象主要表现为铝粉在较高的温度下剧烈反应，并放出大量的热，反应温度可达 2500℃，并发出耀眼的光芒。

铝热反应十分激烈，点燃后难以熄灭。若在钢等其他金属物上点燃，放出的热量能熔化金属，加剧反应，故常被用于制作燃烧弹和广泛运用于焊接抢险工程之中。另外，铝热法也是冶炼钒、铬、锰等高熔点金属的重要手段。

还有一些金属单质与金属氧化物混合后点燃，也会发生强烈的氧化还原反应，效果类似于铝热反应。其中的金属单质可以是铝、镁、钙、钛，或者是非金属硼、硅，而金属氧化物可以是三氧化二铬、二氧化锰、氧化亚铁、三氧化二铁、四氧化三铁、氧化铜和四氧化三铅，或者是非金属氧化物二氧化硅、三氧化二硼等。有时这些反应也根据反应中的还原剂而被称为“镁热法”、“硅热法”、“钙热法”等。

七、思考与交流

（1）铝热剂上放入少量氯酸钾的作用是什么？能用高锰酸钾代替吗？如果不能，原因是什么？

（2）铝热反应成功的关键因素有哪些？如何避免危险的发生？

第四章　中学化学活动性实验

活动性实验是一种综合运用化学知识，将实验操作和心智技能综合在一起进行训练的一类实验。为了拓宽知识面，巩固和提高实验技能，培养创新意识而进行的活动性实验要求综合运用有关化学知识和技能，充分发挥分析、综合、概括等逻辑思维能力，创造性地解决有关实验问题。

活动实验一　探究氯酸钾的组成

一、实验活动任务

物质由元素组成，用定性和定量实验得到物质的组成元素及物质的化学式是深入研究物质性质的首要内容。探究物质的组成一般要从元素组成和元素质量关系两个方面进行研究。根据定性分析氯酸钾组成元素的实验原理，掌握定性分析氯酸钾元素成分的实验操作方法；根据定量计算氯酸钾组成元素的质量关系，推断出氯酸钾的化学式。

二、实验活动研究思路

根据物质的性质　　$2KClO_3 = 2KCl + 3O_2\uparrow$

$Cl^- + Ag^+ = AgCl\downarrow$（白色）

证明氯酸钾中含有 Cl、O 两种元素，钾元素用焰色反应呈浅紫色进行实验。另外，定量分析氯酸钾组成的研究，可根据氯酸钾受热分解制氧气的化学反应中各产物质量关系计算氯酸钾的化学式。

三、实验用品

铁架台（带铁夹）1 付，硬质试管 1 支，木条 2 支，酒精灯 1 盏，蒸发皿 1 只，水槽，集气瓶；$KClO_3$，1% $AgNO_3$溶液，2% HNO_3溶液，无水乙醇。

四、实验步骤

1. 检测氯酸钾组成元素

（1）将 1g $KClO_3$放入试管里，加热，用带火星的木条检验产生的气体。现象是木条复燃，证明有氧气生成。

（2）把步骤（1）中的残渣溶于水，取上层清液，将 1% $AgNO_3$溶液滴入，再滴加 1~2 滴稀硝酸。现象是有白色沉淀产生，证明晶体中含 Cl^-。

（3）取 5mL 无水乙醇放入干燥的蒸发皿中点燃，将原晶体粉末撒在乙醇燃烧的火焰上。

现象是火焰呈浅紫色，证明溶液中含有 K^+，亦证明晶体中含钾元素。

2. 确定氯酸钾化学式

(1) 准确称取 2.5g 氯酸钾进行加热，使之完全分解，收集并称量产生的氧气的质量。实验三次，取平均值得到产生氧气的质量。

(2) 将完全反应后的固体溶解，搅拌过滤，洗涤沉淀，将沉淀洗涤干净后，将滤液转移至容量瓶，配成 100mL 的溶液。取出 10mL 并滴加 $AgNO_3$溶液至沉淀完全，过滤、洗涤、干燥后称量沉淀的质量。实验三次，取平均值，计算物质中含有的氯元素的质量。

(3) 根据实验数据计算出氯酸钾中各元素的质量关系，推断氯酸钾的化学式。

五、实验注意事项

(1) 用带火星的木条检验氧气时，应把木条插入试管内，但不能触及试管中药品，以免引起爆炸。

(2) 定量推断氯酸钾的化学式，需要准确称量氯化银沉淀的质量，一定要将沉淀洗涤干净，以减少实验误差。

六、实验思考与讨论

(1) 物质组成中元素检验的方法有哪些?

(2) 如何判断实验 2 中氯酸钾已经完全分解? 又该怎样检验氯化银沉淀洗涤干净了?

(3) 设计实验说明氯乙烷由哪些元素组成。

活动实验二　乙酸乙酯水解实验

一、活动背景

酯的重要化学性质是在一定条件下能够跟水发生水解反应。酯的水解反应是酯化反应的逆反应，也是吸热反应。乙酸乙酯沸点低，易挥发。教材中演示实验的水浴温度为 70～80℃，乙酸乙酯的沸点(77.06℃)正处在此水浴温度范围内，而实验无冷凝装置，难免会使乙酸乙酯挥发掉一些，试管中闻不到乙酸乙酯的气味，很有可能是乙酸乙酯受热挥发，而并非水解所致。乙酸乙酯的密度为 $0.9003g/cm^3$，15℃时的溶解度为 8.5g，即 10 体积水大约可以溶解 1 体积乙酸乙酯，当乙酸乙酯的量很少时可以完全溶解在水中。

二、实验活动研究思路

增强乙酸乙酯水解实验现象的明显效果，加强演示实验的直观性，可通过加大乙酸乙酯用量，改变水层颜色使之与有机层明显区别，同时增添冷凝装置，提高水浴温度，加速酯的水解速度，减少演示时间。通过视觉观察有机层减少的直观现象，说明乙酸乙酯水解的条件和程度。

三、实验用品

乙酸乙酯、稀硫酸(1∶5)、氢氧化钠溶液(8%)、蒸馏水、开水、亚甲基蓝溶液

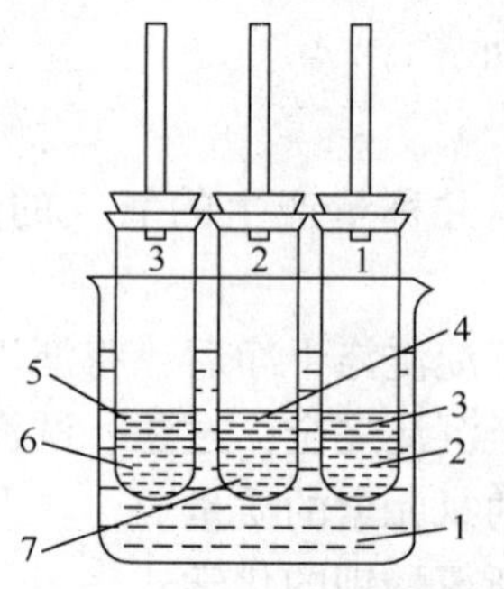

图 4-1　乙酸乙酯水解实验新装置图

1—开水；2—蒸馏水+亚甲基蓝溶液；

3，4，5—乙酸乙酯；

6—氢氧化钠溶液+亚甲基蓝溶液；

7—稀硫酸+亚甲基蓝溶液

(0.2%)、500mL 烧杯一只、20mm×200mm 试管 3 支、带有单孔橡皮塞的玻璃导管(20cm)3 支。

四、实验装置

乙酸乙酯实验装置如图 4-1 所示。每支试管口上配有长约 20cm 玻璃导管的单孔橡皮塞，作为冷凝装置。

五、实验步骤

(1) 取 3 支 20mm×200mm 的试管，并按 1、2、3 编号。

(2) 在 1、2、3 号试管里依次加入 6mL 蒸馏水、6mL 稀硫酸(1∶5)、6mL8%的氢氧化钠溶液，再各加入 1 滴 0.2%亚甲基蓝溶液和 1 滴管的乙酸乙酯(约 1mL)后，分别塞上带有长约 20cm 玻璃导管的单孔橡皮塞，振荡，静置。第 1、第 2 号试管内，乙酸乙酯层为无色，水溶液层为蓝色。第 3 号试管内，乙酸乙酯层为红色，水溶液层为蓝色。

(3) 取 1 只 500mL 烧杯，从热水瓶里倒入约 200~300mL 开水(90~95℃)，将上述 3 支试管同时插入开水里水浴加热。每隔 20s，将 3 支试管同时取出、振荡 10s 后，立即放到热水浴中。实验结果如下表(注：水浴时间是指从一开始水浴加热时算起，其中包括振荡的时间)。

试管号	水浴时间/min	实 验 现 象	结　论
1	4		
2	1		
	2.5		
3	1		

六、实验说明

(1) 亚甲基蓝的学名：亚甲蓝(Methylene blue)$C_{16}H_{18}ClN_3S \cdot 3H_2O$，相对分子质量为 373.9；别名：品蓝，次甲基蓝，四甲基蓝，盐基湖蓝，碱性亚甲天蓝。

结构：N　S^+　$(CH_3)_2N$　$N(CH_3)_2$　Cl^-

性状：发亮深绿色结晶或细小深褐色粉末，带青铜光泽，无气味，在空气中稳定。易溶于水，能溶于醇，溶液为天蓝色，溶于氯仿，不溶于醚和苯。其水溶液遇锌粉及稀硫酸能褪色，但暴露空气中能恢复，若加氨水则恢复得更快。

使用亚甲基蓝的目的，是为了区分有机层和水溶液层，以增加实验现象的可见度，便于对比观察。亚甲基蓝是一种氧化还原指示剂，其水溶液呈蓝色，不溶于乙酸乙酯。在强碱性溶液中，亚甲基蓝能与强碱反应生成一种物质，该物质在水溶液中仍呈蓝色。但此物质在水溶液中能被乙酸乙酯萃取，使有机层呈红色。

（2）酯的水解反应是吸热反应，水浴温度越高越好。水浴温度高，酯水解速度快，短时间内酯层高度能出现明显的降低。但如果水浴温度超过乙酸乙酯的沸点，乙酸乙酯挥发快，反而得不到令人信服的正确结果。因此，增添冷凝装置，这样就不需要控制热水温度，也不用担心水浴温度超过乙酸乙酯的沸点，可用热水瓶里的开水直接进行水浴加热，使实验操作简单化。

（3）酸、碱的浓度要适合，药品的用量要适当。一般来说，酸、碱浓度大，酯水解速度快；浓度低则水解速度慢。但要使水解结果乙酸乙酯层高度有明显的梯度变化，就得有适合的酸、碱浓度和适当的药品用量。否则，将会出现异常现象。

（4）振荡试管的次数要适当。酯在水溶液层上方，振荡试管有利于酯与酸、碱溶液的接触机会，加快水解速度。但太频繁的振荡试管，会使反应温度降低，延长反应时间，尤其在冬季。

活动实验三　蓝瓶子实验

一、实验原理

亚甲基蓝（Methylene Blue）是一种氧化还原指示剂。在碱性条件下，蓝色的亚甲基蓝溶液可被葡萄糖还原成无色的亚甲基白（Methylene White）溶液。振荡该混合溶液，使溶液中溶入空气或氧气后，亚甲基白被氧气氧化成亚甲基蓝，致使该混合溶液又呈现蓝色。若静置混合溶液，亚甲基蓝又被葡萄糖还原成无色的亚甲基白。如此反复振荡、静置混合溶液，其颜色将由蓝色到无色重复变化，直到所有葡萄糖被氧化完毕或瓶中氧气耗尽为止。

二、实验用品

葡萄糖、氢氧化钠、亚甲基蓝溶液（0.2%）、蒸馏水、氢气（自制）、氧气（自制）、250mL 锥形瓶 1 只、20mm×200mm 试管 2 支、止水夹 2 只、双孔橡皮塞 1 只。

三、实验步骤

（1）称取 2g 氢氧化钠置于 250mL 锥形瓶中，加入 100mL 水使其溶解，再加 2g 葡萄糖，振荡，固体溶解后，再滴入 3~5 滴 0.2%亚甲蓝溶液，振荡锥形瓶，观察混合溶液呈现什么颜色，解释混合溶液呈现蓝色的主要原因。

（2）将锥形瓶中的混合溶液立即倒入 2 支试管中，其中试管Ⅰ中倒满混合溶液，试管Ⅱ中仅倒入其体积三分之一的混合溶液，并分别用橡皮塞塞紧，装置如图 4-2（a）、图 4-2（b）所示。静置片刻，各仪器中的混合溶液呈现出什么颜色。混合溶液为什么会由蓝色变为无色呢？

（3）同时振摇试管Ⅰ、Ⅱ，观察试管Ⅰ和试管Ⅱ中混合溶液的颜色变化。静置片刻，观察两支试管中混合溶液颜色变化。若重复上述操作数次，其实验现象仍重复出现。两支试管振荡数次后，其混合溶液为什么变色情况不一样呢？

（4）将试管Ⅰ中的混合液倒出三分之二，塞上橡皮塞，与试管Ⅱ同时振荡，观察将会出现什么变化。

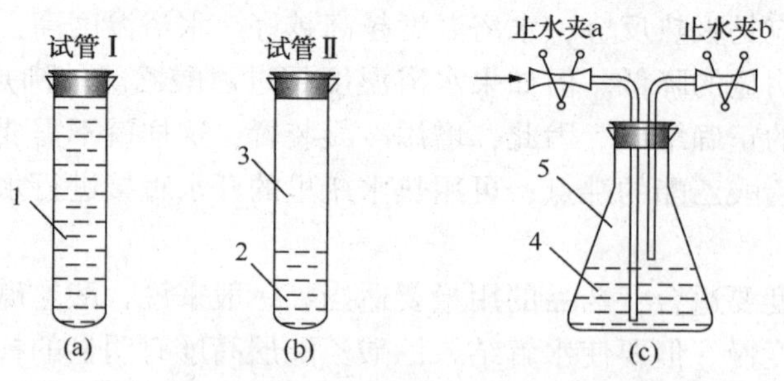

图 4-2　亚甲蓝反复变色的实验装置图

1，2，4—混合液；3—空气；5—氢气(或氮气)

(5) 将两支试管中的混合溶液倒入锥形瓶内，塞上带有玻璃弯管的双孔橡皮塞，装置见图 4-2(c)，打开止水夹 a、b，从 a 处通入氢气，至锥形瓶中的空气排尽后，夹紧止水夹 a、b，并振荡锥形瓶，其混合溶液仍呈现无色。

(6) 再次打开止水夹 a、b，从 a 处通入少量氧气后，夹紧止水夹 a、b，并振摇锥形瓶，其混合溶液为什么会由无色变为蓝色呢？反复振摇、静置混合液时，其混合溶液为什么会反复变色呢？

注意：实验装置的气密性要好。通入的氢气要尽量赶去锥形瓶中的空气。否则，振荡锥形瓶，其混合溶液还会变色。若有氮气钢瓶，通入氮气会更安全。重复循环操作之后，当混合溶液变为棕色时，就不能再用于阐明其催化作用，需要倒掉。

四、实验拓展

通过简单而明确的实验现象展现氧气和催化剂(亚甲蓝)的作用。在碱性条件下，葡萄糖用氧气氧化时，可生成葡萄糖酸等，其中亚甲蓝起催化作用。有空气或氧气存在时，因为溶入的氧气量不同，混合溶液褪色所需时间取决于混合溶液被振摇的程度大小。实验中看到的颜色反复变化是由于亚甲蓝进行了可逆(有些是不可逆)的氧化还原反应，实验混合溶液最后呈现黄棕色，振荡、通入空气或氧气均不能使之回复蓝色。

氢氧化钠的用量太多会使实验中葡萄糖溶液易较快地呈现黄色并变成金黄色，最后变成深棕色。实验中的副反应较多，且反应复杂。葡萄糖在碱性溶液中会发生异构化和降解反应，这些物质又会降解或断裂成较小的分子，结果生成甲醛、小分子的羟醛和多羟基酮。上述异构化和降解产物又会被氧气不可逆地氧化成各种不同产物。

活动实验四　数例趣味性实验

一、实验活动目的

掌握数例趣味实验的原理规律，激发对化学的兴趣，拓展实验思路。

二、实验活动内容

(1) 多变魔瓶

(2) 火龙写字

(3) 喷雾显色
(4) 制作固体酒精
(5) 玻璃棒点灯
(6) 烧不坏的手帕

三、实验过程

1. 多变魔瓶

(1) 主要仪器和试剂

小烧杯 6 只、100mL 锥形瓶 1 只、5%硫氰化钾溶液、3%硝酸银溶液、饱和醋酸钠溶液、饱和硫化钠溶液、1mol/L 亚铁氰化钾溶液、40%氢氧化钠溶液、10%氯化铁溶液。

(2) 实验过程

取 6 只高脚酒杯(或小烧杯)并排放在实验台上，分别加入下列溶液中的一种：5%硫氰化钾溶液、3%硝酸银溶液、饱和醋酸钠溶液、饱和硫化钠溶液、1mol/L 亚铁氰化钾溶液、40%氢氧化钠溶液各 1mL 备用。

从事先准备好的盛有 55mL 的 10%氯化铁溶液的无色透明瓶中，向各酒杯中依次倒入约 6mL 氯化铁溶液，各酒杯依次呈现红色、乳白色、褐色、黄色、青蓝色、红棕色。

通过观察到的实验现象，回忆、讨论实验原理。

2. 火龙写字

(1) 实验用品

木条、火柴、毛笔、白纸、红铅笔、饱和 KNO_3溶液。

(2) 实验步骤

用毛笔蘸取饱和 KNO_3溶液，在一张白纸上写字(注意笔画要连续不断)，沿着笔画重复写 2~3 遍，然后在字的起笔处用红铅笔做个记号。把纸晾干后，用带火星的木条轻轻地接触纸上有记号的地方，立即有火花出现，并缓慢地沿着字的笔迹蔓延，好像用火写字一般。最后，在纸上呈现出用毛笔所写的字的形状。主要原因是晾干后纸上的 KNO_3与带火星的木条接触，KNO_3受热分解放出 O_2。

3. 喷雾显色

(1) 实验用品

2g 氢氧化钠，2g 葡萄糖，3~5 滴 0.2%亚甲基蓝溶液，100mL 蒸馏水。白纸、毛笔、喷雾器、$FeCl_3$溶液、硫氰化钾溶液、亚铁氰化钾溶液。

(2) 实验操作

用毛笔分别蘸取硫氰化钾溶液、亚铁氰化钾浓溶液在白纸上绘画写字，用装有 $FeCl_3$溶液的喷雾器在绘有图画的白纸上喷 $FeCl_3$溶液。观察纸上出现的变化。

4. 制作固体酒精

固体酒精并不是通过降低温度得到固体状态的酒精，酒精的熔点-117.3℃，常温下不可能是固体。固体酒精燃烧时无烟尘、无毒、无异味，火焰温度均匀，温度可达到 600℃左右。每 250g 可以燃烧 1.5h 以上，是一种理想的方便燃料。其制作原理是在工业酒精(乙醇)中加入凝固剂使之成为胶冻状。

(1) 实验原理

酒精与水以任意比例混溶，向酒精中加入一种只溶于水而不溶于酒精的溶液，溶液中的水溶解于酒精，溶液中的溶质从溶液中析出，形成凝胶状物质，酒精充填在凝胶中。

（2）实验方法

醋酸钙作凝固剂法：在烧杯中加入 20mL 蒸馏水，加入适量醋酸钙制得醋酸钙饱和溶液；然后在另一个大烧杯中加入 80mL 酒精，慢慢加入 15mL 饱和醋酸钙溶液，用玻璃棒不断搅拌，烧杯中物质开始出现浑浊，最后成为凝胶状。取出胶冻，捏成球状，放在蒸发皿中点燃，观察现象。

硬脂酸钠作凝固剂法：在烧杯内加入 90g 硬脂酸加热至 60~80℃溶解，加入 125g 工业酒精，搅拌均匀，将配制的 20%氢氧化钠稀溶液倒入盛有酒精、硬脂酸混合溶液的烧杯中，再加入 125g 的酒精后搅拌均匀，趁热倒入灌注成型的模具中，冷却后即成为固体酒精燃料。

5. 玻璃棒点灯

高锰酸钾和浓硫酸反应产生氧化能力极强的棕色油状液体七氧化二锰。它遇到酒精立即发生强烈的氧化-还原反应，放出的热量使酒精达到着火点而燃烧。

$$2KMnO_4+H_2SO_4(\text{浓})=\!=\!=K_2SO_4+Mn_2O_7+H_2O$$

$$2Mn_2O_7=\!=\!=4MnO_2+3O_2\uparrow$$

$$C_2H_5OH+3O_2=\!=\!=2CO_2+3H_2O$$

（1）实验用品

玻璃棒、玻璃片、酒精灯、98%浓硫酸、高锰酸钾。

（2）实验操作

取少许研细的高锰酸钾粉末，放在玻璃片上并堆成小堆。将玻璃棒先蘸一下浓硫酸，再粘些高锰酸钾粉末，跟着接触一下酒精灯的灯芯，灯芯就立即燃烧起来，一次可点燃四、五盏酒精灯。

（3）注意事项

七氧化二锰很不稳定，在 0℃时就可分解为二氧化锰和氧气。因此，玻璃棒蘸取浓硫酸和高锰酸钾后，要立即点燃酒精灯。否则时间一长，七氧化二锰分解完，就点不着酒精灯了。

6. 烧不坏的手帕

（1）实验用品

手帕两个、100mL 烧杯、酒精灯、坩埚钳、酒精、磷酸钠饱和溶液、明矾饱和溶液。

（2）实验操作

单用酒精法：烧杯中倒入 20mL 酒精和 10mL 水，充分摇匀，将手帕放入溶液中浸透。用坩埚钳夹出手帕，轻轻地把酒精挤掉，然后放在燃着的酒精灯上点燃。手帕着火后，火焰很大，左右摇晃手帕，直到熄灭。火熄灭后，手帕完好无损。酒精遇火燃烧，放出热量，酒精和水大量挥发时带走部分热量，左右摇晃手帕也可散去大量热，这样不能达到手帕的着火点，手帕烧不坏。

氢氧化铝法：浸过磷酸钠和明矾溶液的手帕晾干后，磷酸钠和明矾所形成的氢氧化铝会把布和空气隔开，避免手帕和氧气接触，并且手帕燃烧的过程中进行晃动带走热量而达不到手帕着火点，避免手帕燃烧。

$$2KAl(SO_4)_2+3Na_3PO_4+6H_2O=\!=\!=3NaH_2PO_4+3Na_2SO_4+K_2SO_4+2Al(OH)_3\downarrow$$

手帕点燃之前，把手帕放在磷酸钠饱和溶液中浸透，取出晾干。再把这块手帕在明矾饱和溶液中浸几分钟，取出晾干。然后把酒精倒在手帕上，用坩埚钳挑起手帕，在燃着的酒精灯上点燃。手帕着火发出淡蓝色的火焰。火焰熄灭后，手帕一点没有烧坏。

四、思考与讨论

（1）通过数例趣味实验的操作过程，联想并讨论其实验变化的原理规律。

（2）请你设计一个趣味性实验运用于教学的案例。

活动实验五　水中溶解氧的简易实验

一、活动实验的背景

溶解氧是指溶解在水中的游离态氧，水中溶解氧的含量是衡量水质的重要依据，通过明显实验现象检测水中是否溶有氧，定性地表述溶解氧的多少是培养学生环境意识的一个重要实验。

二、实验活动研究思路

寻找一种物质能够和液体中的氧气反应并伴有颜色变化，氧气的浓度不同，溶液的颜色就不同，根据溶液的颜色就可以知道水中是否有氧以及水中所溶解氧的浓度高低。

三、实验目的

（1）学会定性测定水中溶解氧的实验原理；

（2）掌握溶解氧测定的实验操作方法。

四、实验原理

$MnCl_2+2NaOH = Mn(OH)_2\downarrow+2NaCl$，生成白色 $Mn(OH)_2$沉淀，$Mn(OH)_2$与水中溶解氧发生反应 $2Mn(OH)_2+O_2 = 2MnO(OH)_2\downarrow$，生成的 $MnO(OH)_2$（氢氧化氧锰）沉淀为黄褐色。随着水中溶解氧的量不同，形成 $MnO(OH)_2$的量就有所不同，水中溶解氧多时，产生 $MnO(OH)_2$量就多，故沉淀黄褐色就越深；水中溶解氧少，产生 $MnO(OH)_2$量就少，沉淀黄褐色就越浅，根据沉淀颜色的不同比较水中溶解氧的多少。

五、实验用品

试管 1 支，胶头滴管，4% NaOH 溶液，$MnCl_2$固体，水样。

六、实验步骤

（1）将 $MnCl_2$溶解在水中配制成 1%的溶液，因 $MnCl_2$溶液易水解故有一些浑浊，可以滴加少量的稀盐酸以防水解。

（2）把待测的水样注入试管中，水面接近试管口，在试管中迅速滴入 1mL $MnCl_2$溶液和 1mL 氢氧化钠溶液，塞上橡皮塞，振荡半分钟，观察实验现象。

注意：水样盛入试管中的量应接近试管口，尽量减少试管中存在的空气，减少空气中氧气对实验的干扰。

七、实验思考与讨论

（1）亚甲蓝遇到氧气时溶液呈蓝色，溶液中没有氧气时则不显颜色，能否用亚甲基蓝代替 $MnCl_2$进行水中溶解氧实验的测定？

（2）查阅资料，了解水中溶解氧对水体的影响。

第五章　化学实验改进研究与选题

中学化学实验研究的价值主要体现在实际教学中能充分发挥实验的功能，以达到培养学生能力，提升学生素养的目的。我们在进行实验研究的时候，就需要顺应课程改革和实验发展趋势，做好实验研究课题的选择。

第一节　化学实验改进研究的目的与原则

化学实验的改进具有一定的探索性，如果缺少科学理论指导的实验改进研究是盲目和随意的，实验选题脱离教学实际，缺乏创新性和前瞻性，研究内容重复，都会造成大量的人力、物力和财力的浪费。

一、化学实验改进的目的

从化学课程目标发展对实验影响的角度来看，中学化学实验对化学教学的促进作用提出了更高的要求，中学化学教材中的实验还需进一步改进与创新才能满足培养学生探究能力、创新精神和实践能力的需要。中学化学实验研究的总目的是为了搞好中学化学实验教学，提高中学化学教学质量。中学化学实验一般具有较强的典型性、直观性和可靠性的特点，但在新课程标准下的教学中，很多实验还有不断被完善、改进、取代、补充的可能性。例如，新课程要求淡化演示实验和学生实验的界限，教师可根据学校和学生的特点，对实验进行重新设计和改进，以适应不同的教学要求，培养学生不同的能力。

实验改进和创新的目的不仅仅为了帮助学生理解、巩固化学知识，培养操作技能，实验改进和创新的目的还在于在情感态度价值观、意志、能力等育人功能的培养。教师对实验改进的精神将潜移默化地影响着自己的学生，培养学生的问题意识，激发学生的创新潜能，同时让学生明白实验只是我们学习化学、研究化学物质的一种方法。创新是为了更快更好地了解事物的本质，因此创新应是学习和研究过程中的自发行为。例如新课程强调化学实验设计的探究性，传统化学实验内容的设计过于强调实验对所认识的化学基本概念、基本规律和基本原理的验证，即使是所谓的“探究性实验”，也是照方抓药式的设计，教师可以将教材中验证性的实验转化成探究性实验形式，这对于更好地发挥化学实验的功能、发展学生的科学探究能力具有重要意义。

影响实验现象及其结果的因素通常是错综复杂的，成功地做好一个化学实验，仅仅依靠现成的方案和资料往往是不够的。在模仿和照搬教材上的实验时，没有领会该实验成败关键，不能控制好实验条件，不重视实验的安全性，则仍有可能得不到应有的实验效果，甚至使实验失败或产生意外事故。

二、化学实验改进的原则

1. 把握化学课程标准的要领

教育部颁布的化学课程标准是指导中学化学教学的纲领性文件，实验的改进或增补应严格遵循课程标准的要求，成为实现化学课程目标的有效手段。因此，实验的设计与改进，一定要明确实验编写者的设计意图和教材中的作用以及存在的问题，遵循实验教学自身的规律性，考虑实验的改进是否有价值，是否有助于化学的学习。

2. 考虑教学实际需要

实验的改进应考虑教学的实际需要，应有利于调动学生学习积极性，有利于学生知识掌握和兴趣培养。新课的讲授往往以单独的实验为主，也可将一节课内所涉及的所有实验进行整合。复习课则可设计、增补综合系列实验，把实验简化和整合，使仪器简单易成功，知识综合促发展为目标，以实验为线索引导学生进行复习。

3. 具有科学性，简约化改进

科学性是实验改进的基础。实验改进的原理方法和操作必须在科学理论指导下进行研究，保证科学性强的前提下对实验装置进行简化，履行绿色化实验的理念。实验现象明显，得出结论直观是化学实验改进成功的标志。实验现象在药品节约的前提下，越明显越好，实验装置简化是为了突出重点，便于观察，当简单性与直观性发生矛盾时，服从直观性的实验需求。

4. 实验针对性强，成功率高

为保证实验在预定的时间内顺利完成，应探究实验原理，寻找最佳反应条件，有针对性地对实验进行改进。通过研究反应物的数量关系和形态，考虑影响实验的各种因素，提高实验成功率。例如，氢气还原氧化铜的实验用氧化铜粉末在加热条件下被氢气还原，现象虽较明显，也易成功，但所需的时间较长，若用经灼烧后的铜丝来代替氧化铜粉末，效果亦很好，且操作简便，大大缩短了实验时间。

5. 实验安全性

中学化学涉及到一些易燃、易爆、腐蚀性强和有毒气体逸出的实验是实验改进的重要内容。根据每个化学实验的具体特点进行组合，改进装置为一套可控的完全封闭的系统减少有毒气体逸出，使实验过程中的反应物、生成物、副产物以及尾气等物质均控制在此系统中，凡是有毒有害、易燃、易爆的物质都在封闭系统里完成吸收和转化。通过改进实验方法、变换实验药品减弱危险发生的几率，增强实验的安全性。

三、中学化学实验改进的步骤

中学化学实验改进研究一般包括实验设计和试验改进两个方面，如何进行中学化学实验的设计与改进方面的研究呢？化学实验改进研究具有下列步骤：

1. 形成和确定课题

课题的形成通常从产生问题开始。在化学课堂教学、试验操作过程、课外活动中发现某些跟实验有关的问题，即便查阅文献资料的过程中也常常会发现许多值得研究的问题。发现问题之后，先要初步查阅文献资料，了解以前对该问题的研究情况，包括已被研究和解决的问题、已经取得的成果、尚存在的问题、前人的研究思路、策略和方法等，还要学习、掌握有关的理论知识，衡量对问题深入研究的意义，构思试验方案。

2. 进行科学合理的实验设计

进行实验设计是为了把实验工作量减少到最低，合理地分配可利用的时间和人力，避免盲目和慌乱现象。

3. 开展研究工作

进行动手实验是开展研究工作的一项基本内容，在实验过程中，随时用化学概念、原理、规律对所研究的中学化学实验进行分析、讨论，有利于提高实验研究水平。

4. 复核、验证初步结果

中学化学实验的一个特点：在较短的时间内产生预期的结果，有良好的重复性。偶尔一次实验能够成功，但不能保证每次都成功，不是研究的最终结果，因此，复核和验证是必不可少的一环。复核是对研究过程进行检查、核对，防止发生错误。验证是对研究结果可靠性的检测，验证有两种方式：a. 按照规定的条件和程序进行重复试验，检验结果可靠性。b. 从新的角度重新审视改进后的实验，设计新的实验进行验证，检验两者的结果是否互相印证。

5. 整合、表述研究结果

按照逻辑顺序理顺实验各部分的研究结果，跟其他专家学者取得的有关成果整合在一起，形成统一整体。用论文、研究报告、经验介绍、实验设计或改进方案等形式，用书面文字对实验的研究结果进行合理表述。

第二节　中学化学实验研究选题

实验研究的选题不仅可从教材规定的内容、教学的需要中寻找，而且还可在符合课程标准要求的前提下从不同角度收集实验素材，从异常实验现象、实验变化过程物理量测定、实验装置和操作改进、实验结果更优化等方面入手作为实验研究的课题。

一、化学实验研究选题的一般标准

1. 为中学化学实验教学服务

化学实验研究选题不能太大，只要研究的课题能解决实验中遇到的实际问题，对改进和推动中学化学实验教学有积极意义都可作为实验改进的研究课题。例如：使实验现象更鲜明、生动，复现性好的课题；装置简单化，原料绿色化，反应高效化的课题，是学生获取化学知识和检验化学知识的重要媒体和手段，能更好地培养学生的实验能力和思维能力，是化学实验改进研究选题的首选。

2. 具有新颖性和创新性

观念决定思路，思路决定出路。科学思想和研究方法的创新是实验改进研究选题的切入点。找出别人没有做过或者是没有用自己的方法做过的实验，这样的实验就具有创新性。创新性需要克服思维定势，进行创新性思维。比如：甲烷的制备大多集中在反应物配比和产气速度的关系方面研究，如果从实验装置改进避免试管炸裂的角度研究就有所创新。

不盲从权威的说法。实验研究的创新性有时跟纠正科学性错误有关。例如：很多人认为苯不和高锰酸钾溶液反应。其实，一些有机化学专著肯定碱性高锰酸钾不能氧化有机物苯或苯环，若由此推广到氧化性强烈的酸性高锰酸钾溶液也不能氧化苯，难免出现不符合事实的情况。

【案例】碱性条件下淀粉遇碘不显蓝色

人教社 1995 年 11 月版高中化学(选修)第三册 P94 演示实验[3-3]在检验淀粉是否水解

及是否水解完全时是如下设计：在一个试管中放入 0.5g 淀粉，加入 4mL 20%硫酸溶液，加热 3~4min。用碱液中和硫酸溶液后，把一部分液体倒入第二个试管中，并在第二个试管中加入碘溶液，观察有没有蓝色出现。在第一个试管中加入新制的银氨溶液，稍加热后，观察试管内壁上银镜的出现。

在上述实验中，第二个试管加碘溶液后没有出现蓝色，教材据此认为试管中淀粉已经完全水解。其实，这个结论是不对的。请看如下两个实验：

实验一：在淀粉水溶液中加入几滴碘溶液，立即出现蓝色；再加入氢氧化钠溶液后蓝色消失，成为无色溶液。

实验二：在淀粉水溶液中加入少量硫酸后再加几滴碘溶液，立即出现蓝色；再加入氢氧化钠溶液充分中和后蓝色消失。

上述两个实验说明，碱性条件下淀粉和碘水混合不会显现蓝色。后来经过广大教师进行实验研究获得充足的事实证据，教材内容得到了正确修订。

3. 实验实施要有较大的可能性

有了一个实验的设想，并就现有知识看来进行设想实验的研究是重要的和可能的，还不足以开始进行研究，还不能说是已经提出了一个好的研究课题。例如利用手持技术测量反应热、记录酸碱中和反应等实验，但是学校没有手持技术的仪器，就没法进行这方面的研究。

化学实验选题时不仅要考虑选题的一般标准，还要根据各校的实际情况进行有针对性的研究选题。

二、化学实验研究选题的来源

化学实验是由药品或试剂、反应原理或机理、反应条件、实验装置、实验操作及实验结果等要素组成的有机整体，药品或试剂的性质和状态、反应机理或反应原理、反应条件的控制、实验装置的设计等都会对实验效果产生不同程度的影响。因此，化学实验的选题来源十分广泛，实验的性质、内容及实验的各环节等均可以作为化学实验选题的来源。

1. 反应原理或机理中寻找选题[8]

一个化学反应的反应原理或机理与实验药品的性质直接相关。对实验药品性质的认识促进了对反应原理的理解或反应机理的形成，对反应原理或机理的掌握则有利于把握药品的用量、浓度等相关因素。

若对化学实验的原理或机理认识不清或理解不够，则会直接导致实验药品选择不当，从而引起实验效果不理想甚至实验失败。因此，可以将实验问题与反应机理的合理性进行对比，从而产生有关反应机理探究的新问题。

2. 教学实际需求中确立实验课题

化学实验是链接认识客体与化学科学的中介，其作为实现化学科学认识的主要手段，不仅能为化学理性认识提供生动的感性信息，又是理性认识回归到实践阶段的有力工具。实验选题的重要来源是日常教学中发现的问题，演示实验、学生实验、课外活动实验等都会产生多种问题，针对这些问题，以实验现象更加明显、实验装置简单明了、实验过程方便快捷、满足正常的教学需求的实验和影响实验效果的主要条件为着眼点，对反应条件进行优化，选择合适实验课题研究，提升教师自身能力。特别是有些比较复杂的化学概念、原理或机理，抽象难懂，教师可根据教学环境和自己的教学风格，对教材或相关文献中的常规实验进行改进，开发出更多提升教学质量的实验课题。

【案例】盐类水解的实验设计[9]

（1）通过实验，提出问题

取 10mL 0.1mol/L 醋酸溶液，使用 pH 试纸测定溶液的 pH 值。向其中加入少许固体醋酸钠，待完全溶解后，再测定溶液的 pH 值，发现 pH 值增大。为什么加入醋酸钠后醋酸溶液的 pH 值会增大?

（2）学生讨论后提出假设

① 醋酸钠溶液呈碱性，中和醋酸电离出来的 H^+，使溶液 $c(H^+)$ 降低。

② 加了固体醋酸钠后，溶液中 CH_3COO^- 离子浓度增加，使醋酸电离平衡向左移动，使 $c(H^+)$ 降低。

（3）分析

假设①的依据是醋酸钠溶液的碱性中和醋酸的酸性，假设②的依据是醋酸钠的加入使溶液中 CH_3COO^- 浓度增加，抑制醋酸的电离。如果能寻找某种中性的醋酸盐，加到醋酸溶液中，如果溶液 pH 值不变，则假设①正确，如果溶液 pH 值仍增大，则假设②正确。

（4）实验方案

在 0.1mol/L 醋酸溶液中加入少量醋酸铵固体，测定混合溶液的 pH 值。实验结果是溶液 pH 值增大。

（5）实验结论

醋酸铵溶液呈中性(因醋酸和氨水的电离常数接近，故醋酸铵水解结果呈中性)，却同样使醋酸溶液的 pH 值增大，说明假设①错误，假设②正确。

【案例解析】

讲授“盐类水解平衡”概念时，教师并不以理说理，而是将教材实验进行改进，要求学生自行提出假设和设计实验来验证，使学生通过实验探究得出有关的知识规律，从而加深了学生对新知识的理解。该实验给我们的启示是：教学中可选择一些抽象的理论作为实验研究的对象，以验证实验或探究实验形式将这些理论生动地展示在学生面前，以深化学生对知识的认知。

3. 根据“异常”现象确立实验课题[10]

“异常”现象是指由于受药品的性状(状态、颗粒大小、干燥程度等)、溶液的浓度、酸碱性、仪器装置、反应机理的复杂性、副反应等因素的影响，产生不同于常规推理的客观存在的实验现象。由实验的异常现象产生认知矛盾，将认知矛盾延伸到对实验原理、药品和试剂等的深入研究，正是实验认知性研究的很好来源。

在实际教学过程中，无论是演示实验还是学生实验，可以说“异常”实验现象屡见不鲜：未经处理的镁条置于滴有酚酞的冷水中本身未跟冷水反应，但无色酚酞却变红了；碘与淀粉的显色反应中，将溶液加热到一定温度时蓝色会褪去，冷却后，又能恢复，且恢复时间的长短与加热的温度有一定的关系；将酚酞加入到 pH 值>13 的强碱性溶液时，出现的红色会立即消失；氢气燃烧生成的水能使碘化钾淀粉试纸变蓝；一定浓度的苯酚溶液能使酸碱指示剂变色……“异常”现象背后隐藏着我们所不知的原理。在遇到“异常”现象时，我们要对实验中存在的一个或多个化学反应的原理或机理有着深刻的认识，分析原理或机理的前提下，借助科学的研究方法，进行实验的认知性研究，从本质上抓住分析问题的关键，使问题得到解决。

【案例】对于 Cu 和浓 H_2SO_4 反应出现黑色物质的鉴定

(1) 选题缘由

铜与浓硫酸反应理论上生成硫酸铜蓝色溶液，但是真正实验时，随着反应温度的不同会生成不同颜色的产物，在浓硫酸刚要沸腾时会产生大量的黑色物质，这是由于铜过量或浓硫酸的浓度不够造成的，这些黑色物质是什么？而将反应一直保持沸腾的条件下进行时，则产生大量灰白色物质，这又是什么原因造成的呢？

(2) 资料查阅

铜与浓硫酸反应的黑色沉淀为何物？《教师教学用书》介绍黑色物质为 Cu_2S、CuS，这种解释一直被广大化学教育工作者认可；但是，2004 年第 12 期《中学化学教与学》刊载的《硫酸教学设计方案》[11]，认为黑色沉淀可能有 CuO、Cu_2S、CuS；2005 年第 7、8 期《化学教学》刊载《铜与浓硫酸共热反应变黑现象的探究》[12]，则认为黑色沉淀为 CuO 而不是 CuS。针对这些不同的看法，查阅有关资料，对该实验进行研究论证。

(3) 实验原理

低温或较稀的浓硫酸氧化性较弱，部分 Cu 先失去一个电子，形成 Cu^+，Cu_2O 在浓硫酸的干燥环境中比较稳定。随着温度的升高，浓硫酸的氧化能力增强，生成 CuO 的量增加。反应机理如下：

$$2Cu+H_2SO_4(浓)\xlongequal{\triangle}Cu_2O+SO_2\uparrow+H_2O$$

$$Cu_2O+H_2SO_4(浓)\xlongequal{\triangle}2CuO+SO_2\uparrow+H_2O$$

$$2Cu+H_2SO_4(浓)\xlongequal{\triangle}2CuO+SO_2\uparrow+H_2O$$

氧化物与铜片的附着能力比较强，如铁、铝氧化物形成后附着在金属单质表面形成了致密保护层。此外，氧化铜在浓盐酸中容易溶解，形成黄绿色的配合物$[CuCl_4]^{2-}$，而 CuO 溶于稀酸中是非常缓慢的。硫化铜在浓硫酸的存在下也易溶于浓 HCl。硫化铜和浓硫酸的混合液中再加入浓盐酸后，剧烈沸腾，温度的升高增强了浓硫酸氧化硫化物中 S^{2-} 的能力，另外，高浓度的 Cl^- 有利于 Cu^{2+} 形成$[CuCl_4]^{2-}$，可以认为$[CuCl_4]^{2-}$的形成促进了硫化物在热的浓硫酸中的溶解，而纯的浓硫酸必须加热才能与硫化物反应。

CuO 不溶于冷的浓硫酸，亦能较长时间存在于热的浓硫酸中。硫化物的氧化还原反应显然要比 CuO 的复分解反应容易得多(浓硫酸具有弱酸性)。在实验中，作为中间产物的 Cu_2S，在沸腾的浓硫酸溶液中，在铜片未完全溶解完之前已大部分转化，形成灰白色固体。硫化物(Cu_2S、CuS)与浓硝酸的反应，试管上部出现红棕色 NO_2，溶液变成淡绿色，CuO 与浓硝酸的反应则不出现此现象。

对硫化物产生的反应机理解释如下：

Cu 被浓硫酸氧化为 Cu_2O、CuO 的过程中，由于 Cu_2S、CuS 的溶度积较小(分别为 10^{-48} 和 10^{-36})，降低了 Cu 的电极电势，因此，随着温度升高浓硫酸的氧化性增强，易于形成 Cu_2S、CuS，主要发生下面的反应：

$$5Cu+4H_2SO_4(浓)\xlongequal{\triangle}Cu_2S\downarrow+3CuSO_4+4H_2O$$

$$Cu_2S+2H_2SO_4(浓)\xlongequal{\triangle}CuS+CuSO_4+SO_2\uparrow+2H_2O$$

当温度达到浓硫酸的沸点时，浓硫酸的氧化性最强，Cu 直接被氧化为 $CuSO_4$。

$$5Cu+4H_2SO_4(浓)\xlongequal{\triangle}CuSO_4+SO_2\uparrow+2H_2O$$

对于硫化物在浓硫酸、硝酸中的溶解解释如下：

$$CuS+2H_2SO_4(浓)\xlongequal{\triangle}S\downarrow+CuSO_4+SO_2\uparrow+2H_2O$$

$$3CuS+8HNO_3(浓)\xlongequal{\triangle}3S\downarrow+3Cu(NO_3)_2+2NO\uparrow+4H_2O$$

(4) 实验过程

黑色沉淀物的制取：用 2g 铜片和 5mL 浓硫酸，用酒精灯加热，沸腾很长时间反应无沉淀产生(如图 5-1)。

图 5-1

如果增加铜的用量，当取 6g 铜片和 5mL 浓硫酸反应，用酒精灯加热到刚沸腾时试管中就有大量黑色沉淀产生(如图 5-2)。

图 5-2

反应过程中产生的黑色沉淀是什么？黑色沉淀是 CuO？还是 Cu_2S、CuS？取出反应中产生的黑色沉淀，进行定性检测，设计实验如下。

探究 1：黑色沉淀中氧化物 CuO、Cu_2O 存在的可能性

实验 1：取 5mL 浓 H_2SO_4与过量 Cu(5 片)反应，在浓 H_2SO_4接近沸腾时停止加热，此后反应产生大量黑色沉淀(溶液呈黑色不透明)，稍微冷却后将黑色浑浊液倒入另一试管，观察试管壁上的黑色沉淀微显红色，静置。重复做此实验 3 次。

实验 2：取实验 1 中的黑色浑浊液 2mL，加入 2mL 浓 HCl，黑色沉淀溶解变为黄绿色溶液；另取出黑色铜片 2 片，加入 2mL 浓 HCl，黑色沉淀溶解变为黄绿色溶液，说明黑色沉淀可能存在 CuO，与浓 HCl 形成黄色$[CuCl_4]^{2-}$。

实验 3：观察黑色沉淀是否溶解于稀 H_2SO_4。

取出黑色铜片 3 片，放入 10mL 5mol/L 稀 H_2SO_4溶液的烧杯中，用玻璃棒搅拌，黑色表层脱落，露出光亮的铜片，脱落的黑色沉淀在稀硫酸中不能完全溶解。

另取实验 1 中的黑色浑浊液 2mL，加入 2mL 水稀释，向试管中滴加稀硫酸，观察到黑色沉淀在稀硫酸中不能完全溶解。

实验 4：用试剂 CuO 与浓 H_2SO_4或稀 H_2SO_4反应作对比实验。

取 0.5gCuO 黑色粉末加入 3mL 3mol/L H_2SO_4溶液的试管中，震荡，溶液呈淡蓝色，放置 1 天后，蓝色变深，仍有大量 CuO 未溶解。另取 0.5g CuO 黑色粉末加入 3mL 12mol/L 浓 HCl，很快溶解。实验 3、实验 4 说明 CuO 溶于酸是缓慢的，在浓 HCl 中溶解快则是形成$[CuCl_4]^{2-}$的缘故。

结论：实验 2、实验 3 与实验 4 对比，说明黑色沉淀可能存在氧化物 CuO、Cu_2O。

探究 2：黑色沉淀中硫化物 CuS、Cu_2S 存在的可能性

通过实验观察黑色沉淀是否溶于浓 HCl、浓 H_2SO_4 或浓 HNO_3，探究黑色沉淀中是否有硫化物 CuS、Cu_2S 存在。

实验 5：将实验 1 中 Cu 与浓 H_2SO_4 反应产生的黑色沉淀，加水稀释、溶解，微量 $CuSO_4$ 固体溶解使溶液呈淡蓝色，弃去溶液，水洗黑色沉淀至溶液无蓝色。此时观察试管壁上的黑色沉淀为纯黑色，与实验 1 中微显红色截然不同，说明黑色沉淀中有红色 Cu_2O 存在。

将黑色沉淀分成三份，取一份黑色沉淀与浓 HCl 反应，发现水洗后核实沉淀不溶解于浓 HCl，说明黑色沉淀不全是氧化物 CuO、Cu_2O，还有不能溶解于浓 HCl 中的物质存在。

另取一份黑色沉淀与浓 H_2SO_4 加热反应，发现黑色沉淀迅速溶解，溶液呈绿色并有淡黄色固体生成。此实验说明浓 H_2SO_4 与 Cu 反应产生黑色沉淀，黑色沉淀作为中间产物，随着反应的进行能继续被浓 H_2SO_4 氧化为浅色固体 S 和 $CuSO_4$。

再取另一份黑色沉淀与浓 HNO_3 反应，发现黑色沉淀全部溶解，试管上部出现红棕色 NO_2，溶液呈绿色，并有淡绿色固体[淡黄色 S 在蓝色 $Cu(NO_3)_2$ 溶液中的状态]生成。

实验 6：用 CuO、CuS 作对比实验，取 CuO 黑色粉末少许与浓 H_2SO_4 反应，观察溶液颜色无变化，加热至沸腾，溶液呈淡蓝色。另取 CuS(用 $CuSO_4$ 和 Na_2S 反应)少许分别与 2mL 浓 HCl、浓 HNO_3 反应，发现浓 HCl 的试管内黑色沉淀不溶解，而浓 HNO_3 的黑色沉淀很快溶解，试管上部出现红棕色 NO_2，有淡绿色溶液。另取 CuO 黑色粉末少许与 2mL 浓 HNO_3 反应，发现 CuO 溶解，但是试管上部没有出现红棕色 NO_2。

结论：实验 2、实验 5 与实验 6 对比，说明铜与浓 H_2SO_4 反应产生的黑色沉淀不全是氧化物 CuO、Cu_2O，同时存在硫化物 CuS、Cu_2S。少量铜与浓硫酸在沸腾一段时间后，几乎无黑色沉淀的产生，产物为 $CuSO_4$。过量铜与浓硫酸刚接近沸腾时，产生的黑色物质中存在氧化物 CuO、Cu_2O 和硫化物 CuS、Cu_2S。

（5）小结

浓硫酸与铜反应中，随着温度的升高，浓硫酸氧化能力不断增强。由于反应中各阶段浓硫酸的氧化能力不同，铜片被氧化的产物各有不同：先产生氧化物，进而产生硫化物，达到沸点时氧化能力最强，铜单质直接被氧化为 $CuSO_4$，在保持此温度下，前面产生的中间物质黑色沉淀，亦能继续被氧化为白色的 $CuSO_4$。

论证反应产生的黑色沉淀有 CuO、Cu_2O 存在的依据是为：铜片上的黑色沉淀溶解于浓盐酸。论证黑色沉淀有硫化物 CuS、Cu_2S 存在的依据为：黑色沉淀不与浓盐酸反应，溶液不呈黄绿色；黑色沉淀遇到浓硫酸，浓硝酸则很易溶解，产生乳白色单质硫。判断黑色沉淀有硫化物 CuS、Cu_2S 存在的关键，在于其与浓硝酸的反应，试管上部出现红棕色 NO_2、CuO 与浓硝酸的反应则不可能出现此现象。

4. 实验发展趋势中进行实验选题

中学化学实验在新世纪将向着广泛多元方向发展，其发展趋势是简便化、绿色化、科学化及现代化，从发展趋势中进行实验选题，不乏为化学教师实验研究选题的新思路。特别是随着科技的发展，各种先进的实验装备、设施将会越来越多地在化学实验及其教学中得到应用，有条件的学校已将数字化实验用于化学教学中，数字化实验的研究被很多教师所关注，如用 pH 传感器探讨中和反应的微观过程、利用手持技术测定中和热、探究可逆反应等，建立现代化手段与实验的关系也体现了现代化手段的应用价值。

【案例】中和热测定的数字化研究

许多化学变化过程都伴随着热效应，中和反应也一样。这些热效应符合热力学第一定律且与物质的状态、所参加反应的量有关，但与反应经历的途径无关。其中，中和热的概念包括两点：中和热是由水合氢离子和水合氢氧根离子结合生成 1mol 水时所放出的热量；对于强酸强碱稀溶液，由于可以看作全部电离，其中和热可以看作是一个定值，与参与反应的强酸强碱的种类无关。

本实验采用电热法标定量热计的热容[13]，用数字式贝克曼温度计相隔一定时间测温，根据供给的电能(IUt)及量热计温度升高值(ΔT)，计算量热计的热容 C，进而测定 HCl 与 NaOH 反应的中和热。本文实验方法和实验装置亦可用于其他热效应如溶解热、稀释热等的快速、准确测定。中和热测定系统示意图如图 5-3。

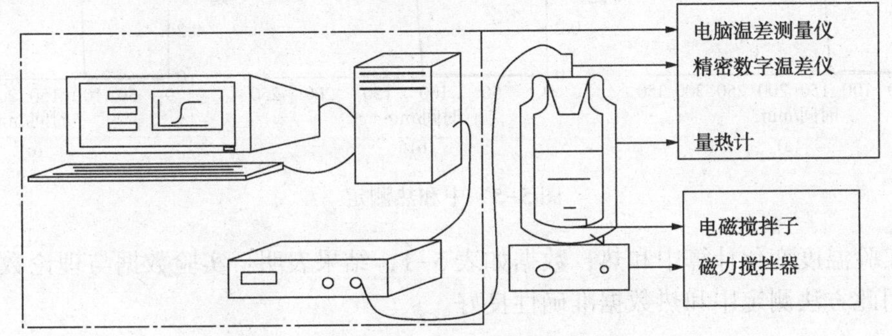

图 5-3　中和热测定系统

实验开始前做好准备工作，清洗仪器，打开精密数字温度温差仪，预热 5min。调节基温选择按钮至 20℃，按下温度/温差按键，使表盘像是温差读数(精确至 0.001℃)。打开直流稳压电源，调节电压 10.0V。连接稳压直流电源与量热计。

测定量热计常数。用量筒量取 300mL 蒸馏水注入干燥的杜瓦瓶中，轻轻塞紧瓶塞。将精密数字温差仪采零，接通电源，连接电脑记录温度。每分钟记录精密数字温度温差仪的读数。在通电过程中，电流、电压必须保持恒定(随时观察电流表与电压表，若有变化必须调节到原来指定值)，记录电流、电压值。通电 4min 后，停止通电，继续搅拌并记录水温，测量 10min 为止。根据电脑显示图像确定由于通电而引起的温度变化 ΔT，按上述方法重复 2 次。三次量热计常数实验测量温差变化图如图 5-4。

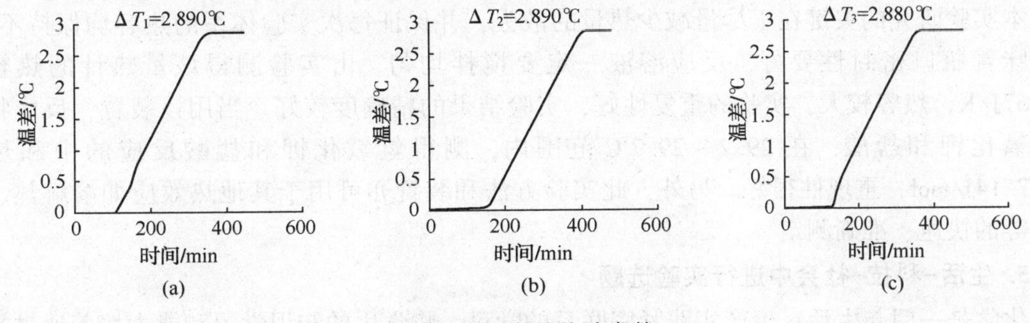

图 5-4　测定量热计常数

数字化方法测定中和热。在干净干燥的杜瓦瓶中，用容量瓶加入 250mL 蒸馏水，再用移液管准确量取 25mL 1.0mol/L 氢氧化钠标准溶液注入杜瓦瓶中。然后用另一只移液管吸取

25mL 1.1mol/L 盐酸标准溶液，小心注入内管中轻轻塞紧瓶塞，用搅拌器均匀搅拌，并开始记录时间，同时记录温度(每分钟一次)。温度变化不明显时，将酸贮存器稍稍提起，使酸液全部流出后迅速将塞棒塞紧，酸碱混合发生中和反应，不断搅拌，温度升高很快，软件和电脑相连，随着反应的进行电脑显示温度变化曲线。待温度变化缓慢后，再记录十几个数值后就停止测定。按上述方法重复 2 次，取其平均值。三次实验的温度随反应时间变化曲线如图 5-5 所示。

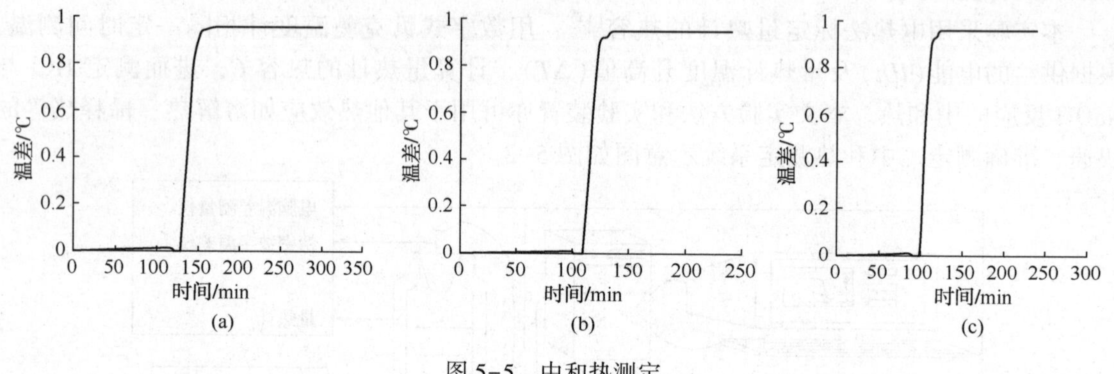

图 5-5　中和热测定

根据实验温度变化计算中和热，数据如表 5-1，结果表明：实验数据与理论数据大体一致。说明用此方法测定中和热数据准确性良好。

表 5-1　实验测定中和热数据

项　目	1	2	3
量热计常数测量 ΔT/℃	2.900	2.870	2.880
量热计常数 C/(J/K)	1376.2080	1374.8371	1370.0633
$C_{平均}$/(J/K)		1373.7028	
中和热 ΔT/℃	0.969	0.971	0.965
中和热 ΔH/(kJ/mol)	-53.244	-53.397	-53.025
$\Delta H_{平均}$/(kJ/mol)		-53.222	

注：量热计常数计算公式：$C=Q/\Delta T=IUt/\Delta T$；

中和热计算公式：$\Delta H=-Cm\Delta T/C_{碱}V=-C\Delta T/0.025$。

本实验研究的关键在于尽量减少热量的散失，并保证每次实验体系的热容均保持不变，这意味着瓶口密封性要好，反应溶液一定要搅拌均匀。由实验测得该量热计的热容为 243.67J/K，热容较大，实验的重复性好，实验结果的精确度较好。当用该装置，反应物改用氢氧化钾和盐酸，在 29.2～29.7℃ 范围内，测得氢氧化钾和盐酸反应的中和热为 53447.14J/mol，重现性很好。另外，此实验方法和装置亦可用于其他热效应如溶解热、稀释热等的快速、准确测定。

5. 生活-科技-社会中进行实验选题

化学是一门与生活、生产实践紧密联系的学科，将学生的知识学习和能力培养通过挖掘生活、生产实际中包含的化学实验问题，通过实验的手段加以解决，从中理解化学与生活、生产的密切联系。另外，新课程改革以培养了解现代化社会对科学技术进步的需要，能够应用科技，致力于经济和社会发展的人才为目标。化学教材也渗透、融合 STSE 教育思想，化学实验的选题将不再是静态的学科知识的介绍和验证，实验研究的内容渗透与化学知识密切相关的生活常识、体现化学与技术、生活和社会的交互影响。现代工农业生产、自然现象的产生等均可作为化学实验研究选题的内容。例如：空气中二氧化碳含量的测定、油漆中铅的测定、饮料中维生素 C 含量的测定等。

【案例】橙汁饮料中 pH 值、总酸度及维生素 C 含量的测定

随着社会经济的发展和生活水平的提高，饮料已经成为人们饮食中的一部分。而橙汁饮料凭借其丰富的营养价值已得到人们的青睐。为探究橙汁饮料营养价值的真实性，选择市售三个不同品牌的橙汁饮品 A、B、C，进行 pH 值、总酸度及维生素 C 含量的测定。

测定 pH 值和总酸度时要对样品进行处理，以消除其中溶解的 CO_2 对实验的干扰。样品处理方法为：准确吸取果汁饮料置于 250mL 烧杯中，放入电热套中加热煮沸 10min（逐出 CO_2），取出自然冷却至室温，转移试剂瓶中，待用。

1. pH 值的测定

利用 pH 计测定果汁饮料中的有效酸度（pH 值）。将 pH 值=6.86 的标准缓冲溶液 2~5mL 倒入已用水洗净并擦干的烧杯中，洗涤烧杯和复合电极后倒掉，再加入 20mL pH 值=6.86 标准溶液于烧杯中，将复合电极插入溶液中，用仪器定位旋钮，调至读数 6.86，直到稳定。

将 pH 值=4.00 标准缓冲溶液 2~5mL 倒入另一个烧杯中，洗涤烧杯和复合电极后倒掉，再加入 20mL pH 值=4.00 标准溶液，将复合电极插入溶液中，读数稳定后，用斜率旋钮调至 pH 值=4.00。待用。

将不同品牌的待测橙汁样品 2~5mL 分别倒入洁净干燥的烧杯中，洗涤烧杯和复合电极后倒掉，再加入 20mL 样品溶液，将复合电极插入待测溶液中，读取 pH 值，即为待测液 pH 值。做三组平行实验，结果如表 5-2。

表 5-2 不同橙汁饮料的 pH 值

饮料种类	pH 值			
	1	2	3	平均
A	3.23	3.23	3.22	3.23
B	3.11	3.10	3.13	3.11
C	2.92	2.92	2.92	2.92

2. 总酸度的测定

除去 CO_2 的果汁饮料中的有机酸，用 NaOH 标准溶液滴定时，被中和成盐类。以酚酞为指示剂，滴定至溶液呈淡红色，0.5min 不褪色为终点。根据所消耗的标准溶液的浓度和体积，即可计算出样品中酸的含量。准确移取制备的样品溶液 25.00mL 于 250mL 锥形瓶中，加水 50mL，加入酚酞指示剂 2 滴，摇匀。用 0.04983mol/L NaOH 标准溶液滴定至橙色终点（0.5min 不褪色）。做平行试验 3 次，数据如表 5-3。

表 5-3 不同橙汁饮料的总酸度值

项　目	A			B			C		
V(NaOH)/mL	16.61	16.58	16.60	8.30	8.28	8.25	22.22	22.28	22.26
C(酸)/(mol/L)	0.0331	0.0330	0.0331	0.0165	0.0165	0.0164	0.0443	0.0444	0.0444
平均 C(酸)/(mol/L)	0.0331			0.0165			0.0444		

3. 维生素 C 含量的测定

维生素 C 又称抗坏血酸，分子式为 $C_6H_8O_6$，呈酸性，具有较强的还原性，加热或在溶液中易氧化分解，在碱性条件下更易被氧化。在弱酸性条件下，维生素 C 能与碘单质发生氧化还原反应：$C_6H_8O_6+I_2 = C_6H_6O_6+2HI$，利用此性质以淀粉为指示剂进行橙汁饮料中维生素 C 含量测定。标准 I_2 溶液的浓度用 $Na_2S_2O_3$ 在弱酸性条件下进行标定，$I_2+2S_2O_3^{2-} = 2I^-+S_4O_6^{2-}$，$Na_2S_2O_3$ 溶液的浓度用基准物质 $K_2Cr_2O_7$ 采用间接滴定法进行标定，$Cr_2O_7^{2-}+6I^-+14H^+ = 2Cr^{3+}+3I_2+7H_2O$。

标定 $Na_2S_2O_3$ 溶液。准确移取 25.00mL 7.408×10^{-3} mol/L $K_2Cr_2O_7$ 标准溶液于 250mL 碘量瓶中，加 3mL 6mol/L 的 HCl、5mL KI 溶液，盖上瓶塞，液封，摇匀后置于暗处 5min，使反应完全，加 50mL 蒸馏水稀释，以 $Na_2S_2O_3$ 滴定至黄绿色，加入 2mL 5g/L 淀粉溶液，继续滴定至溶液呈亮绿色为终点，记录 $Na_2S_2O_3$ 的体积。再重复标定两次，计算 $Na_2S_2O_3$ 的浓度[14]。数据如表 5-4。

表 5-4　$Na_2S_2O_3$ 溶液浓度的标定

项　目	1	2	3
$V(K_2Cr_2O_7)$/mL	24.60	23.10	23.20
$C(Na_2S_2O_3)$/(mol/L)	0.0452	0.0481	0.0479
$C(Na_2S_2O_3)$ 平均/(mol/L)	0.0471		

标定 I_2 溶液浓度。准确移取 25.00mL 待标定的 I_2 溶液于 250mL 的锥形瓶中，加 50mL 蒸馏水，用 $Na_2S_2O_3$ 标准溶液滴定至溶液呈浅黄色，加 3mL 淀粉溶液，继续用 $Na_2S_2O_3$ 溶液滴定至蓝色恰好消失，记录 $Na_2S_2O_3$ 的体积。平行测定 3 份，计算 I_2 的浓度。数据如表 5-5。

表 5-5　I_2 溶液浓度的标定

项　目	1	2	3
$V(Na_2S_2O_3)$/mL	3.44	3.45	3.46
$C(I_2)$/(mol/L)	3.240×10^{-3}	3.250×10^{-3}	3.259×10^{-3}
$C(I_2)$ 平均/(mol/L)	3.250×10^{-3}		

室温下，用移液管移取 100mL 不同品牌的橙汁样品于 250mL 锥形瓶中，迅速向其中加入 10mL 2mol/L 的醋酸溶液和 2mL 淀粉溶液，用标准 I_2 溶液进行滴定，至溶液刚刚出现蓝色，30s 内不褪色，即为终点。平行测定 3 份，计算每 100mL 饮料中维生素 C 的含量。用同样的方法测量 40℃时上述不同橙汁饮料中维生素 C 含量，实验数据如表 5-6。

表 5-6　不同橙汁饮料的维生素 C 含量

项　目	A			B			C		
	1	2	3	1	2	3	1	2	3
$V(I_2)$/mL	20.54	20.42	20.68	14.20	14.40	14.30	2.62	2.64	2.66
w(Vc)/(mg/100mL)	46.48	46.19	46.78	32.52	33.03	32.68	5.99	6.04	6.08
平均 w(Vc)/(mg/100mL)	46.48			32.74			6.04		
40℃ w(Vc)/(mg/100mL)	30.54			20.92			3.96		

4. 实验结论

根据实验数据表明，C 饮料中的 H^+浓度最多，总酸度最大，但维生素 C 含量最少，只有 A 饮料的 1/8。而 A 饮料中的 H^+含量最少，总酸度却比 H^+含量居中的 B 饮料高，进一步说明维生素 C 呈酸性。当温度从常温升高到 40℃时，维生素 C 的含量都大幅度降低，橙汁饮料热饮会降低其固有的营养价值。

维生素 C 含量统一鲜橙多最高，但是其酸度值却不高，因此酸味重的饮料不一定含有的维生素 C 就多，不能根据酸味去判断的维生素 C 含量，建议消费者在购买饮品的时候要以营养成分表为主进行选择。

5. 实验过程中的注意事项

实验过程中维生素 C 加热或在溶液中易氧化分解，在碱性条件下更易被氧化。故在测定维生素 C 含量的时候饮料样品不需加热。由于 $Na_2S_2O_3$ 见光易分解，可用棕色瓶储于暗处。经 8～14 天后用 $K_2Cr_2O_7$作基准物间接碘量法标定 $Na_2S_2O_3$溶液的浓度，$Na_2S_2O_3$的标定过程中，若滴定到终点后，溶液迅速变蓝表示 $Cr_2O_7^{2-}$离子反应不完全，可能是放置的时间不够或溶液稀释过早。滴定后期，终点达到时间极短，要控制滴定速度。I_2可以用已标定好的 $Na_2S_2O_3$进行标定，考虑到 I_2在强酸性中也易被氧化，故一般选在 pH 值为 3～4 的弱酸性溶液中进行滴定。

$K_2Cr_2O_7$基准物的反应条件要有合适的酸度。溶液酸度高反应速度快，酸度太大，I^-易被空气中的氧气氧化，且 $Na_2S_2O_3$易分解，故酸度一般在 0. 2～0. 4mol/L 为宜。$K_2Cr_2O_7$与 KI 的反应速率慢，所以应在带塞的锥形瓶中暗处放置一段时间，使两者反应完全，所用 KI 溶液不得含有 I_2或 $K_2Cr_2O_7$，避免增大实验误差。

pH 计使用时需注意：复合电极下端是易碎玻璃泡，使用和存放时千万要注意，防止与其他物品相碰，其内有 KCl 饱和溶液作为传导介质，如干涸结果测定不准必须随时观察有无液体，发现剩余很少量时到化验室灌注。复合电极使用前应先用去离子水冲洗干净，并用滤纸擦干，在使用过程中仪器接口决不允许有污染，包括水珠在内。pH 计校正完成后，斜率钮调不能再动，测定时温度不能过高，如超过 40℃测定结果不准，需用烧杯取出稍冷。复合电极避免和有机物接触，一旦接触要用无水乙醇清洗干净。本次实验测定的橙汁即为有机物，故需用无水乙醇清洗干净。

化学实验改进可以有效地克服课本原有实验的种种不足之处，减少学生对于化学的负面认识。在实验改进的过程中，实验改进的角度可以从课本出发，从生活中而来，也可以从实验问题入手，利于师生创新意识的形成。创新理论与实验改进实践的有效结合有很多值得深入研究的地方，将实验改进创新应用于教学实践中，可以有效地促进创新型人才的培养。

三、实验研究选题示例

实验 1　Cu 和 H_2SO_4(浓)反应温度、浓度等影响因素的研究

实验 2　pH 值对银镜反应的影响

实验 3　乙酸乙酯的制备及反应条件探究

实验 4　淀粉水解及产物检验最佳实验条件

实验 5　氢氧化铁胶体的制备(氯化铁浓度对实验影响)

实验 6　温度、催化剂对过氧化氢分解反应速率的影响

实验 7　久置空气中的硫化钠为什么会变黄
实验 8　酸雨危害的演示仪
实验 9　吸烟危害的演示仪
实验 10　硫酸亚铁铵制备的认知性研究
实验 11　食醋中总酸含量测定
实验 12　乙酸乙酯皂化反应实验改进
实验 13　氢氧化亚铁的制备
实验 14　粉尘爆炸实验装置改进
实验 15　部分实验的微型化研究
实验 16　部分实验的绿色化研究
实验 17　水产品中甲醛含量的测定
实验 18　香烟中部分有害物质的检测
实验 19　食品中防腐剂化学成分的检验
实验 20　牙膏中主要成分的检验与测定
实验 21　用碳棒电解水实验中阴极溶液变浑浊的研究

第六章　中学化学实验设计研究

中学化学实验研究之前，进行科学合理的实验设计，考虑实验的各种因素间的相互影响，合理安排实验，可以减少实验次数，缩短试验时间，克服实验的盲目性，增强实验结论的准确性。因此，实验设计是进行实验研究的有力工具。

第一节　中学化学实验设计基础

实验设计在实验研究过程中必不可少，实验设计(design of experiment，DOE)也称为试验设计，主要是实验者对确立研究的实验课题，在实施化学实验之前，根据一定的实验目的与要求，运用有关的化学知识和技能，对实验的步骤和方法及所涉及到的仪器、药品、装置进行规划，对实验方案进行科学合理的安排，以达到最好的实验效果而进行的系列思考过程。

实验设计能力是教师的一项重要素质，是一个化学教师必须具备的一种教研能力，包括根据教学内容和教学条件对实验进行设计的能力和指导学生进行实验设计的能力。

一、中学化学实验设计的意义

教师根据教学内容的特点和教学过程的需要，改进教材原有实验、设计新实验，不仅有利于学生掌握教学内容、顺利完成教学任务，而且能向学生示范实验设计的思路和程序，提高教师的教学水平和教学能力。比如：做氯酸钾分解制氧气的实验研究，可事先考虑催化剂的概念如何理解，二氧化锰是唯一的催化剂吗？反应物和催化剂的用量对实验结果有影响吗？进行演示实验还是分组探究实验更合适呢？经过对实验有关方面的思考，重新对教材实验进行再设计，以便达到更好的效果。

中学化学教学中指导学生进行实验设计教学，学生从亲自动手设计问题到解决问题，充分发挥其在实验过程中的主体作用。设计实验方案需要学生灵活地运用所学的化学基础知识和基本技能，帮助学生巩固化学基础知识和基本技能，实验设计过程中创造性思维和严谨态度，有利于学生创新精神和科学态度的形成，提高分析问题、解决问题的能力；实验设计的过程是各种科学方法(如实验、测定、条件控制、假设等)的运用过程，有利于学生科学方法的训练和培养，促使学生做实验教学的主人，避免被动地进行实验，激发学习化学的兴趣，对学生的发展有重要的意义。

二、化学实验设计的原则

1. 科学性原则

科学性原则是化学实验设计的重要原则，也是核心原则。化学实验设计的科学性是指设计的实验原理、实验方法、装置原理和操作原理等必须科学，必须与化学理论知识、实验教学论、化学实验方法论和实验研究过程相一致。一个优秀的化学教学实验设计，应具有严谨的科学性。

例如，检验某无色溶液中是否含有大量 CO_3^{2-} 离子，就不能通过加入盐酸，看是否有使澄清石灰水变浑浊的气体产生的方法来检验，因为 HCO_3^-、SO_3^{2-}、HSO_3^- 离子存在此实验中都可以产生相同的现象，因而有失原理、方法的科学性。又如，氯化氢、氨气等易溶于水，气体的尾气处理装置就不能将导气管直接插入水中，因为这样有失装置、操作的科学性。

◇ 请思考

有教师做木炭还原氧化铜实验的时候，在木炭和氧化铜的混合物中滴加 2 滴乙醇，实验效果非常好，用酒精灯加热不到 1min 的时间就看到光亮的红色铜单质生成，此方法是否可行？

2. 安全性原则

安全性原则是在设计实验方案时必须考虑的一个重要的原则，指的是实验设计应尽量避免使用有毒药品或反应生成有毒气体物质以及具有一定危险性的实验装置和实验操作，最好能设计绿色化学实验，防止引起人身伤害和造成环境污染。如果必须使用有毒药品和进行危险实验操作，应在所设计的实验方案中详细说明注意事项和防护措施。

在化学实验中，如果发生燃烧、爆炸或中毒事故，不仅会给教师和学生造成人身伤害，而且还将严重地影响到学生今后学习化学课程的兴趣和积极性，甚至还会永远给学生留下“化学实验很危险”的潜意识。因此，设计化学实验时，对实验的安全性必须给予足够的重视，要做到万无一失。

◇ 请思考

将“氢气还原氧化铜并检验其产物”的实验进行整合，设计的实验装置如图 6-1 所示，请认真观察设计的实验装置图，你觉得有什么不妥之处吗？

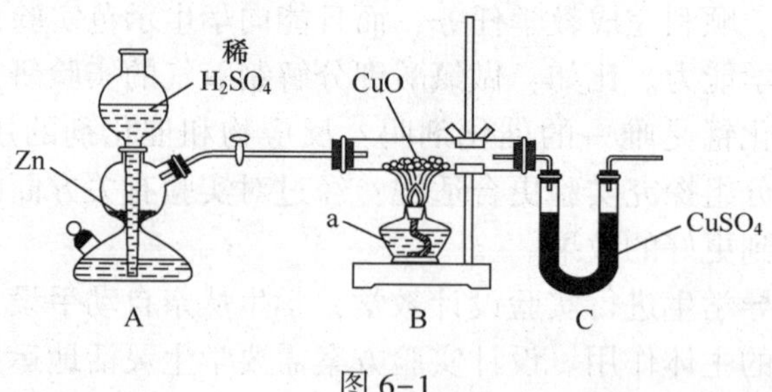

图 6-1

化学教师在进行实验改进设计或者是实验教学设计中，对化学因素和操作因素可能引起的安全问题都非常重视，往往会经过多次推敲后才进行实验，但对物理因素或不当的习惯可能引起的安全问题却常有忽视。

【案例】习惯问题引起的安全隐患要重视

《新闻纵横》报道，2010 年 12 月 19 日的“羊活体解剖学”实验，导致东北某大学 28 名师生感染了布鲁氏菌乙类传染病，改变了他们的人生轨迹。到 2011 年 9 月份，治疗了一段时间的学生坐上一个小时腰部发酸，打篮球十分钟腿发抖。有一位当事学生说，悲剧发生的原因是没有形成良好的实验习惯，实验不太严谨，对物理因素造成的安全隐患不够重视。首先，活体羊没有被检疫就进行解剖，然后在实验过程中的安全措施像戴手套、消毒等事项都没注意。这就说明实验之前一定要考虑周全，特别是安全性问题要以注意事项的形式给予提醒，实验时针对不同的试剂戴不同的手套，实验完成后要及时洗手等。

3. 可行性原则

可行性原则是指设计的实验方案中所运用的实验原理、实验用品（药品、仪器、设备等）、实验方法等在当时、当地的实验条件下能够得到满足，且能达到预期实验目标。例如，在中学实验室里用煅烧石灰石的方法制取二氧化碳、模拟高炉炼铁的实验等都不现实，因为在中学的实验室里很难满足其反应的实验条件。

◇ 请思考

用点燃的方法除去 CO_2 中混有的少量 CO 是否可行？

4. 简约性原则

“一个科学家最大的本领就是在于化复杂为简单，用简单的方法解决复杂的问题”，对于同一个实验，实验越简单越好。简约性原则就是设计的实验方案、实验装置、操作要尽可能简单，实验步骤少，实验药品易得，且能在较短时间内完成实验。例如，利用微型实验仪器进行电解水试验，将产生的氧气、氢气混合气体直接通入肥皂水井穴板中，通过起泡进行爆鸣实验，因而实验简单且成功率高，符合简约性原则。例如，测定碳酸钙和二氧化硅混合物各组分的含量，设计实验测碳酸钙的含量比直接测二氧化硅的含量要简便易行。

5. 目的性原则

目的性原则是化学实验设计要达到的具体要求，是指化学实验设计的整个过程中，都应围绕实验的目的与要求进行。目的明确才能突出设计重点，如一氧化碳还原氧化铜的实验，实验目的是说明一氧化碳具有还原性，可把氧化铜中的铜还原出来，实验设计的立足点就是如何将黑色的氧化铜转化为红色的铜出来，并依此选择实验试剂、仪器、装置、反应条件、操作步骤和方法，并可组装成多种有利黑色氧化铜转化为红色铜的实验装置。

6. 绿色化原则

实验设计要在实验现象直观、鲜明的基础上体现绿色化思想，从反应原料、反应条件和实验操作等全过程贯彻绿色化学的思想进行设计。例如，氢氧化亚铁制备实验，就应考虑铁、硫酸和氢氧化钠的用量关系，药品与空气隔绝使生成的氢氧化亚铁能直观、鲜明地展现，体现实验设计的绿色化。

7. 创新性原则

创新是化学实验设计的灵魂。化学实验设计属于应用研究，像其他科学研究工作一样，贵在创新，没有创新，就没有进步。创新程度的高低，是衡量一个创新实验价值大小的重要标准。所谓创新性，是指实验设计要敢于突破陈规，独到于新颖、独特、巧妙之处，能反映新事物、新观点、新理论、新方法和新思路等。一个优秀的化学实验设计必须反映实验设计者独出心裁的构思。

8. 最优化原则

最优化原则是指在多个化学教学实验设计方案中，挑选出最佳的实验设计方案。挑选的方法多是通过分析、比较或实验验证得出的。

一个优秀的实验设计方案，首先要考虑科学性和可行性原则，若不符合科学的实验设计原理，将会引起诸如操作耗时、环境污染等问题，不利于实验完成。具备可行性和科学性的同时，简约性和绿色化的原则同样重要，若是一味地追求绿色化，将实验设计得比未充分实现绿色化时还要复杂，一方面实验时间加长，另一方面更增加了学生认知和操作上的负担，那实验会变得毫无意义。另外，值得注意的是，不要片面地为了“创新”而设计，只“新”不优的实验是没有多大价值的。

三、中学化学实验设计的一般步骤

实验设计有一定顺序，如图 6-2 所示，根据实验研究的内容不同，实验设计的过程也略有不同，可针对具体情况做出适当调整。

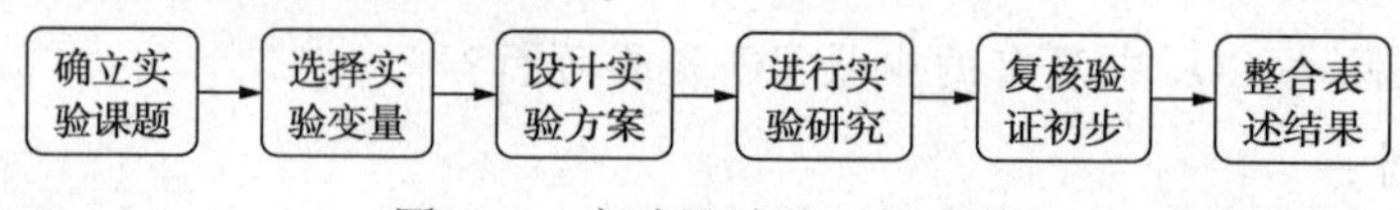

图 6-2　实验设计的一般步骤

1. 形成和确定课题

课题的形成通常从产生问题开始。在化学课堂教学、试验操作过程、课外活动中发现某些跟实验有关的问题，即便查阅文献资料的过程中也常常会发现许多值得研究的问题。发现问题之后，先要初步查阅文献资料，了解以前对该问题的研究情况，包括已被研究和解决的问题、已经取得的成果、尚存在的问题、前人的研究思路、策略和方法等。还要学习、掌握有关的理论知识，衡量对问题深入研究的意义，形成实验课题。

2. 变量的选择

借鉴以前的实验结果或单因素实验分析，选择因素、水平的取值范围。

3. 设计实验方案

实验的最佳反应条件涉及到很多因素，不同因素间相互影响的程度不一样，罗列各种可能的实验方法，分析各种方法的适用条件，比较各种方法的局限性，考虑各种方法实施的可能性、优缺点等，综合比较后选择出合适的实验方法。常见的化学制备实验方法有全面实验法、正交实验法、优选法、响应面法等，具体的制备实验方法将在下一节学习。

根据实验原理和采用的实验方法，考虑实验的安全性、绿色化和简洁性，选择实验药品和仪器，制定实验步骤，数据收集方式设计，思考实验过程中可能出现的问题，标注实验过程中的注意事项。

4. 进行实验研究

进行实验是开展研究工作的一项基本内容，在实验过程中，谨慎监视实验的过程，随时用化学概念、原理、规律对所研究的中学化学实验进行分析、讨论，有利于提高实验研究水平，得出客观的结论。

5. 复核、验证初步结果

中学化学实验的一个特点：实验结果能重复可靠出现。偶尔一次做成功了，但不能保证每次都成功，不是研究的最终结果。因此，复核和验证是必不可少的一环，跟踪实验和验证实验以证实实验所得结论的正确性。验证是对研究结果而言，可以采取两种方式：一种是按照设计的条件和程序进行重复试验，检验结果可靠性；另一种是从新的角度重新设计，然后进行实验，检验两者的结果是否互相印证。

6. 整合、表述研究结果

整理实验记录，用论文、研究报告、经验介绍或实验改进方案等形式表述研究结果。

四、化学实验设计方案的基本结构

化学实验设计方案尚无统一的内容和格式。一个完整的实验方案一般应该具有下列基本结构。

（1）实验名称。

（2）实验目的。任何实验活动都有实验目的。对于化学实验设计中明确实验目的，就是明确实验要解决什么问题，为什么要设计此实验，这是化学实验设计者首先应弄清的问题。

（3）实验原理。化学实验原理处于实验诸要素的核心地位，对其他要素起着支配和影响的作用，只有弄清实验原理，才能合理设计实验。例如，设计一个简易启普发生器装置用来制备氢气。该实验设计应该明确两个方面的原理，一是什么样的金属跟稀硫酸发生置换反应可制取氢气，根据原电池原理为什么能加快氢气的制取；二是启普发生器的工作原理。在弄清上述两个实验原理的基础上，就可以合理地选择实验试剂（锌、稀硫酸、少量硫酸铜）和实验仪器（如长颈漏斗、具支大试管、胶垫、单孔胶塞、止水夹等），组装氢气的制备装置，如图 6-3 所示。

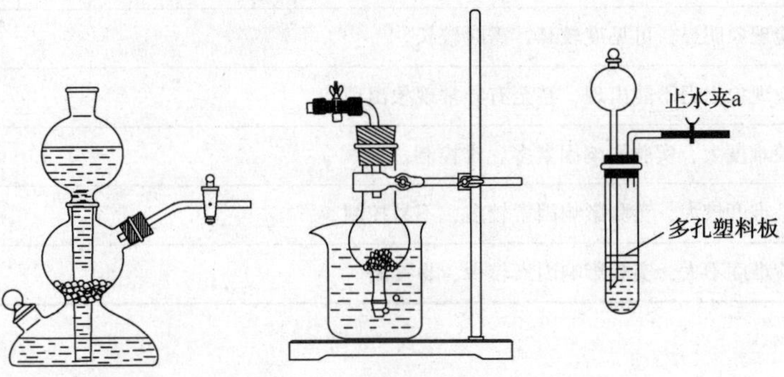

图 6-3　制备氢气的装置图

（4）实验用品（试剂、仪器、装置）及规格。

（5）实验内容及步骤。

（6）注意事项。

（7）结果的处理、思考及讨论。

五、实验设计的评价

同一个化学实验可设计出多种方案，需要进行选择和评价。不懂得评价，就难以做到精益求精，也就难以设计出优秀的化学实验。评价化学实验的标准和原则很多，根据中学化学的实际和实验设计的原则，设计实验的选择标准一般依据化学教学的目标，为学生的化学学习目标服务，从科学性和安全性、现象鲜明和效果明显性、新颖直观和启发性、装置和操作简易性四个方面进行评价，具体内容如表 6-1。其中，每个评定内容的标准都有三个层次，按照由高到低的顺序从 A 到 C 进行排列。通过精心设计实验，提高实验的智力价值，利于学生能力的进一步发展。

表 6-1　设计实验的选择标准

评定内容	层次标准
实验设计方案(40 分)	A. 实验设计方案科学合理、安全、新颖，实验步骤简便，实验用品少、经济。
	B. 实验设计方案科学、合理、安全，实验步骤较简单，实验用品较少。
	C. 实验设计方案基本合理，实验步骤较复杂，实验用品多。
实验装置（10 分）	A. 实验装置合理、紧凑、新颖、美观，使用仪器、设备少。
	B. 实验装置合理、紧凑、美观，使用仪器、设备较多。
	C. 实验装置较合理，使用仪器、设备多。
实验操作（20 分）	A. 实验操作细致、规范、正确、娴熟，实验用品摆放有序，实验台面整洁。
	B. 实验操作细致、规范，基本无错误，实验用品摆放有序，实验台面较整洁。
	C. 实验操作基本规范，有少数错误，实验用品摆放杂乱，实验台面不够整洁。
实验现象（30 分）	A. 实验现象鲜明，可见度高，需时较短。
	B. 实验现象明显，可见度较高，需时较长。
	C. 实验现象迟迟不能出现，甚至有异常现象出现。
实验难度	A. 实验难度大，实验影响因素多、难控制。
	B. 实验难度较大，实验影响因素较多、不易控制。
	C. 实验难度不大，实验影响因素较少、易控制。

第二节　化学实验设计常用方法

理想的实验设计方案是以尽可能少的试验次数反映尽可能多的信息，选取的试验点在试验空间中分布合理，既有一定的均匀性，又便于试验结果的分析与模型的建立。目前，常用的试验设计方法有全面实验设计法、优选法、简单试验设计法和正交实验设计法等。以上方法各有其适用范围和优缺点，实验者应根据实际需要进行适当选择。

化学实验设计常用到的一些术语：因素、水平和指标，下面对用到的术语进行简单界定。

(1) 因素：影响试验结果的条件。本章不同因素分别用 A、B、C……表示。

(2) 水平：因素在试验中可能处的状态，本章不同水平分别用 1、2、3……表示。

(3) 指标：衡量试验结果好坏的标准。定量指标：靠客观衡器的度量得到的指标，如含量、容量、容积等；定性指标：靠人的感觉器官评定的，如产品颜色、光泽、气味等。

一、全面实验设计法

全面试验法就是将影响实验结果的各因素及其每个水平全面搭配组合，并且配合的次数一样多，逐一进行实验。实验的次数一般是水平数的因素次方。例如，对于三因素三水平的实验，全面实验设计需要取 $A_1B_1C_1$，$A_1B_1C_2$，$A_1B_2C_1$，…，$A_3B_3C_3$，共有 $3^3=27$ 次试验。用图表示就是图 6-4 中立方体的 27 个节点。

全面实验设计法对各因子与指标间的关系剖析得比较清楚，结论较精确。但试验次数太多，特别是当因子数目和水平数目较多时，试验量大得惊人。如选六个因子，每个因子取五个水平时，如欲做全面试验，则需 $5^6=15625$ 次试验，这实际上是不可能实现的。

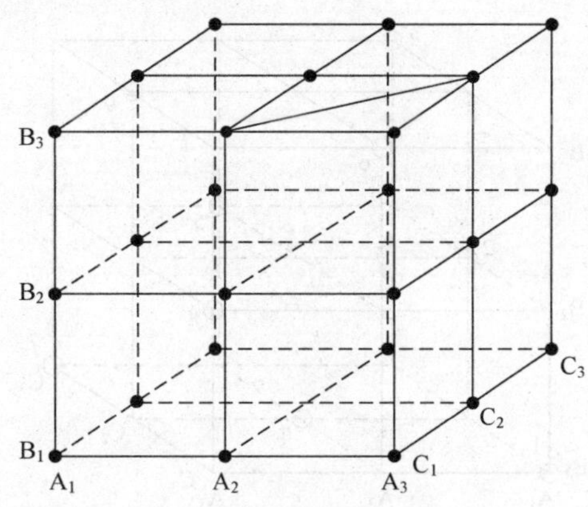

图 6-4　全面实验设计节点图

二、简单比较法

为了减少实验次数，可采用简单比较法来寻找最佳条件搭配，即保持其他因素不变，仅改变其中某一因素而逐次找出各因素的最佳水平搭配。以三因素三水平的实验为例，简单比较设计法的示意图如图 6-5 所示。首先固定 B、C 于 B_1、C_1，使 A 变化进行三组实验，如果实验 A_3 结果最好，则固定 A 于 A_3，C 还是 C_1，使 B 变化，再进行三组实验，如果实验结果 B_3 效果好，就固定 A_3B_3，使 C 变化进行实验，实验结果以 C_3 最好，最终就认为最好的实验条件是 $A_3B_3C_3$。

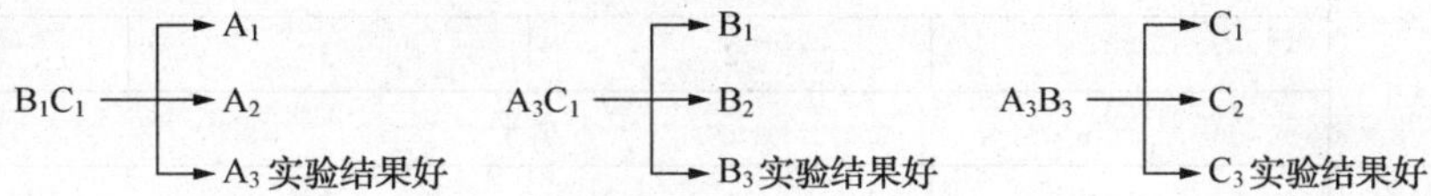

图 6-5　简单比较实验设计示意图

简单比较实验设计最大优点就是试验次数少，例如六因子五水平试验，在不重复时，只用 $5+(6-1)\times(5-1)=5+5\times4=25$ 次试验即可，是中学化学实验中比较常用实验设计方法。但简单比较法的选点代表性差，试验点完全分布在一个角上，而在一个很大的范围内没有选点，因此这种试验方法不全面，所选的工艺条件 $A_3B_3C_3$ 不一定是全面实验设计的 27 个组合中最好的。其次，此方法用单个试验数据简单比较实验条件优劣，不能剔除数据中包含的误差干扰，必然造成结论不稳定。

三、正交实验设计法（综合比较法）

多因素控制的实验设计需要对几种实验条件同时加以综合控制，实验条件对实验结果的影响并不是单一的，而是共同起作用，具有综合性。对多因素实验的探索可采用正交实验设计法，通过较少的实验次数，对影响实验的多个因素及不同水平进行合理、科学设计，分析、获得最佳实验条件，还可以对影响实验诸因素的重要程度和因素间的相互影响进行比较分析。正交试验设计（Orthogonal experimental design）是研究多因素多水平的又一种设计方法，它是根据正交性从全面试验中挑选出部分有代表性的点进行试验，这些有代表性的点具备了“均匀分散，齐整可比”的特点。对于一个三因素三水平的实验，如果用正交实验设计，对应于 A 因素有 A_1、A_2、A_3 三个水平的平面，对应于 B、C 也各有三个平面，共九个平面。则这九个平面上的试验点都应当一样多，即对每个因子的每个水平都要同等看待。具体来说，每个平面上都有三行、三列，要求在每行、每列上的选点一样多，实验设计选点如图6-6所示，试验点用⊙表示。

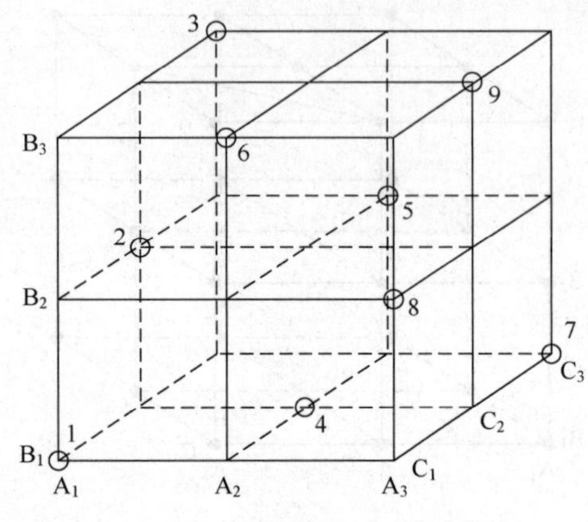

图 6-6　正交试验选择的试验点

由图 6-6 知，在九个平面中每个平面上都恰好有三个点，而每个平面的每行每列都有一个点，而且只有一个点，总共九个点。这样的试验方案，试验点的分布均匀有代表性，试验次数也不多。因此，通过组合数学和概率学知识进行的正交实验设计是一种高效率、快速、经济的实验设计方法，在很多领域的研究中已经得到广泛应用。

1. 正交表

正交实验法，通常使用正交表(一种具有正交性的表格)来安排实验，并利用正交表的特点，对试验结果进行分析，从而找出较优实验方案的一种方法。例如，实验中有四个影响因素，每个因素有三种不同的实验条件，即四因素三水平的实验可用下列 $L_9(3^4)$ 正交表安排实验，见表 6-2。

表 6-2　$L_9(3^4)$ 正交实验表

行　　号	列号			
	1	2	3	4
	水平			
1	1	1	1	1
2	1	2	2	2
3	1	3	3	3
4	2	1	2	3
5	2	2	3	1
6	2	3	1	2
7	3	1	3	2
8	3	2	1	3
9	3	3	2	1

表 6-2 中各符号和数字的意义分别为：$L_9(3^4)$ 中 L 代表正交表，9 代表做九次实验，3 代表每个因素的三个水平，4 代表影响实验效果的四个因素。这张正交表的主体部分有 9 行，每一行就是一种实验搭配方案，共做 9 次实验。常用的正交表有 $L_4(2^3)$、$L_8(2^7)$、$L_9(3^4)$、$L_{16}(4^5)$、$L_{12}(2^{11})$ 等。正交试验次数(行数)= ∑因素数×(水平数-1)+1，如 $L_8(2^7)$，8=7×(2-1)+1，利用正交实验次数的计算方法和需要考察的实验因子水平数共同决定最低的试验次数，进而选择合适的正交表。比如要考察 4 个 3 水平因子的实验，则最少的试验次数为 4×(3-1)+1=9(次)这就是说，要选用行数不小于 9 的正交表，$L_9(3^4)$ 适合。

2. 正交表的性质

(1) 每一列不同的数字出现的次数相等。例如正交表 6-2 中，任何一列都有水平“1”、“2”、“3”，且在任一列的出现数均相等。

(2) 任意两列中数字的排列方式齐全而且均衡。

正交表的上述两点性质充分体现了正交实验的两大优势，即“均匀分散，整齐可比”。通俗地说，每个因素的每个水平与另一个因素每个水平各碰一次，这就是正交性。

3. 正交实验设计的步骤

正交实验设计的过程一般按照五个方面来做：

(1) 确定试验因素及水平数；

(2) 选用合适的正交表；

(3) 列出试验方案并进行试验；

(4) 记录正交试验结果，对试验结果进行直观分析；

(5) 确定最优或较优因素水平组合。

下面以实验室制乙烯为例探讨正交试验设计的五个步骤。

(1) 确定试验因素及水平数。根据文献资料，影响乙烯产率的实验因素有四种，每种因素分成三个水平，如表 6-3 所示。

表 6-3 实验室制乙烯实验的因素及水平

水平	A	B	C	D
	95%乙醇/mL	浓硫酸/mL	浓磷酸/mL	大理石/g
水平 1	2	4	0.8	2
水平 2	4	6	1.0	3
水平 3	6	8	1.2	4

(2) 选用合适的正交表。四因素三水平的正交实验可选用 $L_9(3^4)$。

(3) 列出试验方案如表 6-4。

表 6-4 实验室制乙烯实验的正交表

试验号＼因素	A(乙醇体积)	B(硫酸体积)	C(磷酸体积)	D(大理石质量)	实验方案	指标(乙烯产率)
1	1	1	1	1	$A_1B_1C_1D_1$	
2	1	2	2	2	$A_1B_2C_2D_2$	
3	1	3	3	3	$A_1B_3C_3D_3$	
4	2	1	2	3	$A_2B_1C_2D_3$	
5	2	2	3	1	$A_2B_2C_3D_1$	
6	2	3	1	2	$A_2B_3C_1D_2$	
7	3	1	3	2	$A_3B_1C_3D_2$	
8	3	2	1	3	$A_3B_2C_1D_3$	
9	3	3	2	1	$A_3B_3C_2D_1$	

(4) 按照试验方案进行试验得到实验结果，对实验结果进行直观分析。

乙烯实验室制备实验中，考察指标为乙烯的产率，按照表 6-4 进行实验，将实验数据填写在表格右侧指标栏中，对实验结果进行极差分析，如表 6-5。

表 6-5　实验室制乙烯实验的极差分析表

试验号＼因素	A(乙醇体积)	B(硫酸体积)	C(磷酸体积)	D(大理石质量)	实验方案	指标(乙烯产率)/%
1	1	1	1	1	$A_1B_1C_1D_1$	78.1
2	1	2	2	2	$A_1B_2C_2D_2$	75.9
3	1	3	3	3	$A_1B_3C_3D_3$	67.6
4	2	1	2	3	$A_2B_1C_2D_3$	57.9
5	2	2	3	1	$A_2B_2C_3D_1$	63.5
6	2	3	1	2	$A_2B_3C_1D_2$	65.5
7	3	1	3	2	$A_3B_1C_3D_2$	50.9
8	3	2	1	3	$A_3B_2C_1D_3$	54.6
9	3	3	2	1	$A_3B_3C_2D_1$	55.4
K_1	221.6	186.9	198.2	197.0	最佳实验条件：$A_1B_2C_1D_1$	
K_2	186.9	194.0	189.2	192.3		
K_3	160.9	188.5	182.0	180.1		
k_1	73.87	62.30	66.07	65.67		
k_2	62.30	64.67	63.07	64.10		
k_3	53.63	62.83	60.67	60.03		
R	20.24	2.37	5.40	5.64		

对表 6-5 中的实验结果进行极差分析，K_n 表示某因素水平 n 对该实验的贡献值，它标志着某种实验因素的 n 水平对实验指标的贡献程度，数值越大，贡献程度越大。极差 R 是每列中 k 值分布的最大间距，是最大值于最小值的差值，即：$R=k_{max}-k_{min}$，表示当某种实验因素的不同水平数值发生变化时，该因素对实验指标的影响程度，从而能够判断出实验的每种因素对实验指标影响程度的大小。

(5) 确定最优或较优因素水平组合。

从极差分析结果可知，影响乙烯制备实验的因素主次关系为：95%乙醇用量、大理石质量、浓磷酸用量、浓硫酸用量，95%乙醇用量是该实验的关键因素。实验的最佳配比是 $A_1B_2C_1D_1$，由于该实验条件组合不在上述试验方案中，按照正交实验得出的最佳实验条件再次进行实验，结果为3min 内乙烯产率为88.51%，且只有轻微炭化，气流平稳，比实验方案中最好(本例中第一组实验产率最好)的实验产率还高，说明由正交法的确得到了最佳实验条件。

4. 正交实验多指标问题的处理

当衡量试验效果的指标有多个，指标间又可能存在一定的矛盾，需要兼顾各个指标，寻找使得每个指标都尽可能好的实验条件。

(1) 综合评分法

对实验的各个指标逐个测定，根据每个指标重要程度，确定相应指标的系数，对每组实验综合评分，将多指标分析简化为单一指标进行分析。使用此方法的关键是评分的标准要合理，还以上述实验室制乙烯的实验为例进行综合评分法的学习。在乙烯制备过程中，反应物乙醇很容易在浓硫酸存在下脱水炭化而影响乙烯的产率，很有必要把炭化程度也作为一项指标纳入实验结果的考察范围，实验结果采用综合评分法进行综合评分，根据综合评分数值进行单一指标直观分析得出实验的最佳条件。综合评分分析见表6-6。

表6-6　乙烯制备实验的综合评分分析表

序号	A 95%乙醇/mL	B 浓硫酸/mL	C 浓磷酸/mL	D 大理石/g	乙烯 产率/%	乙烯 权重0.7	炭化程度 评分	炭化程度 权重0.3	综合评分[①]
1	1(2)	1(4)	1(0.8)	1(2)	78.1		90		81.67
2	1(2)	2(6)	2(1.0)	2(3)	75.9		50		68.13
3	1(2)	3(8)	3(1.2)	3(4)	67.6		20		53.32
4	2(4)	1(4)	2(1.0)	3(4)	57.9		80		64.53
5	2(4)	2(6)	3(1.2)	1(2)	63.5		60		62.45
6	2(4)	3(8)	1(0.8)	2(3)	65.5		20		51.85
7	3(6)	1(4)	3(1.2)	2(3)	50.9		90		62.63
8	3(6)	2(6)	1(0.8)	3(4)	54.6		70		59.22
9	3(6)	3(8)	2(1.0)	1(2)	55.4		40		50.78
K_1	203.12	208.83	192.74	194.9					
K_2	178.83	189.80	183.44	182.61					
K_3	172.63	155.95	178.4	177.07					
k_1	67.71	69.61	64.25	64.97	最佳实验条件：$A_1B_1C_1D_1$				
k_2	59.61	63.27	61.15	60.87					
k_3	57.54	51.98	59.47	59.02					
R	10.17	17.63	4.78	5.95					

① 综合评分=乙烯产率×0.7+炭化程度评分×0.3。

(2) 综合平衡法

单独对各指标进行直观分析，找出各个指标的最优实验条件，然后对各指标的分析结果进行综合比较，找出兼顾每个指标都尽可能好的条件，得出最佳试验方案。

四、优选法

任何一个化学实验，影响实验指标的因素不止一个，根据实验条件控制方式不同，可分为单因素控制和多因素控制两大类。多因素控制是在多种实验条件控制情况下进行实验，情况较为复杂，对多因素控制的实验进行实验设计时，需要对几种实验条件同时加以综合控制，所控制的实验条件对实验结果的影响并不是单一的，而是共同起作用，具有多因素的综合性。这类实验条件的探索可以采用综合比较法，也就是正交实验法。但在具体的化学实验教学中，由于实验研究目的不同，不一定对每个实验条件都进行研究，只考虑一个影响程度最大的因素，其余因素固定在理论或经验上的最优水平保持不变，这种情况属于单因素实验设计。当实验的影响因素具有单峰函数特点，在实验范围内只有一个最优点的实验效果最好，可采用优选法进行实验设计。

1. 单因素优选法

(1) 均分法(分批实验法)

均分法是指在因素水平的实验范围[a，b]内按等间隔安排实验点，同时安排几个试验，在少数几次试验中找到最佳值，大大节省试验时间，但实验个数增多。

(2) 对分法

以单因素试验范围的中点为试验点，依次根据实验结果把实验范围缩小一半，直到找到最佳点为止。对分法总是在试验范围的中点安排试验，在开始时只要做一个试验就可以做出取舍判断，每次可以去掉一半试验范围。但是，并非所有问题都能用对分法，它的使用有两个条件：一是要有一个标准或具体的指标，能够鉴别实验结果的好坏；二是要预知该因素对指标的影响规律，能够从试验结果判断是取偏大值还是取偏小值。

比如，在一种产品中含有某添加剂 16% 时，产品质量可以得到保证。此添加剂昂贵，能否在保证质量的前提下少用一点？解决此问题就可用对分法进行实验，先在 8%处作一次试验，产品质量仍然合格，舍去 16%~8%这一半试验范围，再取 0~8%的中点处做第 2 次试验，产品质量不合格，舍去 0~4%这段，继续用对分法做实验，找到最合适的添加量即可。

(3) 黄金分割法

黄金分割法，也称 0.618 法，在单峰区间内进行的一维寻优方法，由于它的取点更符合数学统计原理且需要做的试验次数减少而被广泛使用。

0.618 法的要点是每次在实验范围内选取两个 0.618 点处(从小到大与从大到小的 0.618 处)，又称 0.618 对称点，实验点的取值可由下式确定：$X_1=X_{小,1}+(X_{大,1}-X_{小,1})\times0.618$，即这两个点分别位于实验范围[$a$, b]的 0.382 和 0.618 处，各做 1 次试验，比较两点试验结果，去掉(按比较标准)不符合条件的那部分，留下部分继续取已试验点(好点)的对称点作为第三次试验点；在第三次试验点处试验，将其结果与前两次试验留下的好点处试验结果进行比较，再去掉不符合实验要求的部分，在留下部分中该好点的对称点为第四次试验点，这样反复试验、比较和取舍，逐步缩小试验范围，最后确定满意的好点，其所对应的配比方案就是最好方案，有时限于经济考虑是较好方案。应用此法，每次可以去掉试验范围的 38.2%，可迅速找到最佳点。

【例 1】在室温弱酸性条件下，双氧水具有漂白性，多大浓度的双氧水对品红溶液的漂白效果最好呢？以品红溶液完全褪色所需的时间作为实验的指标进行实验[15]。

实验室中所用双氧水的浓度最大为 30%，双氧水的漂白程度和浓度不成正比，低于 1% 时漂白效果不好，因此浓度的实验范围定为 1%~30%。

(1) 先在试验范围的 0.618 处做第一次试验：$X_1=a+(b-a)\times0.618=1\%+(30\%-1\%)\times0.618=18.9\%$，

第一次实验用时 6min 品红完全褪色。

(2) 计算第二个试验点：$X_2=1\%+(18.9\%-1\%)\times0.618=12.0\%$

第二次实验，用时 3min 品红完全褪色。比较实验 x_1、x_2 的实验结果，x_2 效果好，按照"去坏留好"的原则，去掉 18.9%到 30%的范围，从 1%到 18.9%的范围需找第三个实验点。

(3) 计算第三个试验点：$X_3=1\%+(12\%-1\%)\times0.618=7.8\%$

第三次实验，用时 2min 品红完全褪色。实验结果比 X_2 好，去掉 12%到 18.9%的范围，从 1%到 12%的范围需找第四个实验点。

(4) 计算第四个试验点：$X_3=1\%+(7.8\%-1\%)\times0.618=5.2\%$

第四次实验，用时 18s 品红完全褪色。实验结果比 X_3 好，去掉 7.8%到 12%的范围，从 1%到 7.8%的范围需找第五个实验点……一直这样实验下去，直到找到最佳的使品红褪色的双氧水浓度为止。实验的数据如表 6-7 所示。

表 6-7　双氧水漂白品红溶液的 0.618 法实验结果

实验点	双氧水浓度/%	反应现象	反应时间/s
X_1	18.9	品红溶液基本褪色，稍显淡黄色	360
X_2	12.0	品红溶液基本褪色，稍显淡黄色	180
X_3	7.8	品红溶液完全褪色	120
X_4	5.2	品红溶液完全褪色	18
X_5	3.6	品红溶液完全褪色	12
X_6	2.6	品红溶液完全褪色	9
X_7	2.0	品红溶液完全褪色	7
X_8	1.6	品红溶液完全褪色	10

由实验结果可知：第八次实验用时 10s，品红完全褪色，实验结果没有第七次实验效果好，因此第七次实验为最佳实验点，双氧水使品红褪色的最佳浓度为 2.0%。

2. 双因素优选法设计

如果实验受两个因素的影响程度都很大，对这两个主要因素影响进行优选，而且这两个因素具有单峰函数的特点，可用双因素优选法进行实验。首先按照相对重要性进行因素排序，重要的放前面，然后除了第一个因素外，第二个因素暂时固定，只对第一个因素进行优选，这时就可以按处理单因素问题的方法进行实验。选出最优实验点后，就把第一个因素固定在理想的数值水平上，再对第二个因素进行优选进行实验。

双因素优选法一般采用坐标轮换法和平行线法进行设计。坐标轮换法首先固定其中一个因素在适当的位置，或者放在 0.618 处，对另外一个因素使用单因素优选法，找出满足实验指标的条件，固定该因素于所需条件处，反过来对前一个因素使用单因素优选法，选出适合的实验条件。平行线法一般把不易调整的一个因素固定在某个实验位置，对易于调整的另一个因素进行优选，比较结果，得到最好的实验点。

第三节　中学化学设计实验案例

设计实验强调思维性，实验设计的实施强调操作性。化学实验设计实施条件包括化学试剂选用、化学实验仪器和装置的规划、化学实验操作过程的安排。化学试剂的选用主要包括化学试剂的规格，化学药品的种类、质量、体积和浓度。化学实验仪器和装置的规划主要是指不同规格的化学实验仪器及其不同的安装方法。化学实验操作过程的安排主要包括点燃、加热、试剂加入顺序、洗涤、过滤等化学实验操作过程，以及对电流、电压、时间和压强的控制等。

实验一　正交试验研究乙酸乙酯水解实验最佳条件

乙酸乙酯的水解实验是典型的有机反应，不仅在高中各版本教材中都有涉及，而且也是大学必做的基本实验之一。教材中通过闻气味法区别水解的程度，该方法分辨率较低，有很多老师对该实验的表征手段做了研究，常见的有通过观察酯层高度差异来判断乙酸乙酯水解程度；通过加入甲基蓝、酚酞或者铅笔漆膜给溶液染色，使水层和油层界限明显，通过测量酯层高度的变化进行水解程度的判断，但酯层高度的变化在短时间内不易通过直尺直接测量，实验时间长，不利于课堂演示和学生分组实验。除此之外，怎么能证明乙酸乙酯层高度的变化是酯发生了水解反应而不是乙酸乙酯的挥发造成的呢？因此通过向试管中加入酸性重铬酸钾溶液，根据溶液颜色变化不仅可以作为判断乙酸乙酯水解程度的指标，还可以用来说明酯水解后生成了乙醇。采用三因素三水平正交试验法探究乙酸乙酯在碱性环境中水解的最佳条件，并在此最佳条件的基础上进行乙酸乙酯在中性、酸性和碱性条件下水解程度的对比实验，找到现象明显，适合在课堂上进行演示和分组实验的最佳方案，达到好的教学效果。

一、选择酸性重铬酸钾溶液作为染色剂

乙酸乙酯在碱性条件下水解的温度为65~75℃，发生不可逆反应，水解程度较大，发生反应 $CH_3COOCH_2CH_3+NaOH \longrightarrow CH_3COONa+CH_3CH_2OH$，在中性和酸性条件下水解，发生可逆反应生成乙酸和乙醇，乙酸乙酯无论在什么条件下发生水解反应都有一个共同的产物：乙醇。使用重铬酸钾溶液作为判断乙酸乙酯水解程度的染色剂，不是简单的染色现象，而是水解得到的乙醇将酸性重铬酸钾溶液（橙红色）还原为 $Cr_2(SO_4)_3$（绿色），发生的反应为：$2K_2Cr_2O_7+3CH_3CH_2OH+8H_2SO_4 = 2Cr_2(SO_4)_3+3CH_3COOH+2K_2SO_4+11H_2O$，无色溶液变为绿色，现象明显直观，同时指导学生了解检测酒驾仪器的反应原理。若相同条件下溶液绿色越深，说明产生 $Cr_2(SO_4)_3$ 的量越多，进而可知试管中乙醇的量较多，乙酸乙酯的水解程度越大，据此可直观地判断乙酸乙酯在不同环境中水解程度大小。

二、实验药品及仪器

药品：重铬酸钾（AR）、氢氧化钠溶液（AR）、氯化钠（AR）、浓硫酸（AR）、乙酸乙酯（AR）；

仪器：大试管、注射器（10mL、25mL）、烧杯（50mL、1L）、恒温水浴箱、量筒（10mL、15mL、50mL）、胶头滴管、电子天平。

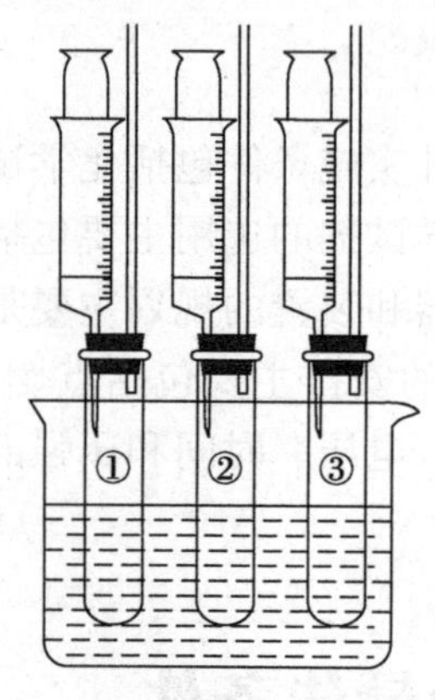

图6-7　乙酸乙酯水解实验装置图

三、实验装置图

乙酸乙酯水解实验装置图见图6-7。

四、实验过程与结果

1. 酸性重铬酸钾溶液的配置

称取2 g $K_2Cr_2O_7$，倒入50 mL小烧杯中，用量筒量取30 mL硫酸溶液，倒入小烧杯，用玻璃棒搅拌使 $K_2Cr_2O_7$ 完全溶解，配好溶液待用。

2. NaOH 溶液的配置

用电子天平称取5g NaOH（AR）固体，倒入50mL干净的小烧杯中，用量筒量取45mL去离子水也倒入小烧杯中，搅拌使其完全溶

解，冷却至室温，配成10%的NaOH溶液，待用。

按照上述方法分别称取15g、25g NaOH固体，并分别加入35mL、25mL去离子水，搅拌使其完全溶解，放置至室温，分别配成30%NaOH和50%NaOH溶液，待用。

3. 正交法实验设计

根据预测实验结果，选取水浴温度、碱的浓度和反应时间为考察因素，并结合文献实验数据，每个因素选择了三个水平，得到了三因素三水平的因素水平表(见表6-8)，用$L_9(3^4)$正交表安排实验，以反应后溶液的颜色为考察指标进行实验，溶液颜色为墨绿色时给出分值90~99，为深绿色时给出分值80~89，为蓝绿色时给出分值70~79。正交表见表6-9。

表6-8 乙酸乙酯水解反应的因素水平表

因素 / 水平	A	B	C
	水浴温度/℃	NaOH溶液浓度/%	反应时间/min
1	50~55	10	2
2	55~60	30	4
3	70~75	50	6

表6-9 $L_9(3^4)$正交表

因素 / 实验号	A	B	C	指标溶液颜色
	水浴温度/℃	NaOH溶液浓度/%	时间/min	
1	40~45	10	2	
2	40~45	30	4	
3	40~45	50	6	
4	55~60	10	4	
5	55~60	30	6	
6	55~60	50	2	
7	70~75	10	6	
8	70~75	30	2	
9	70~75	50	4	

4. 实验过程

首先将2mL乙酸乙酯和一定浓度的氢氧化钠溶液5mL放入试管，混合均匀后塞上橡皮塞，用注射器抽取1mL重铬酸钾溶液后插在橡皮塞上，如实验装置图6-7所示安装好实验装置。然后将试管放入实验所需温度的水浴中加热，开始反应。水浴温度一定要尽量控制在所需温度范围之内，防止温度不准对实验结果造成较大误差。反应结束后，推动注射器的活塞，将酸性重铬酸钾溶液加到试管中，加入酸性重铬酸钾要迅速，混合后观察溶液颜色并给出分数。按照上述过程，根据设计好的正交表6-9进行实验，一次可同时做三组，实验完成后对结果进行极差分析。

5. 对比实验

在上述最佳温度、浓度和反应时间的条件下，进行乙酸乙酯在不同催化剂条件下水解的对比实验。将2mL乙酸乙酯分别加入到盛有5mL的饱和食盐水、30%的NaOH溶液和30%的H_2SO_4溶液的试管中，控制水浴温度70~75℃，反应4 min后，用注射器迅速加入1mL的酸性重铬酸钾溶液，观察溶液颜色变化，考察不同催化剂对乙酸乙酯水解的影响程度。实验过程中，为了减小乙酸乙酯在水中的溶解度，中性溶液用饱和食盐水代替蒸馏水。

五、思考题

(1) 在乙酸乙酯水解实验中，还可以用哪些物质代替重铬酸钾作染色剂？

(2) 乙酸乙酯水解实验用正交法比用简单比较法有哪些优点？

实验二　银镜反应和后续处理的改进[16]

银镜反应是醛类有机物的典型性质，把它作为演示实验用于课堂教学可激发学生学习化学的激情，加深对醛基性质的理解。如何控制银镜反应的实验条件，使之在短短的1min之内无需要加热而显现实验现象，并绿色化处理反应后残留在试管内壁上的银等问题。

一、银镜实验的最佳反应条件探讨

1. 实验原理

$$Ag^{+} + NH_3 \cdot H_2O \xlongequal{\quad} AgOH\downarrow + NH_4^{+}$$

$$AgOH + 2NH_3 \cdot H_2O \xlongequal{\quad} [Ag(NH_3)_2]OH + 2H_2O$$

$$CH_2OH(CHOH)_4CHO + 2[Ag(NH_3)_2]OH \longrightarrow CH_2OH(CHOH)_4COONH_4 + 2Ag\downarrow + 3NH_3\uparrow + H_2O$$

2. 实验药品的配制

2%硝酸银溶液：用天平称取1g $AgNO_3$粉末并加49mL蒸馏水溶解，转入试剂瓶中保存。

2%氨水：取10mL浓氨水于烧杯中，加入130mL蒸馏水稀释得到2%氨水溶液，转入试剂瓶中保存。

20%氢氧化钠溶液：称取10gNaOH固体，加40mL蒸馏水溶解，转入试剂瓶中保存。

4%葡萄糖溶液：称取2g葡萄糖粉末，加48mL蒸馏水溶解，转入试剂瓶中保存。

3. 实验过程

从制约银镜反应实验的条件出发，针对银镜反应的主要影响因素，设置不同水平，采用三因素三水平进行实验。见表6-10。

表6-10　葡萄糖银镜反应的因素水平表

因素 / 水平	A	B	C
	硝酸银溶液用量/mL	NaOH溶液加入滴数	葡萄糖溶液用量/mL
一	1	2	1
二	2	3	2
三	3	4	3

设置三因素三水平的正交实验表，进行实验。实验时，先在洁净的试管里加入正交实验表中所需用量的 2%硝酸银溶液，同时滴加 2%的稀氨水，边滴边振荡试管，直到析出的沉淀恰好溶解(制得澄清的银氨溶液)，向盛有银氨溶液的试管中滴入正交实验所需用量的 4%葡萄糖溶液和 NaOH 溶液，迅速用 pH 试纸测量此时溶液的 pH 值并记录。堵上胶塞，剧烈振荡试管 1min，观察到试管内壁有光亮的银镜产生，对银镜进行评分并记录。

生成银镜的外观评分标准说明如下：生成大量银，银镜均匀，银层较厚致密，效果最佳，记录 90~100 分；生成较多的银，银镜较均匀，效果较好，记录 80~90 分；生成较少的银，且不均匀，有部分斑点或浑浊，效果较差，记录 70~80 分；生成极少的银，且非常不均匀，大部分黑点或浑浊，效果差，记录 60 ~ 70 分。银镜反应的正交实验及结果见表 6-11。

表 6-11　正交试验设计及结果

试验号＼因素	A	B	C	pH 值	评分
1	1	1	1	9.0	84
2	1	2	2	10.3	82
3	1	3	3	11.7	80
4	2	2	1	10.3	87
5	2	3	2	11.5	85
6	2	1	3	10.5	90
7	3	3	1	11.6	92
8	3	1	2	10.4	93
9	3	2	3	11.2	95
K_1	246	263	267		
K_2	262	260	264		
K_3	280	265	257		
k_1	82	88	89	最优方案是：$A_3B_3C_1$	
k_2	87	87	88		
k_3	93	88	86		
R	11	1	3		

传统方法采用水浴加热时保持试管静置，生成的银镜仅能覆盖溶液浸润的部分(约为试管高度的 1/5)，并且需要使用控温水浴装置，装置繁琐，不适于课堂演示实验。改进方法不需要加热，只需适量氨水、2%硝酸银溶液 3 mL、20%NaOH 溶液 4 滴、4%葡萄糖溶液 1 mL，通过快速上下垂直振荡橡胶塞塞紧的试管，以便增加反应熵变化，加快反应速度，达到水浴加热的作用，同时由于垂直振荡还可以使溶液浸润整个试管内壁，整个试管均有光亮的银镜产生，实验效果更为直观，更大程度地激发学生学习兴趣，增强学习效果。

二、银镜实验后试管清洗的探究

1. H_2O_2 处理法

H_2O_2 是常见的氧化剂，且生成的还原产物无污染，查标准电极电势表可知，H_2O_2 在酸

性条件下氧化性比 Ag^+ 强，猜测可以用双氧水处理试管内壁上的银单质，反应后产物是什么？双氧水和银单质按两步进行：$Ag+H_2O_2 = Ag_2O+H_2O$ ；$Ag_2O+H_2O_2 = Ag+H_2O+O_2$。

取 15mL 10%的双氧水倒入附着银单质的试管中，观察现象并检验生成的产物。将带火星的木条置于试管口，检验产生的气体。

取上述反应后的反应液 1mL 装入干净试管并稀释到 3mL，向试管中加入稀盐酸酸化的 KI 溶液，观察现象；再加入 1mL 苯，振荡静置后观察现象。

双氧水和硝酸均可将附着有银单质的试管洗涤干净，洗涤效果有没有区别呢？取上述正交法中形成的较为致密的 7、8、9 组实验的试管，分别向三只试管中加入 10mL 10%双氧水，10mL 3mol/L 稀硝酸溶液和 10mL 6mol/L 浓度较大的稀硝酸溶液，震荡试管，发现将银镜清洗干净所用的时间不同，双氧水明显快于 3mol/L 稀硝酸，但比 6mol/L 稀硝酸所需时间长一些；用硝酸清洗过程中会有刺激性气味的气体放出，实验者的实验体验不佳，影响实验情绪。

2. $FeCl_3$ 处理法

将新配置的 6mol/L $FeCl_3$ 溶液约 2mL 加入附着有银的试管中，振荡试管，观察现象。

用氯化铁溶液清洗附着有银单质的试管可知，金属活动性顺序得到的氧化性强弱是根据金属与其在水溶液中形成低价态离子构成电极反应的标准电极电势由小到大排列，即 Ag^+/Ag 的标准电极电势是 0. 80V，Fe^{3+}/Fe^{2+} 的标准电极电势是 0. 77V，仅从热力学的角度指出了标准状态下氧化还原反应进行的可能性及趋势大小，实际的金属活泼性会因浓度、介质、气体的分压、产物的溶解度、氧化膜等因素而改变。

三、实验的注意事项

试管要洁净，否则只得到黑色疏松的银沉淀，没有银镜产生或产生的银镜不光亮；溶液混合后，振荡要充分，特别是加入最后一种溶液后，振荡要快，否则会出现黑斑或产生银镜不均匀；加入的氨水要适量，氨水的浓度不能太大，滴加氨水的速度一定要缓慢，否则氨水容易过量降低试剂的灵敏度。另外，如果滴加氢氧化钠过量，反应速率太快，产生的银镜会发黑。

实验三　对分法研究过氧化氢分解的最佳浓度

一、问题的提出

二氧化锰作催化剂分解过氧化氢制取氧气的实验中，过氧化氢浓度过大产生的气体过快不易收集；过氧化氢浓度太小，产生气体速度量少又慢。查阅资料发现，制取氧气需要的过氧化氢浓度没有明确说明，有人用 5%过氧化氢进行实验，也有人用 10%过氧化氢或 15%过氧化氢进行实验，制取氧气需要过氧化氢的最佳浓度是多少呢？

二、实验目的

对分法寻找 MnO_2 作催化剂制取氧气需要过氧化氢的最佳浓度。

三、实验装置

过氧化氢分解实验装置见图 6-8。

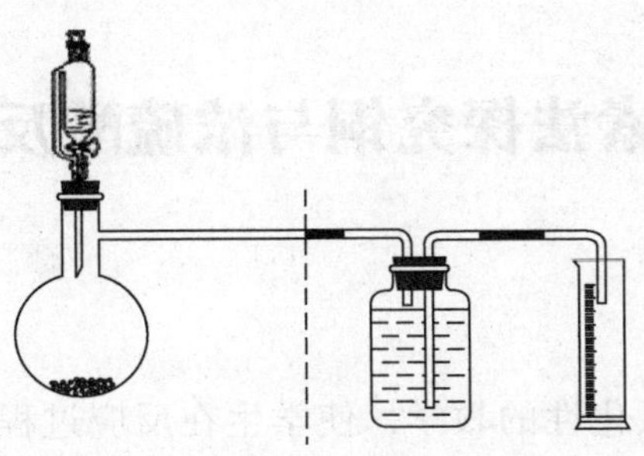

图 6-8　过氧化氢分解实验装置图

四、实验用品

药品：二氧化锰、过氧化氢(不同浓度)、水。

仪器：分液漏斗、圆底烧瓶、集气瓶、100mL 量筒、导管(带胶塞)、秒表、胶皮手套。

五、实验过程

按照装置图 6-8 所示连接仪器并检查装置的气密性，每次实验所用的催化剂都相同，将 0.5g 二氧化锰置于圆底烧瓶。用对分法取 0 ~15%之间不同浓度的过氧化氢溶液进行实验，分别取 0、15%、7.5%、3.8%、11.2%、5.6%和 9.5%的过氧化氢溶液 5mL 于分液漏斗中，打开旋塞开始实验并开始计时，待实验进行一段时间，量筒中水的体积都到达 30mL 时，记录反应需要的时间。比较不同浓度时反应速率快慢，最终找到实验所需的最佳浓度。

六、实验记录

实验结果记录于表 6-12。

表 6-12　实验结果记录表

过氧化氢浓度/%	所取体积/mL	MnO_2质量/g	量筒中水的体积/mL	所用时间/s
3.8	5	0.5	30	
5.6	5	0.5	30	
7.5	5	0.5	30	
9.5	5	0.5	30	
11.2	5	0.5	30	

七、注意事项

(1) 由于烧瓶中会产生气体，导致瓶内压强过大以致过氧化氢溶液不易滴入，故改用恒压滴液漏斗较好。

（2）滴加过氧化氢的速率不同，导致产生气体的速率不同，所以在实验过程中要尽量保证滴加过氧化氢的速率相同，以免影响实验结果。

实验四　单因素法探究铜与浓硫酸反应的最佳条件

一、问题提出

为了较好地配合浓硫酸氧化性的教学，使学生在反应过程中观察到溶液变为蓝色的现象，通过铜和浓度不同的浓硫酸反应产生蓝色溶液的时间，找到实验中反应的最佳温度和浓硫酸的最佳浓度。

二、实验药品和仪器

药品：10mol/L 硫酸、12mol/L 硫酸、14mol/L 硫酸、15mol/L 硫酸、铜片（s）、1mol/L 氢氧化钠溶液。

仪器：三颈烧瓶、电热套（MH-250、北京科伟永兴仪器有限公司）、球形冷凝管、温度计、烧杯、漏斗、橡胶管。

三、实验装置图

浓硫酸与铜反应实验装置见图 6-9。

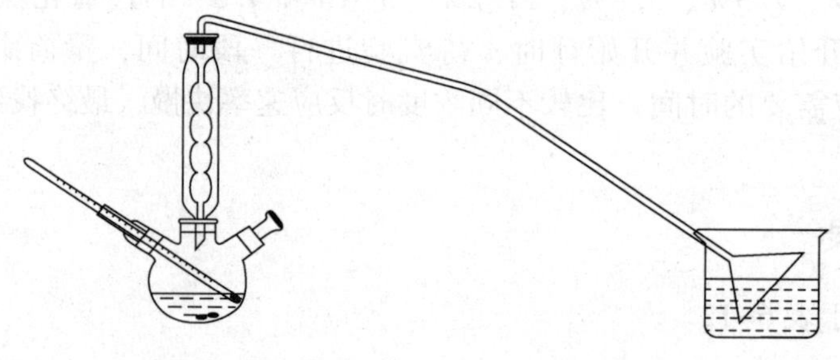

图 6-9　浓硫酸与铜反应装置图

四、实验步骤

1. 组装仪器

在 50mL 三颈烧瓶的一边侧口插上温度计（距瓶底 0.5cm），中间装上球形冷凝管，按实验装置图 6-9 进行仪器组装。

2. 铜与浓硫酸反应

量取第一组浓硫酸（12mol/L）5mL 从三颈烧瓶侧口倒入，打开电热套加热，当温度升高到指定温度时迅速把铜片从侧口放入，移除电热套，盖上玻璃塞，同时开始计时，到出现蓝色溶液时，停止计时。冷却洗涤三颈烧瓶。改变温度和浓硫酸的浓度，重复以上操作，温度和浓度按表 6-13 数据操作。

表 6-13　实验结果记录表

组数	编号	温度/℃	浓硫酸/(mol/L)	现象	反应时间
第一组	1	150	10		
	2	200			
	3	210			
第二组	1	150	12		
	2	200			
	3	210			
第三组	1	150	14		
	2	200			
	3	210			
第四组	1	150	15		
	2	200			
	3	210			

五、注意事项

(1) 量取浓硫酸稀释时，玻璃棒匀速搅拌，防止局部过热，液体飞溅。

(2) 浓硫酸要过量，在不影响颜色观察的前提下，铜片的用量要尽量少。因为铜与浓硫酸的反应会产生水，导致浓硫酸浓度变小，而稀硫酸不与铜反应，以至于实验没有现象而失败。

(3) 铜片使用前应打磨干净。因为铜片长时间暴露在空气中，表面被氧化，影响实验现象。

第七章 中学化学实验创新研究

化学教材上的实验要照顾到不同地区不同层次的学校，采用的实验方法、药品、仪器、步骤等不一定能快速达到最佳的实验效果。根据教学需要，教师可以对教材中的实验进行有目的的改进，还可以发挥主观能动性地设计出课本上没有的实验以帮助教学，适应培养学生科学素养教育的需要。本章主要从中学化学实验的认知性研究和实验的技术性研究两个方面进行阐述。

第一节 中学化学实验创新的理论基础

一、创新思维

创新要突破传统思维和逻辑规则，运用想象、发散思维和集中思维、非逻辑思维和逻辑思维，通过选择重组创造出新的事物。

发散思维是在思维过程中，充分发挥人的想象力，突破原有知识圈，打破种种习惯性思维的束缚，以思考问题为中心，从一点向四面八方想开去[1]。通过知识、观念的重新组合，找出更多更新的可能答案。发散思维在创造性思维中处于主导地位，只有摆脱各种思维定势，才能够有更多的机会发现新问题或提出更多解决问题的新方法。

集中思维也叫收敛思维，以某一个思考对象为中心，从不同角度、不同方向，将思维指向这个中心，以达到从众多信息中引出一个正确答案或者最好答案的思维过程[18]。思考者的分析、比较、判断、推理、综合、抽象和概括能力越高，集中思维的能力就越高。集中思维可以快速地将问题找出来并在各种可能的解决方法中找到最好的办法，高集中思维能力使创造水平更高。

二、逆向发明法

沿着事物相反的方向，用反向探求的思维方式对现有的课题或产品进行逆向思考，提出新的课题或产品设计。

我们面临新问题、新事物时，如果耗费了大量的时间和精力，仍然不能将问题解决时，可以考虑逆向思考。历史上有很多逆向思维成功的实例，如很多人为了发明永动机而花费了大量的精力，英国物理学家焦耳致力于此项研究无果时，从相反方向证明了永动机是不可能制造出来的，同时发现了能量守恒定律和转换定律。逆向思维在解决某些问题时往往有独到的妙用，根据逆向思维的思考方式不同，一般可以分为功能反转、结构反转、因果反转、状态反转四种类型。

1. 功能反转

功能反转从已有事物的相反功能，去设想、寻求解决问题的新途径，从而获得新的创造发明。例如，实验室有许多底部破损的试管，丢弃有点可惜，如果在底部垫上脱脂棉或瓷片等，再在上面放上反应的固体物质，就可以达到简易启普发生器的功效。

2. 结构反转

结构反转是从已有事物的相反结构形式去设想和寻求解决问题的新途径。当我们从事物的相反结构去思考问题时，颠倒的事物呈现给我们的是一个全新的世界。有机化学中存在对映体：(-)-氯霉素有疗效，而(+)-氯霉素没有疗效；(-)-尼古丁的毒性比(+)-尼古丁大得多。漏斗是用来过滤的，我们可以将它倒置过来，在导管上接一截橡胶管，再接一个尖头导管，将漏斗盖在固、液反应的装置上，可用来收集气体。

3. 因果反转

因果反转是从已有事物的因果关系，变因为果来寻找解决问题的新途径。如：磁产生电(发电机)⟷电产生磁(电磁铁)，声音信号转换为电信号(话筒)⟷电信号转换为声音信号(听筒)。Cu 丝在空气中会被氧化成黑色的 CuO，CuO 可以被乙醇还原为红色的 Cu，利用这种因果反转，可以设计出 Cu 丝被氧化成 CuO，再在 CH_3CH_2OH 的作用下还原为 Cu，实验循环反复，现象由红变黑，再由黑变红，不断反复。NO⟷NO_2也存在着由无色变为红棕色，红棕色到无色的相互转化，这种转化也可以设计成实验。

4. 状态反转

状态反转是从已有事物的某一属性(如动与静、上与下)反转过来，发现或创造新事物。人们上楼是楼梯不动、人动，电梯的发明使人们上楼变成了梯动人不动。氢气还原氧化铜实验一般先通氢气，再加热氧化铜，如果将灼热的铜丝深入到纯净的氢气中，则可以实现在氢气氛围中进行氧化铜的还原。乙醇的催化氧化，是将灼热的铜丝插入到乙醇中，我们可以将铜丝或铜粉不动，而让乙醇蒸气和氧气间歇通过的方式实现。

逆向思维是一种注意力的转移，当一种思路无法解决问题的时候，反向颠倒思考问题，转换思考角度、缺点逆用，很多问题就会迎刃而解。

三、组合发明法

组合发明法是按照一定的技术原理，把某些技术特征进行新的组合，构成新的技术方案的发明方法。运用组合发明法时，首先应当对组成事物的各个因素的原理、特征和功能进行充分了解，在此基础上，将各个已知的装置进行重新有价值的组合。组合发明法可以分为技术手段的组合、同物组合、主体附加组合、重组组合等。利用技术手段组合，将按压式化妆品瓶和试剂组合在一起可以方便地实现试剂瓶中液体的喷出，喷出的液体通过酒精灯，则可以实现焰色反应的改进。同物组合是将多种相同或相似的物件组合在一起，从而实现原有功能的放大或弥补原有功能的不足或产生新的功能等。主题附加组合是根据功能的需要，在主要事物上增加附件以实现创造发明。例如铜丝与稀硝酸反应，由于空气的存在，生成的无色 NO 气体会被 O_2 氧化为红棕色 NO_2，根据主题附加组合的原理，我们可以在硝酸中加入 $CaCO_3$或 Na_2CO_3，则可以利用产生的 CO_2气体排尽装置中的空气。组合发明法是一种被广泛应用的发明方法，组合只要有效就是一件成功的发明。比如在试剂瓶中收集一瓶 SO_2，塞上胶塞，倒置，用一支充满紫色石蕊溶液的注射器插入试剂瓶中，可以成功地做成喷泉实验。酒精是液态的，如果我们在乙醇中加入饱和醋酸钠溶液可以将液体酒精变为固体酒精(燃烧温度可达 600℃)，这样就形成了携带方便的野炊燃料。

中学化学实验不仅是学生形成化学概念、理解理论知识、掌握科学技能和形成情感态度价值观的工具，而且也为学生的创新活动提供机会。结合实验创新的理论基础对中学化学实验进行创新型改进，形成丰富的中学化学实验教学内容，对于培养学生科学素养和问题意识，发展学生非智力因素，提高中学化学教学质量，启迪学生科学思维等方面起着重要的作用[19]。

第二节　中学化学实验的认知性研究

中学化学实验的认知性研究是指为了获得对某个中学化学实验的原理、规律或者物质认识而进行的探究活动。实验认知性研究是为实验设计、改进和掌握实验方案服务，其研究成果可直接作为解释实验现象、改进和设计实验的依据。

一、中学化学实验认知性研究的模式

中学化学实验的认知性研究一般按照图 7-1 所示的流程进行，从发现问题、深入探究到最终得到结论，从本质上解释实验现象，不断深化对问题的认识。实验认知性研究需要我们用怀疑的眼光再度审视实验的过程、实验的方案设计或者有关实验方面的文章，细看多想，突破旧的思维模式去找岔子，挑毛病。下面以刘怀乐老师的一篇实验认知性研究的文章"铜与浓硝酸反应为何先慢后快[20]"为例，理解实验认知性研究的过程。

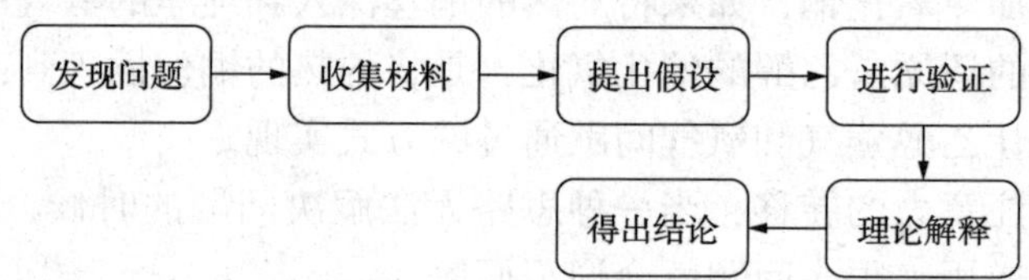

图 7-1　认知性研究流程

1. 发现问题

刘怀乐老师从《化学教学》2009 年 12 期 3 页上见到有作者指出，"在 0~10℃的较低温度下，Cu 跟浓 HNO_3的反应会出现异常，反应难以发生"。该作者曾在《化学教学》1996 年第 7 期 39 页上对此还有如下的解释：低温时，$Cu(NO_3)_2$在浓 HNO_3中的溶解度较低，在铜的表面生成的 $Cu(NO_3)_2$不能及时扩散到溶液中去，而是覆盖在铜片的表面，发生了一种类似钝化的现象。是这样的吗？刘老先生带着疑问就开始研究"如何解释 Cu 与浓 HNO_3的反应速度何以先慢后快"的问题。

2. 收集事实材料

第一，把 Cu 片放入用冰盐水降温到-6~-4℃的浓 HNO_3中，Cu 片周围立等可见生成浅绿色的 $Cu(NO_3)_2$溶液（溶有 NO_2的硝酸铜溶液呈绿色）。由此可知，Cu 跟浓 HNO_3在低温时反应速度慢是事实，但是远不可以用"异常"、"难以发生反应"去形容。

第二，$Cu(NO_3)_2$在水中溶解度之大是很少见的，0℃时溶解度为 45.6g，40℃时达到 61.5g，说明 Cu 跟浓 HNO_3反应"生成的 $Cu(NO_3)_2$在浓 HNO_3中的溶解度较低，会在 Cu 片表面形成一种类似钝化现象"的解释是缺乏逻辑和事实根据的。

3. 分析归纳后提出假设

刘老先生批驳了别人的观点，他又作何解释呢？他用实验证明自己的想法：两个试管都注入相同体积的浓 HNO_3，向其中左边的试管中通入少量的(几个气泡)NO_2(溶有 NO_2的浓 HNO_3呈淡黄色)，当同时在两试管中放入大小相同的 Cu 片时，发现左边试管在同样的低温下(0~10℃)反应速度明显比右边试管要快得多，溶液很快变成较深的绿色。

4. 理论解释验证

溶有 NO_2的浓 HNO_3为什么会迅速启动它跟 Cu 的反应，使反应速度明显加快呢？刘怀乐老师从原理上进行了深入的分析：

第一，溶有 NO_2的浓 HNO_3中含有氧化性比浓 HNO_3更强的 HNO_2[$\phi(HNO_2/NO)=0.996$ v]，$2NO_2+H_2O = HNO_3+HNO_2$。这种理论解释刘怀乐老师还用了下述实验作证：低温时 Cu 跟浓 HNO_3反应速度较慢，只须向溶液中投进米粒大小的一点 $NaNO_2$晶体，反应所提供的 HNO_2和 NO_2就会使 Cu 跟硝酸的反应被启动，使反应立即剧烈起来。出现这种现象的原因是发生了如下反应：

$$NaNO_2+HNO_3 = HNO_2+NaNO_3$$
$$2HNO_2 = H_2O+NO+NO_2$$

第二，从反应机理上看，浓硝酸的氧化性与硝酸中经常会存在由光化分解而生成的 NO_2的催化作用有关。NO_2在反应中起着传递电子的作用：$NO_2+e^- = NO_2^-$，$NO_2^-+H^+ = HNO_2$，$HNO_3+HNO_2 = H_2O+2NO_2$，硝酸通过 NO_2获得还原剂(Cu)的电子，反应便被加速。发烟硝酸和溶有 NO_2的浓 HNO_3具有比纯的浓 HNO_3更强的氧化性和更快的反应速度，正是因为在酸中已经有了氧化性更强的 HNO_2和起催化作用的 NO_2所致。

5. 结论

铜与浓硝酸反应开始慢的原因：没有生成具有更强氧化性的 HNO_2和具有催化作用的 NO_2，而后反应速度变快，恰恰是反应自身生成了氧化性更强 HNO_3和聚集了越来越多起催化作用的 NO_2所引起的。

二、认知性研究的特点

实验的认知性研究以获得实验的理论认知为目的，不是为了获得抽象难懂的哲理或满足于一般性常识，认知性研究有其自身特点。

1. 研究获得的认知具有可验证性

中学化学实验的认知性研究为改进和设计实验服务，其认知性研究成果能够接受化学实验检验其正确性，可作为解释实验现象、理解实验原理和改进实验方案的依据。

2. 认知性研究深刻揭示实验现象的本质和内部机理，表现出科学性

认知性研究能深刻揭示中学化学实验中有关现象的本质和内部机理，主要对实验原理、操作原理、装置原理等再认识的过程，具有较高的科学水平。

3. 中学化学实验的认知性研究始于认知矛盾或者产生于认知冲突

在化学实验中碰到不能解释的现象、难以掌握现象的规律、产生困惑、碰到的实验现象与先前的认知相矛盾、或者产生与原有认知结构冲突时，都可进行认知性研究[21]。

三、认知性研究的基本类型

中学化学实验认知性研究的内容主要涉及物质的性质、实验变化的原理和规律、实验条件的确定、实验条件的研究等，根据实验研究的内容来看，认知性研究可从实验原理、实验装置和仪器原理的研究、实验操作原理等方面入手。从组成化学实验的要素和主要研究思想来看，中学化学认知性研究主要集中在以下几个方面。

1. 关于化学实验原理的研究

对化学实验原理的认知性研究包括化学反应的确定和化学反应机理的探索和解释等。化学反应是微观粒子之间的相互变化，反应的机理需要推测和验证，有时根据实验现象没办法确切知道反应过程是什么样的，存在一些反应原理或机理带有争议的实验，需要用深层次的化学知识对此进行理论解释。

【案例 1】根据实验事实和理论分析确定反应的产物

$AgNO_3$和 K_2HPO_4溶液可得到黄色沉淀，黄色沉淀是 Ag_2HPO_4还是 Ag_3PO_4呢？此时发生什么样的反应？严宣申教授根据反应后溶液的 pH 值降低到 3~4，判断生成的黄色沉淀是 Ag_3PO_4而不是 Ag_2HPO_4，用无机化学中缓冲溶液 pH 值的计算来解释该反应的 pH 值，更有说服力。

【案例 2】新制的 $Cu(OH)_2$检验醛基是否存在

用新制的 $Cu(OH)_2$是检验某有机物中是否存在醛基的一种方法，此处新制的氢氧化铜的涵义是什么呢？教材上的实验方法为：在试管中，加入 10%的 NaOH 溶液 2mL，滴入 2% $CuSO_4$溶液 4~8 滴，振荡。然后加入乙醛水溶液 0.5mL，加热至沸腾，观察溶液中有红色沉淀产生。

用氢氧化铜晶体粉末直接和醛溶液反应可以吗？在试管中加入少许氢氧化铜晶体粉末，再加入 40%甲醛水溶液 1mL，氢氧化铜为浅蓝色沉淀，放入沸水中加热，不发生反应。再滴加 10%NaOH 溶液，依次改变其 pH 值。发现当 pH 值为 9 时，仍不发生反应。当 pH 值为 11~12 时，一少部分 $Cu(OH)_2$溶解转化为 $Cu(OH)_4^{2-}$，溶液变为浅蓝色[试管中仍有浅蓝色的 $Cu(OH)_2$沉淀]。当在沸水浴中加热时，$Cu(OH)_4^{2-}$与甲醛反应生成了 Cu_2O 红色沉淀[同时，试管底部的 $Cu(OH)_2$在较强的碱性条件下受热分解为 CuO 黑色沉淀]。当 pH 值为 14 时，溶液由浅蓝色加深为绛蓝色，说明有更多的 $Cu(OH)_2$转化为 $Cu(OH)_4^{2-}$，加热迅速产生 Cu_2O 红色沉淀。为什么必须有强碱(NaOH)存在反应才能进行呢？展开实验的认知性研究。

传统的实验手段和人的感官在某些实验的验证和分析中具有一定的局限性，制约着中学化学实验认知性研究的水平。在中学化学实验原理的认知性研究中引入传感技术，能够突破人感官能力的局限，使获得的感性材料更加精确和客观，给实验控制和操作带来便利。传感技术采用传统实验手段和数字信息传输相结合，是进行实验认知性研究的有力工具。传感技术作为一种新型的实验手段，具有便捷、实时、直观、准确等特点，其较高的灵敏度、形象化的数据显示和强大的数据分析处理软件对开展认知性研究有强大支撑作用。传感技术应用于实验的认知性研究能够使定性实验定量化，还能测定某些特殊的物理量，有利于揭示实验的本质[22]。

2. 实验现象和结果的认知性研究

实验现象和结果的认知性研究主要是对实验的一些异常现象、实验结果误差进行理论解释。实验过程中出现的异常现象，第一反应认为实验失败了，就再做一遍，当同样的方法做出来的实验仍然出现异常现象，就需要进行认知性研究，而不能再盲目继续下去。关于实验现象和结果的认知性研究包括对实验现象的解释，对实验的误差进行分析和对失败原因进行分析。

【案例 3】溴与苯酚的反应

将苯酚加到浓溴水中，并无沉淀生成，只是溶液变成了黄色。若将滴加顺序改为浓溴水滴加到苯酚中，当溴水稍过量时，实验现象很明显。大家都知道，三溴苯酚可溶于苯酚，为什么溴水过量很多时，白色沉淀消失，溶液变成了黄色的呢？这就需要根据现象寻找解释，在反应原理上思考，进行认知性研究。

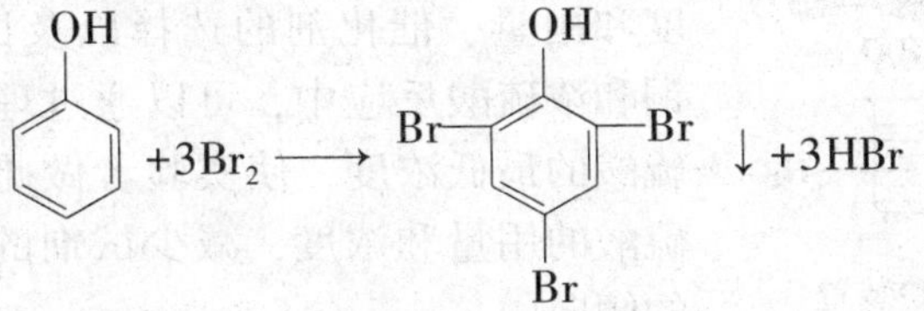

OH $+3Br_2 \longrightarrow$ OH Br Br Br $\downarrow$ $+3HBr$

稍过量的浓溴水(教材实验方法)，苯酚完全生成三溴苯酚，而三溴苯酚不溶于水，故白色沉淀现象明显。当苯酚与浓溴水反应生成白色沉淀之后，继续加入浓溴水，就会发生反应生成黄色的 2，4，4，6-四溴环己二烯酮，反应方程式如下所示。

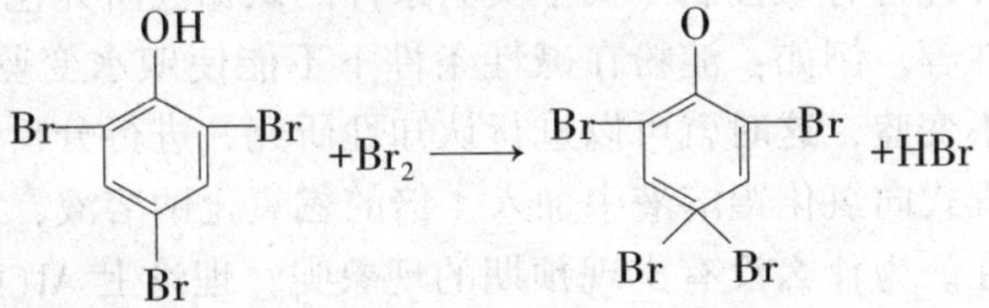

OH Br Br Br $+Br_2 \longrightarrow$ O Br Br Br Br $+HBr$

【案例 4】探究 Fe^{2+} 和 Fe^{3+} 的互相转化

苏教版必修化学 1(73 页)学生活动探究 Fe^{2+} 和 Fe^{3+} 的互相转化，少量 0.1mol/L $FeCl_2$ 溶液，先加入无色 KSCN 溶液，溶液颜色没有明显变化，继续加入新制氯水，又出现异常的实验现象：理论上可以观察到溶液呈血红色，而实际观察到的现象往往是溶液呈橙黄色。

猜测可能的原因：是否因为药品变质如氯水失效等；是否因为加入氯水，除了把 $FeCl_2$ 氧化外，还发生了其他的反应等等。通过设计系列实验解决上述猜测，设计了观察氯水颜色还是浅黄绿色，用淀粉碘化钾试纸检验会变蓝等一系列实验排除了药品变质的可能性。

理论思考及验证：Cl_2 有强的氧化性，那么很可能是加入氯水后，把 KSCN 也氧化了，因而不会出现血红色。取 1mL 氯水，滴入 KSCN 溶液，发现溶液由浅黄绿色变为无色，说明 Cl_2 确实能把 KSCN 氧化。为了排除可能是由于滴入 KSCN 溶液，起到了稀释的作用而使溶液由浅黄绿色变为无色的现象，补做了将等量氯水中加入水(与滴入的 KSCN 溶液等体积)的对照实验，溶液不会由浅黄绿色变为无色。另外，鉴于氯水颜色变化不明显，改用橙黄色的溴水代替氯水，重复上面的操作，结果观察到明显的实验现象，溶液由橙黄色变为无色，而加入水稀释的对照实验没有该现象出现，说明了 Br_2 能够将 KSCN 氧化，而 Cl_2 氧化性比 Br_2 强，证明了 Cl_2 确实能把 KSCN 氧化。因此，进行此实验时，滴加氯水后再补加点 KSCN 就能看到血红色溶液的出现。

3. 实验装置和仪器的认知性研究

实验装置和仪器的选择对实验结果有着重要的作用，选择合适的实验仪器，也要研究实验仪器的选择和使用原理。

【案例 5】证明 NO 可以与 O_2 和 H_2O 共同反应生成 HNO_3

此实验成功的关键点有两个，既要考虑三种反应物充分混合，又要考虑产物是 HNO_3。从认知性角度来看实验装置的选用，要有产生 NO 和 O_2 气体的装置，还要有检验产物 HNO_3 的装置，经过这样的考虑，可采用如图 7-2 装置进行实验。

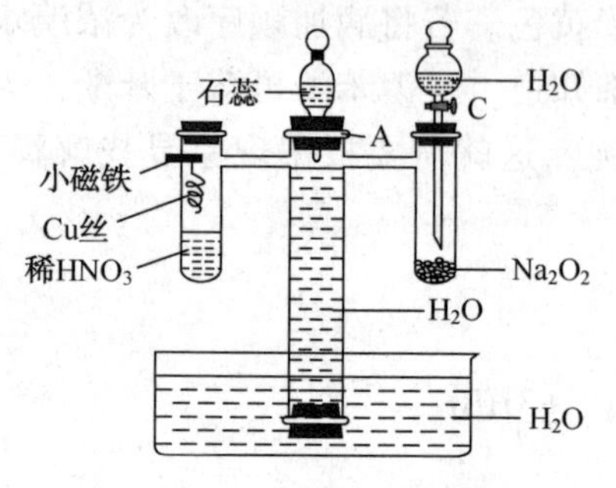

图 7-2　制 HNO_3 实验装置

4. 试剂的认知性研究

关于实验试剂的认知性研究包括实验试剂的适宜浓度和用量、催化剂的选择以及试剂变质的研究。例如，铜和浓硫酸反应中，可以通过理论计算出反应中需要浓硫酸的最低浓度，使实验者做此实验时可以很好地控制硫酸的用量和浓度，减少试剂的浪费，满足绿色化实验的倾向。

5. 实验条件的认知性研究

实验条件控制是实验的一个突出特点，要想使实验对象发生某种变化，得到理想的实验结果，必须对实验条件进行有效控制。关于实验条件的认知性研究包括对影响实验结果的因素分析和确定实验条件等。例如：淀粉在碱性条件下不能使碘水变蓝，即：在碱性条件下，向淀粉溶液中加碘水不变蓝，这时就可以进行认知性研究，进行分析论证。

再例如：按照方程式向氯化铝溶液中加入 4 倍的氢氧化钠溶液，应该没有沉淀，但事实上仍然有白色沉淀存在。为什么没有出现预期的现象呢？理论上 $Al(OH)_3$ 的 $K_{a1}=4\times10^{-13}$ 初步推算氢氧化铝沉淀在 pH 值大于 13 时才可完全溶解。通过认知性的研究，就可以指导实际实验中加入的氢氧化钠的量要大于计量数的碱量进行反应。

6. 实验操作原理的认知性研究

关于实验操作原理的认知性研究包括反应物加入的先后顺序、实验装置的功能和操作的安全性研究等。例如乙酸乙酯的制备实验，很多教材中都介绍先加入乙醇再加入浓硫酸最后加乙酸，为什么要按照这样的顺序加入反应物，通过思考各物质沸点比较、稀释过程的溶剂化和各微粒体积大小的方面展开实验操作原理的认知性研究。

四、实验认知性研究的常用策略

实验的认知性研究尚未引起足够的重视，有关的报道和讨论也未能成型，经过对大量个案综合分析后初步总结为以下几种：

1. 事实归纳策略

对事实材料进行分析、比较，归纳出有关的规律。在中学化学实验认知性研究中，常常归纳出经验性规律。例如：用氯酸钾制氧气时催化剂的最佳用量、电解水实验中硫酸或氢氧化钠的适宜浓度等经验规律，都是用事实归纳策略得到。

2. 理论演绎策略

结合实验的具体条件，根据有关的化学理论（概念、规律、原理、公式等）进行演算、推断、分析、综合等，得出实验的有关推论。中学化学实验认知性研究并不是发现新的理论，而是应用已有化学理论去解决实验中发现的问题。

例如：探究铜与浓硫酸反应需要浓硫酸的最低浓度研究中，根据能斯特方程和标准电极电势计算有关物质的浓度要求，判断反应的可能性或者方向。

3. 假设-检验策略

通过对研究的问题做出理论解释并提出假设、设计实验、验证假设的有效性，从而得出实验结论。例如：$AgNO_3$和K_2HPO_4反应黄色沉淀是什么、Fe^{2+}和Fe^{3+}的鉴别试验中，都是对出现异常现象后进行的假设-检验深入探讨。

4. 渐进策略

常用于探索试验的影响因素和最佳条件的研究中，从现有的初步认识出发，逐一改变实验的各种因素，使认识不断深化、丰富和发展，直到取得满意的结果为止。

五、实验认知性研究的来源

中学化学实验认知性研究都是起源于认知矛盾冲突，实验者实验过程中观察到一些特殊的实验现象，要思考特殊实验现象产生的原因，就可延伸到对实验原理、实验操作、实验条件等的研究。进行认知性研究的着眼点或从实验现象不明显原因入手对实验条件等进行分析，或从反应变化过程中物理量难以测定入手思考反应机理，或从实验结果的不尽人意入手寻找隐含在实验中的反应本质。

第三节　中学化学实验的技术性研究

中学化学实验的技术性研究是人们对某些化学事物的理性认识转化为可操作性实验方案的中介环节，研究如何应用化学知识进行实验，具有技术开发的性质，因此它又称作化学实验方案研究或化学实验开发研究[23]。中学化学实验的技术性研究以教学需要、实验原理、实验技术和实验条件为基础，对实验方案、实验装置等具体的操作过程进行研究，属于操作研究范畴。

技术性研究的前提是认知性研究中获得的理论思考，通过技术性研究实现认知性研究成果的价值。认知性研究对试验获得有关的事实材料进行整理加工，技术性研究在清楚了解试验规律的基础上，将抽象的本质认识进行具体形态的还原，使实验现象更直观，效果更明显，产率更高。相同的反应原理，还原的方法因实验者不同而不同，因此，技术性研究的范围更广阔一些。

一、技术性研究的特点

（1）实验的技术性研究以手段、过程和实验方式研究为主要内容，针对实验装置和仪器的适宜性、实验操作和实验结果的表现方式等展开研究。

（2）目标指向性强。实验者在设计实验之前，头脑中已经有了研究结果的定向目标，实验过程中不断充实清晰并达到目标。例如：氯气性质实验改进中，实验的目标定向为减少有毒气体的排放，实验装置在实验者的认知分析中已有大致思路，如何更好达到实验目的，随着实验进行可逐步完善。

（3）实验的技术性研究综合性强。在技术性研究过程中需有各学科知识支撑，不但用到足够的化学知识，仪器改进过程还需物理和其他学科知识和技能作辅助，懂得如何使用各种常用仪器和材料，充分考虑各种可能出现的偶然因素，综合运用各学科知识。

（4）研究结果多样，具有最优的实验结果。改进目的相同的同一个实验，不同的实验者会产生不同的实验方案，哪种实验方案最佳，存在最优选择问题。这也是不同于认知性研究的重要特点之一，认知性研究具有单调性，不同的研究最终会得到相同的认识，无所谓最优。

二、技术性研究的类型

化学实验是由实验者、实验对象和实验手段各要素组成的有机系统。根据实验构成的基本要素来看，中学化学实验的技术性研究一般侧重于实验试剂研究、实验装置和仪器改进研究以及实验操作方法研究等方面，对实验进行全面综合的研究。

1. 实验试剂的研究

关于试剂的选用、代用、改用、循环使用和保存处理等方面的研究。中学化学教材中出现的化学实验是经过认真设计和安排的，大部分是非常合理的，但也有需要改进的部分。创造性的使用教材，利用化学原理的认知性研究选择实验试剂，通过调适实验条件，调整药品的浓度、配比、状态或者换用其他试剂等对实验进行改进。例如教材中用 MnO_2 和浓盐酸反应制取 Cl_2，反应需要加热，温度高又容易造成浓盐酸的挥发，影响 Cl_2 性质实验的效果，改用 $KMnO_4$ 和浓盐酸反应不需加热反应就能进行，制得的 Cl_2 含 HCl 杂质气体较少。

【案例 1】碘的萃取实验

顾哗[24]通过实验发现用 KI 配制的饱和碘水，由于存在 $I^- + I_2 \rightleftharpoons I_3^-$ 平衡，用四氯化碳萃取前后的水层颜色变化不大；在教学中演示“四氯化碳萃取碘水中碘”的实验时，建议用水溶解碘配制饱和碘水实验效果才能理想。

【案例 2】乙炔的制备

电石与水反应产生气体速率太快，所产生的乙炔气流都是不稳定的，不利于乙炔的纯化和性质试验的顺利进行，而且消耗电石也较多。要想减慢反应速率，需要降低浓度，减小反应物接触面积。对所用试剂进行改进，采用饱和食盐水代替水进行实验，或者用乙醇和水的混合物代替水，哪种方案好呢？根据理论认知性思考：①乙醇不能与 CaC_2 起反应（这可用绝对乙醇来验证），它的加入能有效地降低水的浓度。②乙醇分子的体积较大，能阻碍水分子与 CaC_2 的接触。③乙醇分子可以通过形成氢键来“牵制”水分子的运动，采用乙醇和水的混合物代替水进行实验可以达到实验目的。然后，通过实验的技术性研究进行实验探讨，考察乙醇和水比值为 1 : 1，1 : 4，1 : 2 中哪一种浓度关系实验效果好。另外，电石含有很多杂质，得到的乙炔气体含有 PH_3、H_2S 等杂质，通过洗气方法除杂，如果直接用洗气瓶的导管，导管口的口径大而导致气泡太大，洗气效果不好，改为在洗气瓶的出口导气管的末端套上一个用大头针扎了许多小孔的滴管胶头，让乙炔从小孔中喷射出来成为很小的气泡，从而大大增加了气泡与洗液的接触面积。这一改进简单易行，可提高洗涤效果。

2. 关于实验装置和仪器改进的研究

相同的实验使用不同的装置进行，观察到的现象不一定相同。实验中选用恰当的装置进行不同角度的观察，将有利于培养学生运用比较实验法和选择最佳观察视角进行实验的能力。实验装置和仪器的改进目的是使得实验操作更方便、实验方法更简约、实验效果更明显和实验过程更环保。对于实验装置的改进与仪器代用，常规装置的集成和精简化，特殊装置的自制、设计和应用，装置的安全性研究和应用，生活中非化学仪器的应用等，都是实验装置和仪器改进的很好素材。例如，演示二氧化硫与水反应生成亚硫酸，亚硫酸易分解生成二氧化硫和水的实验，用Y形管代替一般的试管装置更简单，减少大气污染物二氧化硫外逸。操作时，预先向Y形管的一个分支中注入亚硫酸溶液，Y形管的另一分支中注入紫色石蕊试液，塞紧管口。然后，用酒精灯加热盛有亚硫酸的这个分支，观察另一分支管中现象。当紫色石蕊试液变红后停止加热，说明亚硫酸易分解，生成的物质溶于水又结合形成了亚硫酸使石蕊试液变红。

实验装置的改进经常用到组合法、变换输出法、置换法、强化(或弱化)法、缩放法、移植法、模拟法、简化法、一物多用法、综合法等理论设计方法和经验策略，实验装置的改进朝着实验的绿色化、微型化、系列化、组合化、现代化方向发展[25]。

【案例3】木炭还原氧化铜实验改进[26]

木炭还原CuO实验需要高温，用到酒精喷灯进行加热，实验时间较长，且实验现象又不很明显，同时还产生有毒的CO对环境造成污染。我们将该实验作了改进，具体操作如下：将木炭粉改成激光打印机用的墨粉，把装石灰水的试管用具支试管代替，使用普通酒精灯加热，实验装置如图7-3所示，可以较快地观察到以下明显现象：黑色CuO变成亮红色的Cu，澄清石灰水变浑浊，在具支试管的侧管口连接尖嘴管用于燃烧CO气体。改进后的实验采用移植法将木炭换成了颗粒较小的墨粉，增加了反应接触面积，增快反应速率。通过实验装置的组合，将没有反应完全的CO进行燃烧处理，体现了环保绿色化思想，同时实验现象十分明显。

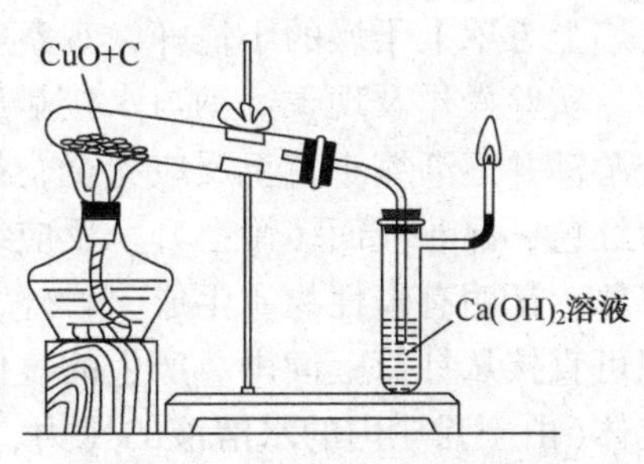

图7-3　木炭还原氧化铜

3. 关于实验安全性研究

化学实验中使用的药品大多都有毒、有腐蚀性或易燃。实验过程中有时还会产生有毒气体、粉尘或烟雾，有时还会发生爆炸等现象，须采取安全防范措施，防止事故发生。化学实验的安全性是化学实验顺利进行的基本条件，处理不当，不仅不能完成实验，而且会影响师生的实验心理。实验的安全性研究不仅包含预防化学污染的发生、正确规范的实验操作，还包含药品的存放、使用、实验操作顺序和安全装置的研制等。例如：为了证明当遇到明火时，氢气和空气混合到一定比例和氢气在空气中扩散都会爆炸的实验，使用白色塑料瓶收集氢气，在塑料瓶底部钻一个小孔，用细木棍堵住小孔，点燃时拔掉木棍，实验安全性增强，现象明显。

【案例4】钠与水反应实验的安全性改进

金属钠与水反应的实验一般是将处理好的钠块，放入滴有酚酞的烧杯中，观察实验现象。为了检验反应产物有H_2生成，一般要接着做第二个实验，切一块绿豆大的金属钠，用铝箔(事先用针刺一些小孔)包好，再用镊子夹住，浸入水中，放在试管口下，用排水法收集气体，待试管中气体收集满时，有手小心地取出试管，把试管口向下移近酒精灯火焰，检验钠与水反应产生的气体。第二个实验的操作存在安全隐患，原因如下[27]：钠与水反应是一个剧烈的、快速的、完全的化学反应，在反应过程中会放出大量的热(金属钠的熔点是370.87K，反应过程中钠熔化)，而且产物中有可燃性气体——氢气，反应客观上具备了发生爆炸的可能性；其次，为了让这个剧烈反应变得缓和一些，并且容易收集到气体产物，要把金属钠包裹起来，让其不能大面积与水接触来达到控制反应速率的目的。但是用带孔的铝箔包裹金属钠的过程中，如果铝箔包裹较松，和金属钠接触的水量过多，反应会较剧烈，如果恰好在狭小的空间发生，热量不能及时有效地排除，氢气还在不断产生，则狭小空间内的温度和压力迅速升高而发生爆炸。

实验创新思路：将金属钠和水反应的现象观察实验和产物检验实验组装成一个装置进行，达到操作简便、现象明显、安全可靠的效果。

实验创新方法：如图 7-4 所示，将注射器尖嘴部位朝下，用橡皮管与漏斗相连，固定在铁架台上。注射器另一端用带有玻璃管的橡皮塞塞紧，橡皮塞下方穿插一个大头针。玻璃管上用一带弹簧夹的橡皮管连接玻璃导管。用镊子将黄豆大小的金属钠固定在大头针上，钠靠近橡皮塞。打开弹簧夹，从漏斗中加入事先滴有酚酞试剂的水，调节漏斗高度，钠与水相互接触的瞬间，迅速关闭弹簧夹，固定漏斗。反应完毕时，打开弹簧夹，点燃导管口，并在火焰上方罩上干燥的小烧杯，观察实验现象。

实验操作及现象：钠与水接触后，立即熔为一个闪亮的小球脱离大头针而浮于水面，四处游动并逐渐缩小直至反应完全，最后消失。同时，注射器针筒内液面下降，水溶液逐渐变为红色，漏斗液面缓慢上升。反应结束时，可观察到酚酞水溶液由无色变为红色明显的实验现象，证明有碱性物质生成。另外，针管处液面下降，说明反应有气体产生，产生气体的体积可直接从针筒上读出。产生的气体是什么呢？打开止水夹，用火柴点燃玻璃导管处放出的气体(由于漏斗内的水溶液的压力，可让气体较均匀地从导管口逸出)。在火焰上端罩上干燥的小烧杯，从干燥的烧杯壁上观察到有水珠，由此可确知产生的气体为氢气。

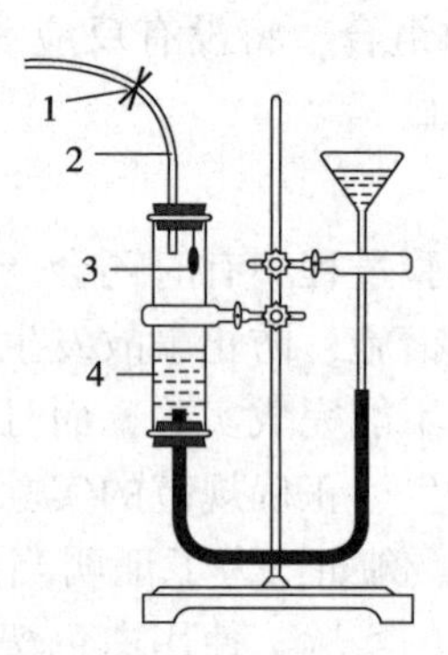

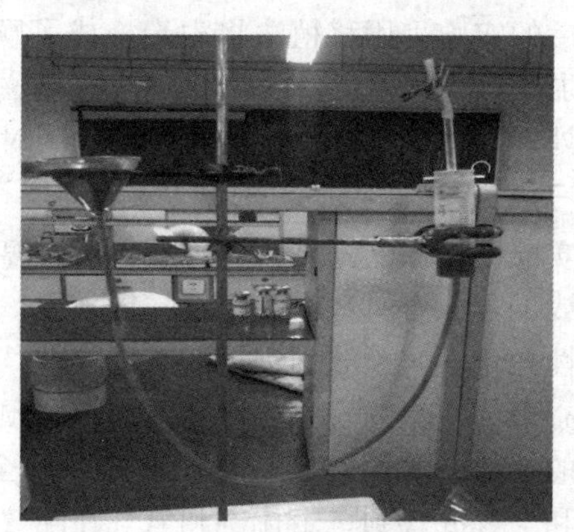

图 7-4　钠与水反应装置图

1—弹簧夹；2—导管；3—钠；4—滴加酚酞的水

装置改进后优点：改进后的装置将反应现象观察和产物检验合在一起，操作简单，现象直观；不用将金属钠裹在铝箔中反应的方式来收集气体，安全性增强了。

4. 实验操作的研究

实验操作直接关系到实验结果的准确性和实验的进度，合理的实验操作可以降低实验的危险性，提高实验效率。实验操作研究包括实验操作方案的研究、实验操作的改进和实验操作简化性研究三个方面。改进操作和操作简化性研究往往向着实验效果更好的方向发展，易引起实验者关注，进行这两项研究的教师较多。比如鞠东胜和王金龙[28]二人针对教材中“点燃蜡烛刚熄灭时的白烟”实验，存在由于白烟散逸，很难点燃或点燃时火焰不能连续的问题，改进操作方法为：在熄灭蜡烛前将打火机并齐靠在蜡烛旁，吹灭蜡烛同时按下火机。蜡烛即刻由点燃的白烟引燃，效果明显，实现了容易点燃白烟和持续燃烧的操作方法。

实验操作方案的研究需要思维的敏锐性，相对来说不易引起教师们的注意。下面举一个实验操作方案研究的实例，供大家参考。

【案例 5】酯化反应中反应物滴加顺序操作研究[29]

乙酸与乙醇发生的酯化反应，无论教师讲课还是考试题目中都涉及到反应物的加入顺序问题：先加乙醇再加浓硫酸最后加乙酸，查阅资料，几种物质的物理常数如表 7-1 所示。

表 7-1　各物质的物理常数

物　质	沸点/℃	密度/(g/mL)	相对分子质量
乙醇	78.4	0.82	46.07
乙酸	117.9	1.05	60.05
乙酸乙酯	77.6	0.90	88.00
硫酸	338	1.84	98.00

浓硫酸稀释过程，从减少反应物挥发的角度考虑，乙酸的沸点比乙醇的高，应该按照先加乙酸再加浓硫酸最后加乙醇的顺序；如果从密度角度考虑，先加入密度小的物质再加密度大的物质便于溶液混合均匀，浓硫酸应该最后加；如果从反应机理考虑(酯化反应的反应机理如图 7-5 所示)，硫酸作为催化剂先结合在羰基的氧上，乙醇作为亲核试剂，对乙酸的羰基进攻，羰基碳原子因为缺电子而有利于乙醇与它发生亲核加成。然后可逆重排，水成为一个离去基团发生消除过程。

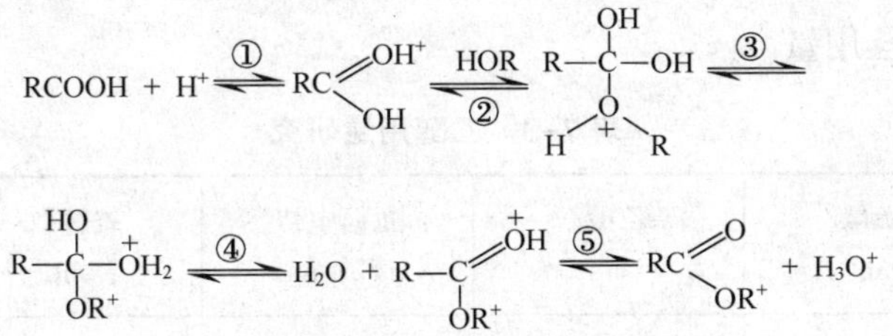

$$RCOOH + H^+ \overset{①}{\rightleftharpoons} RC(=OH^+)(OH) \underset{②}{\overset{HOR}{\rightleftharpoons}} R—C(OH)(OH)—\overset{+}{O}(H)R \overset{③}{\rightleftharpoons}$$

$$R—C(HO)(OR^+)—\overset{+}{O}H_2 \overset{④}{\rightleftharpoons} H_2O + R—C(=\overset{+}{O}H)(OR^+) \overset{⑤}{\rightleftharpoons} RC(=O)(OR^+) + H_3O^+$$

图 7-5　酯化反应的反应机理

由此看来，先使乙酸和浓硫酸混合均匀，在加入乙醇，岂不是更有利于酯化反应的进行吗？教材中和教师讲课过程中强调反应物加入顺序，难道还有其他目的？为此，采用单因素实验对酯化反应进行了系列研究，初步探明酯化反应的投料顺序和反应物的最佳配比。

(1) 实验过程

① 反应物加入顺序的研究。

取 2.0mL 乙酸、2.0mL 浓硫酸、3.0mL 乙醇分三组进行实验，按照不同的加入顺序加入到试管中，试管放入冰水浴中摇匀，放入沸石后在酒精灯上加热，产物用导管导入事先装有饱和 Na_2CO_3 的量筒中吸收，通过反应前后量筒内液面高度的变化值，得出乙酸乙酯的体积。每组实验做三次求产量平均值，确定反应物的加入顺序。具体数值见表 7-2。

表 7-2　反应物加入顺序研究

加入顺序	初读数/mL	终读数/ mL	产物体积/mL	平均值/ mL
乙醇、浓硫酸、乙酸	4.2	7.1	2.9	2.93
	5.4	8.3	2.9	
	4.2	7.2	3	
乙酸、浓硫酸、乙醇	4.2	7	2.8	2.83
	4.3	7.1	2.8	
	4.9	7.8	2.9	
乙醇、乙酸、浓硫酸	5.2	8	2.8	2.9
	4.8	7.8	3.0	
	4.6	7.5	2.9	

由实验知：反应物的加入顺序为先加乙醇再加浓硫酸最后加乙酸，但乙醇和乙酸先加入最后再加入浓硫酸对产量没有太大影响，因此不必要强调先加乙醇再加浓硫酸最后加乙酸的加入顺序。

② 乙醇用量的确定。

乙醇便宜易得，污染性小，增加乙醇用量可提高乙酸利用率，按照上述反应物的最佳加入顺序，按表 7-3 中的用量分别向试管中加入乙醇、浓硫酸、乙酸进行六组实验，每次实验都将试管放入冰水浴中摇匀，放入沸石后在酒精灯上加热，产物用导管导入事先装有饱和 Na_2CO_3 的量筒中吸收，通过反应前后量筒内液面高度的变化值，得出乙酸乙酯的体积，以确定反应中乙醇的最佳用量。

表 7-3　乙醇用量研究

乙醇/ mL	浓硫酸/ mL	乙酸/ mL	量筒中初读数/mL	终读数/ mL	产物体积/ mL
2.0	2.0	2.0	4.6	6.8	2.2
2.5	2.0	2.0	4.8	6.5	2.7
3.0	2.0	2.0	4.5	7.5	3.0
3.5	2.0	2.0	5.4	8.5	3.1
4.0	2.0	2.0	5.0	8.1	3.1
4.5	2.0	3.0	4.6	9.0	4.4

由实验结果知：增加乙醇的用量可提高反应的产量，但达到一定量后就不能对产量其促进作用，当乙醇和乙酸的体积比为 1.5∶1 时，达到最佳配比。

③ 浓硫酸用量的确定。

按照上述反应物的最佳加入顺序，按照表 7-4 中的数据进行五组实验的用量，将反应物加入试管，并将试管放入冰水浴中摇匀，放入沸石后在酒精灯上加热，产物用导管导入事先装有饱和Na_2CO_3的量筒中吸收，通过反应前后量筒内液面高度的变化值，得出乙酸乙酯的体积，以确定反应过程中浓硫酸的最佳用量。

表 7-4　浓硫酸用量研究

乙醇/mL	浓硫酸/mL	乙酸/mL	量筒中初读值/mL	终读数/mL	产物体积/mL	炭化现象
3.0	1.0	2.0	5.0	7.7	2.7	无
3.0	1.5	2.0	5.4	8.2	2.8	无
3.0	2.0	2.0	4.6	7.6	3.0	略有
3.0	2.5	2.0	5.0	7.5	2.5	有
3.0	3.0	2.0	5.4	6.9	1.5	有

(2) 结论

乙酸乙酯的酯化过程反应物的加入顺序为：先加乙醇再加浓硫酸最后加乙酸，或者是乙醇和乙酸先混合均匀后再加浓硫酸，这两种操作顺序得到乙酸乙酯的量都较高；在最佳的操作顺序中，乙醇和乙酸的体积比为1.5∶1，浓硫酸的最佳用量和乙酸相同，其中浓硫酸既是催化剂又是吸水剂，起催化作用的只占反应物用量的3%，其余的作吸水剂，利于反应向正向进行，但是浓硫酸用量过多易使有机物炭化而降低产量。

5. 实验结果处理方式研究

实验结果处理主要有三种方式：化学用语、表格化和线图化。化学反应的实验现象不明显或者无法直接观察到变化数据的实验，需要进行实验结果处理方式的改进研究。比如为了清晰观察到反应速率和催化剂表面积的关系，陈凯用显微镜对化学数据进行放大研究[30]。为了直观跟踪反应过程中反应物的变化情况，朱鹏飞等人用传感器技术将二氧化碳喷泉实验中压强的变化数据用“可视化”的图形表现出来[31]，将传统的定性实验转变成了定量检测实验，有力地将微观变化过程和图像呈现结合在一起，提高化学实验结果的说服力。

实验技术性研究可以通俗地理解为利用实验物质手段将潜在的物质变化规律以便于观测到的方式呈现或“还原”出来，实验者通过呈现或“还原”出来的“现象”再度认知物质间存在的化学规律的研究。因此，实验结果处理方式研究可以很好地借助于手持技术为化学实验的技术性研究带来的便利。

手持技术，有的学者又将其称为传感器技术、数字化实验或者是掌上实验室，它们采用的技术都一样，将真实实验的数据变化通过各种传感器传输到数据采集器，然后由计算机分析处理各种数据，并转化为直观的图线形式。手持技术主要由传感器、数据采集器和计算机三部分整合而成。传感器是手持技术的核心元件，它是一种把感知到的物理量或化学量转变成数据采集器能够利用的电信号的器件。常见的化学传感器有温度传感器、电流传感器、电压传感器、电导率传感器、色度传感器、离子选择性传感器、二氧化碳传感器、氧气传感器、溶解氧传感器、气体压强传感器、浊度传感器、光强度传感器等。数据采集器通过收集、存储传感器发过来的电信号并转换成数字信号传输给计算机，完成实验过程中信号的转换任务。安装有相应软件的计算机完成接收到的实验数据的统计、处理和实验结果的图形呈现工作。采用手持技术进行实验，实验过程与数据变化过程同步进行，在实验数据处理方面具有实时、直观和准确的特点；已研发出来的传感器种类较多，可同时与各种探头连接，进行多学科实验探究，具备综合性能；另外，数据采集器和传感器体积都比较小，还具有便携性的特点。利用手持技术进行实验和化学学科相结合催生了化学实验研究的新方向。

【案例6】明矾净水实验的探究[32]

明矾净水实验通过目测的方法比较净水前后溶液的澄清程度，若只是细微的变化，实验者则难于察觉到。传统实验无法对净水过程的全貌作整体的表征，只能借助对比实验(实验组加明矾，对照组不加明矾实验)的方式通过比较两者的澄清程度来说明相关问题，若要进行明矾净水效果的多因素探讨，则难以找到一个有效的参比标准比较净水效果，且人的视觉器官对物理量的观测存在视觉疲劳和敏感性的影响。

数字化实验可以用浑浊度表征体系的澄清程度，以浑浊度为参考标准，为比较不同体系间的净水效果提供一个可操作的比较标准，同时实时记录体系澄清程度的变化，获得图像、数据，保存图像后可进行查看分析，实现多因素的比较研究。鉴于上述原因，我们利用数字化实验技术设计了明矾净水条件的探究实验。

1. 仪器与药品

pH传感器、浑浊度传感器、数据采集器、计算机及其相配套的软件、烧杯、胶头滴管、饱和明矾溶液、氢氧化钠、盐酸、碳酸钠、碳酸氢钠、硅酸钠等。

2. 实验过程

影响明矾净水效果的因素比较复杂，主要包括水温、水的pH值、杂质性质和浓度、明矾用量等。考虑到实际教学需要，我们主要从下面几方面来探究明矾净水效果。

(1) 悬浊液pH值的影响

根据溶度积原理，溶液的pH值对氢氧化铝胶体的形成有很大的影响。因此，调节悬浊液的H^+浓度，可能会改变悬浮固体小颗粒的沉降速度。取同一悬浊液，pH值从4~11进行调节，滴加3滴饱和明矾溶液，用威尼尔浑浊度传感器测量净水6min前后悬浊液的浊度，实验结果见表7-5和图7-6(选取四种具代表性的曲线)。

表7-5 不同酸度的悬浊液净水实验数据

pH值	4.4	6.5	7.6	9.4	10.5	11.0
净水前浊度/NTU	376.4	370.9	475.7	406.1	532.8	519.3
净水后浊度/NTU	341	434.4	490.1	308.3	432.5	138.1
浊度变化值/NTU	−35	63.5	14.4	−97.8	−100.3	−381.2

从表7-5和图7-6我们能发现：

① pH值为4.4时，几乎没有氢氧化铝胶体生成，浊度的变化是自然沉降所导致的。

② pH值在6.5~7.6时，缓慢产生氢氧化铝胶体，浊度也随之缓慢增大，但在6min内尚未及时沉降。

③ pH值在9.4~11.0时，迅速产生氢氧化铝胶体，浊度快速增大，2min左右迅速沉降，6min内悬浊液变得较澄清。

因此，若想在较短时间看到明矾净水的理想效果，可将悬浊液的pH值调节到9.4~11.0。此外，从曲线上看，直观地看出明矾净水的过程：明矾胶体的生成(浑浊度升高)——絮凝(浑浊度升高)——沉降(浑浊度降低)。

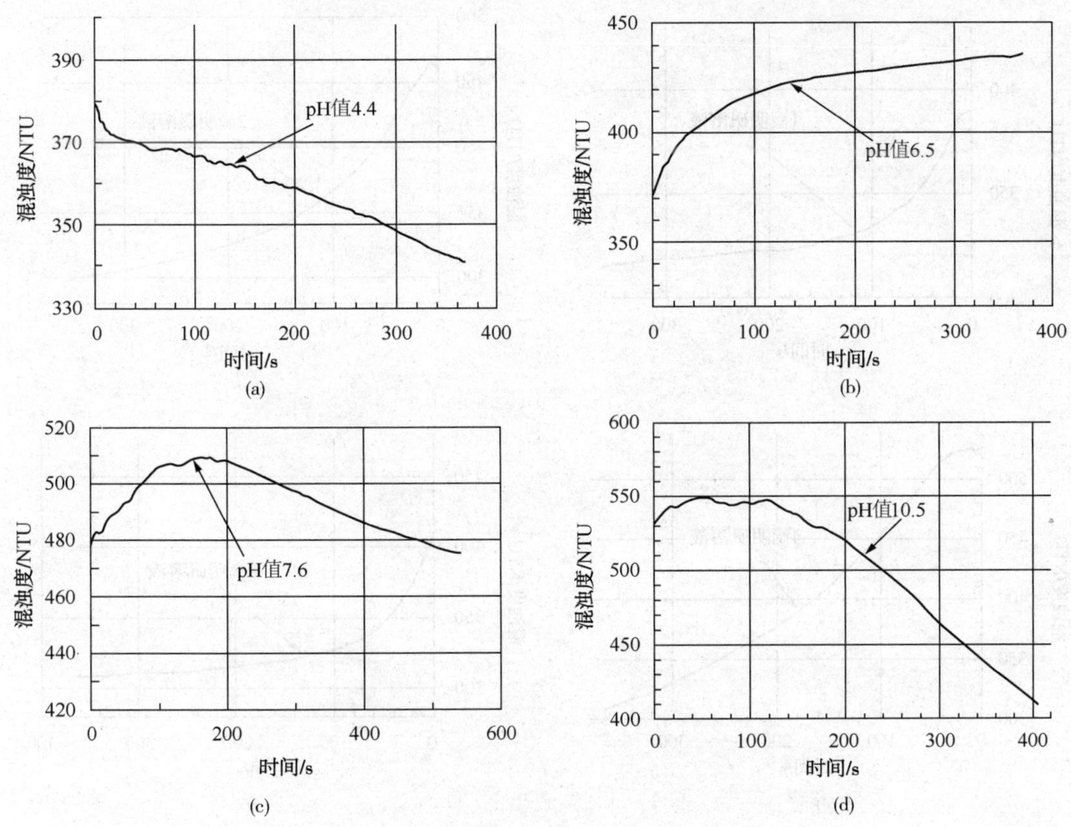

图 7-6　不同酸度的悬浊液净水浊度变化曲线

（2）明矾用量的影响

调节悬浊液的 pH 值至 10.5，量取 15mL 悬浊液倒入比色瓶中，根据表 7-6 的用量滴加饱和明矾溶液，旋上盖子，上下颠倒几次后放进混浊度传感器槽中，测量净水 6min 前后悬浊液的浊度，实验结果见表 7-6 和图 7-7。

表 7-6　不同明矾用量净水实验数据

饱和明矾用量/滴	1	2	4	8
净水前浊度/NTU	393.1	464.5	517.6	406.1
净水后浊度/NTU	315.6	296.4	309.6	308.3
浊度变化值/NTU	−77.5	−168.1	−208	−97.8

从表 7-6 和图 7-7 可以看出：

15mL 悬浊液滴加饱和明矾溶液 2~4 滴时，净水效果理想；加入 1 滴明矾饱和溶液因量过少或加入 8 滴则用量过多，净水效果均不理想。因此，净化 15mL 悬浊液滴加饱和明矾溶液 2~4 滴为宜。

（3）不同助凝剂的影响

悬浊液的酸度调节为 pH 值 10.5，取 15mL 悬浊液后按表 7-7 加入助凝剂，然后滴加 4 滴明矾溶液。试验了以下 3 种助凝剂对明矾净水效果的影响，实验结果见表 7-7 和图 7-8。

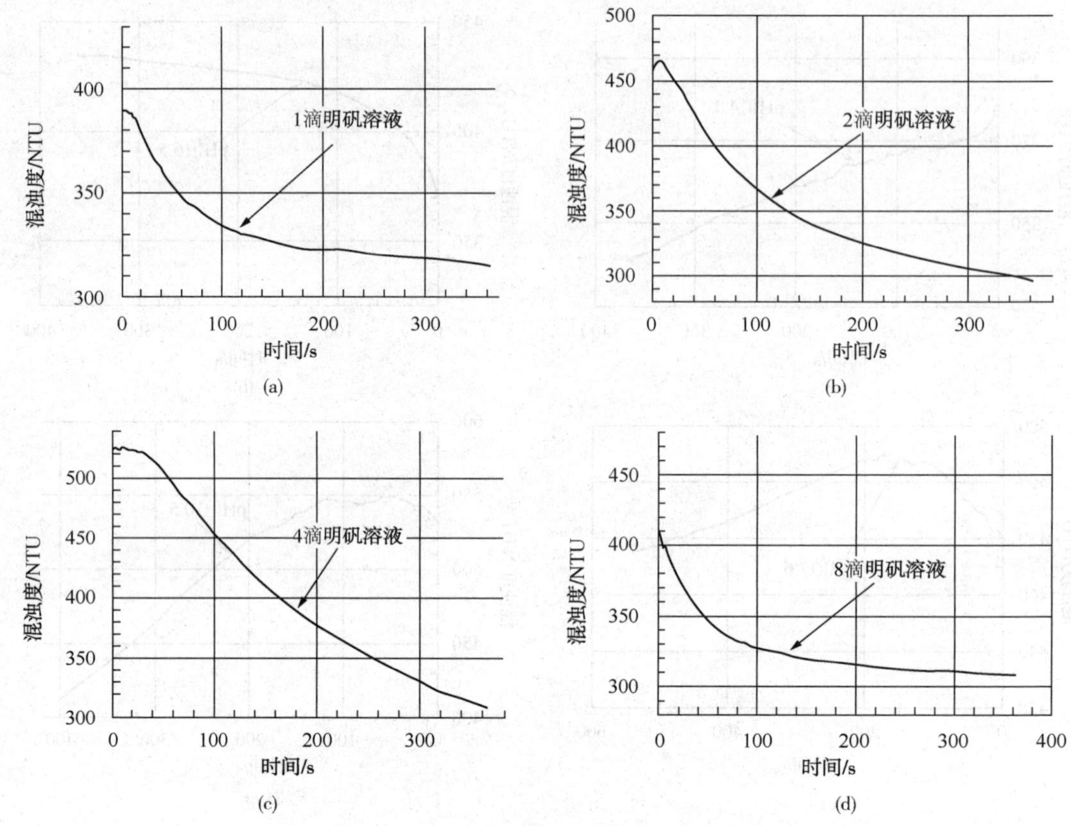

图 7-7　不同明矾用量净水浊度变化曲线

表 7-7　不同助凝剂对明矾净水效果影响的实验数据

助凝剂 3 滴	蒸馏水	饱和 Na_2CO_3	饱和 Na_2SiO_3	饱和 $NaHCO_3$
净水前浊度/NTU	523.7	610.3	630.3	569.5
净水后浊度/NTU	309.9	123.7	347.3	252.8
浊度变化值/NTU	-213.8	-486.6	-283	-316.7

从表 7-7 和图 7-8 我们可以发现：

3 种助凝剂均能不同程度地提高明矾净水效果，饱和 Na_2CO_3溶液的助凝效果显著高于 Na_2SiO_3和 $NaHCO_3$，其次为 $NaHCO_3$。

因此，在课堂教学中，可滴加 2～3 滴饱和 Na_2CO_3或 $NaHCO_3$溶液来提高明矾净水的效果。

3. 实验结论与建议

在教学中，为了让明矾净水的实验效果较理想，建议将悬浊液的酸度调节为 pH 值在 9.4～11.0 之间，明矾的用量不宜过多，15mL 只需 2～4 滴，滴加 2～3 滴饱和 Na_2CO_3或 $NaHCO_3$溶液效果更佳。

4. 实验的特点

在教学中，运用数字化实验技术设计明矾净水实验，突破了传统目测法的限制，能将微小的、不明显的实验变化放大，以图像的方式呈现出实验结果，能将定性的目测比较变为定

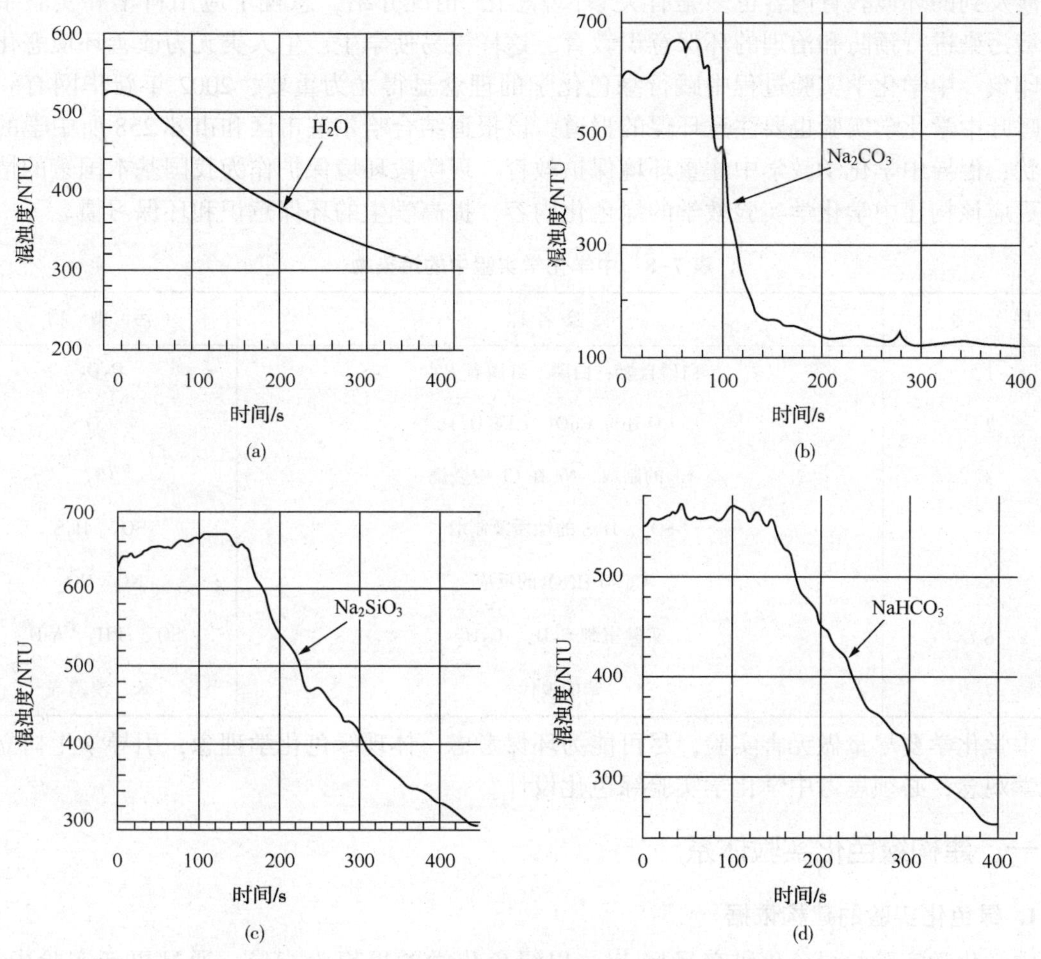

图 7-8 不同助凝剂对明矾净水效果影响曲线

量的数字比较，同时能在较短的时间内观测到净水前后实验体系浊度的变化过程，实时表征溶液浑浊程度，较好地阐明明矾的净水功能。此外，传统实验表征对于明矾净水的过程是通过理论解释来实现的：明矾形成胶体—吸附—沉降。而利用数字化实验结果呈现方式，实验者可以直观清楚地看到：明矾胶体的生成(浑浊度升高)—絮凝(浑浊度升高)—沉降(浑浊度降低)。数字化、直观的实验结果呈现方式让实验者能清楚地感觉明矾净水确实经历了这样的过程，而不仅仅只有理论推导的抽象。

第四节　中学化学实验的绿色化改进

中学化学实验基本上属于“粗放型”的实验，很少体现环境教育的内容，更谈不上对实验进行绿色化设计。表 7-8 中所列举的实验都需做到有害物质妥善处理，白磷的自燃，Cl_2、SO_2、H_2S 的制备及性质，铜与浓稀硝酸的反应等实验，均会产生污染实验环境的有毒气体，直接影响老师和学生的身体健康。更严重的是可能导致学生逐步形成一种错误的认识——做化学实验受毒害是不可避免的，实验室或化工厂向环境排放有毒物质是合情合理的。而且教材中涉及到的环境教育内容也多是有关“环境恶化”情况介绍，忽视了应用科学和实验手段对环境污染进行预防和治理的环保意识教育，这样极易使学生产生人类无力改善环境恶化的错误印象。中学化学实验过程中践行绿色化学的理念显得尤为重要，2002 年新华网有一篇专家呼吁中学化学实验也要注意环保的报道，该报道结合哈尔滨市区和市郊 258 所中学的实验现状，倡导中学化学教学中注重环境保护教育。现阶段环境保护作为我国基本国策的情况下，更应该构建中学化学实验教学的绿色化内容，提高学生的环保意识和环保习惯。

表 7-8　中学化学实验中的污染物

序　号	实验名称	污染物
1	白磷自燃；白磷、红磷着火点	P_2O_5
2	CO 还原 CuO(或 Fe_2O_3)	CO
3	Cl_2的制取，Na 在 Cl_2中燃烧	Cl_2
4	SO_2、H_2S 的性质及制取	SO_2、H_2S
5	Cu 与 HNO_3的反应	NO、NO_2
6	实验室制 C_2H_4、C_2H_2	SO_2、PH_3、AsH_3
7	苯的溴代	苯、溴蒸气

中学化学要尽量做无害实验，尽可能为环保考虑，体现绿色化学理念，引导学生树立绿色化学观念，必须思考中学化学实验绿色化设计。

一、建构绿色化实验体系

1. 绿色化实验的建构依据

中学化学实验的绿色化研究目标[33]：以绿色化学的思想为指导，通过更新实验内容、改变教学手段、发展微型实验、选用环境友好的化学试剂反应、探索无溶剂反应、结合现代技术手段实现化学实验的绿色化。绿色化学采用无毒、无害的原料进行反应，提高原子的利用率，充分利用资源和能源，减少废物向环境排放，有利于环境保护和人体健康。根据绿色化学的这些特点，中学化学实验的绿色化研究可从以下几个角度思考。

① 实验源头上的绿色化研究，考虑减少或消除实验中有害物质的排放。从改进化学反应的试剂和药品的角度来进行研究，传统的化学试剂产生大量有毒有害物质时，想方设法改变试剂的品种和来源，改变试剂的使用方法，改变试剂的用量，就能从源头遏制毒物的大量排出或者在实验过程中的泄露。

② 实验进行过程中的绿色化研究，做到实验体系的全封闭，试剂和产物循环使用。对整个实验过程的重新设计和高度整合，包括实验原理的改进、实验装置的改进、实验步骤的改进、实验产物实现无害化处理。从实验效果出发，对于传统实验装置中会出现的有害气体外泄、实验现象混淆不清等难题，在绿色化的视野下，以绿色化学理念为指导，进行全方位、多角度的改变。

③ 开展微型化实验的绿色化研究。微型化学实验以其用量少，仪器小，操作便利，成为绿色化实验研究的一个利器。

相同的化学实验现象通过不同的途径呈现并解释，就能探索出一条化学学习的新途径、新方法。

2. 绿色化实验现状

教材中化学实验的不少内容、方法、装置及流程都未加改进，过多验证性实验，大量常量实验往往造成药品过剩严重，浪费惊人，增大了污染治理压力。教材中与绿色化学有关的实验并不多见，对环境友好的绿色化学条件设计型实验更少。老师对于化学实验绿色化意识淡薄，仅停留在口头“重视环境污染”上，在实验教学实践中，不能身体力行。

3. 实验的绿色化特点[34]

(1) 化学反应原料绿色化

传统化学反应很多是采用不可再生资源或者是对环境有毒有害的物质如氢氰酸、光气、苯、甲苯、硫酸二甲酯等作原料，而绿色化学致力于采用无毒、无害原料和以再生资源作原料替代有毒的原料来生产化学品。

(2) 化学反应的绿色化

绿色化实验注重最大限度地利用原料，最大限度地减少副产物，减少废物的排放，或使此反应的副产物成为彼反应的原料。从原子的角度讲，尽可能使原料中的原子百分之百参与目标产物的形成，从而达到原子经济性。

(3) 催化剂绿色化

许多化学反应中催化剂是必不可少的，而传统化学反应中催化剂主要是一些酸碱或含重金属作催化剂，它们不可回收，直接排放对环境造成巨大的污染。绿色化实验寻找对环境无害的绿色催化剂取代那些对环境有害的催化剂，例如各种生物酶的催化剂，或者将液体催化剂改成固体催化剂，便于回收重复使用。

【案例 1】乙烯制备及性质

反应一般用浓硫酸作催化剂，H_2SO_4具有极强的腐蚀性和刺激性，对皮肤和眼睛伤害极大，硫酸属于公安部认定的易制毒化学药品，对水体和土壤可造成酸性污染，如果以石棉包裹的 Al_2O_3代替浓 H_2SO_4即可解决上述问题[35]。实验装置图如图 7-9 所示。

按照图 7-9 连接仪器，规范操作。产生的乙烯气体通入溴水，橙色溴水很快褪色，通入酸性高锰酸钾溶液，紫色高锰酸钾溶液褪色，末端燃烧火焰明亮且伴有浓浓的黑烟，演示效果好。

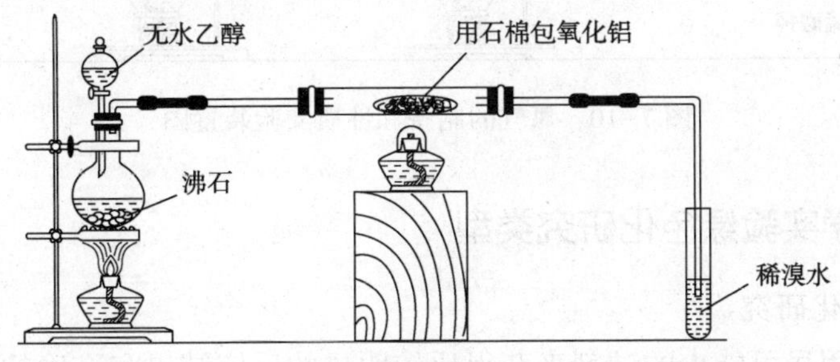

图 7-9　乙烯的制备和性质实验催化剂改进装置图

(4) 溶剂的绿色化

目前广泛使用的有机溶剂如苯、甲苯等都是有毒、易挥发、易燃的物质，绿色化实验要求抛弃这些对环境有害的溶剂，采用具有环境友好性的绿色溶剂，如离子液体的使用。

（5）产品的绿色化

绿色化实验要求我们生产的产品不对环境造成损害。如生产的塑料应该是能降解的绿色塑料，生产的农药应该是低残毒的绿色农药，生产的制冷剂不应该对大气的臭氧层造成破坏。

4. 实验的绿色化设计

中学化学实验绿色化设计按照零污染和低用量，提高教学质量的思路展开。绿色化实验设计要符合绿色化学要求，追求绿色化目标，并在改进内容中渗透绿色化学原理，包括实验内容、仪器装置、方法流程，向节约资源，减少污染至无污染排放发展。通过更改实验内容、选用环境友好试剂，药品替代回收、循环再利用，装置改进组合使反应体系封闭，开展微型实验实现低用量，使用现代化技术激发学生学习兴趣和提高教学质量等方面的实验改进达到实验的绿色化。中学化学实验的对象一般对自然环境污染性小，但是也有一些实验，如氯气的制取及相关性质、二氧化硫的制取及其性质、氨气的制取及其相关性质、浓硫酸与蔗糖的“黑面包实验”、铜与浓硫酸的反应、$Ba(OH)_2 \cdot 8H_2O$ 晶体与 NH_4Cl 晶体的吸热反应等，污染性气体弥漫在教室中，对人体健康有危害作用。这类实验改进的着眼点是：气体的密闭化处理，装置达到绿色化，可利用循环封闭或合并装置，采用串联实验装置，循环封闭化设计思路，减少有害气体的泄漏。把气体的发生装置与气体性质探究实验的反应装置合并起来，可以减少气体的外泄，有效地减少环境污染。

【案例 2】氯气的制备和性质实验合并装置设计

将氯气的制备和性质实验组合为一体，形成半封闭式装置，装置图如图 7-10 所示，防止了氯气外逸而造成的人体危害，实现了实验装置的绿色化。实验试剂用量少，实验现象明显，实验过程中的尾气直接处理，达到了减量减废的试剂绿色化。氯气实验装置的绿色化改进用在教学中起到了关注环境的教育，体现了绿色化学意识。如果本实验在氯气的制备和性质实验之间连接上氯气的除杂装置和干燥装置，实验的改进效果就更好。

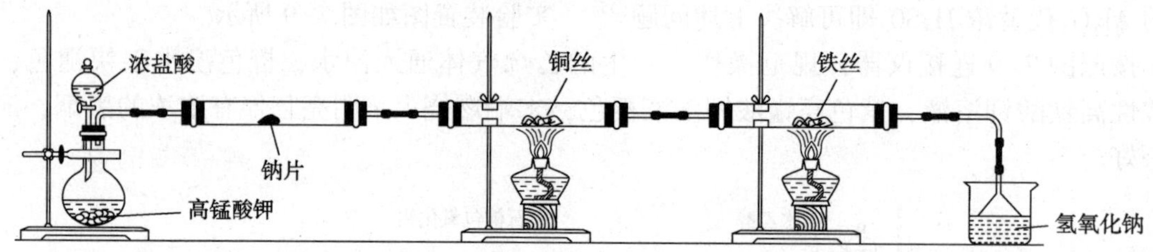

图 7-10　氯气的制备和性质实验装置图

二、中学化学实验绿色化研究类型

1. 实验的微型化研究

微型化实验是用尽可能少的试剂来获得比较明显的反应结果和准确的化学信息的一种实验方法，称之为化学实验的绿色化设计[36]，是在绿色化学思想指导下化学实验方法的一项重要发展与变革。绿色化学思想在微型化学实验中的渗透主要有在两个方面：一个是化学教学过程的绿色化，另一个是学生的环保意识形成。学生从参与实验设计到组装实验仪器，然后亲自动手做实验的过程中都会受到绿色化学的影响，从而自觉意识到环保的重要性。

微型化实验以试剂用量一般只为常规实验用量的几十分之一乃至几千分之一，但其效果却可以达到准确、明显、安全、方便和防止环境污染等目的，是绿色化学理念在化学教学中的具体体现之一。用微型化实验除了能真正体现绿色化学预防污染的原则外，它在激发学生的学习兴趣，强化动手能力的训练，帮助学生养成思维习惯，潜移默化地让学生树立绿色化学观念也有着独特的功效。

1989 年我国高等学校化学教育研究中心把微型化学实验课题列入科研计划，由华东师范大学和杭州师范学院牵头成立微型化学实验研究课题组。杭州师范学院承担了微型化学实验系列玻璃仪器和塑料仪器的研制任务；华东师范大学与厂家合作研制初中微型化学实验箱。在实践中，化学教师又开发出多种实验配件和成套仪器，为实验微型化发展打下了基础。目前，市场上有销售的常见微型化仪器如图 7-11 所示。

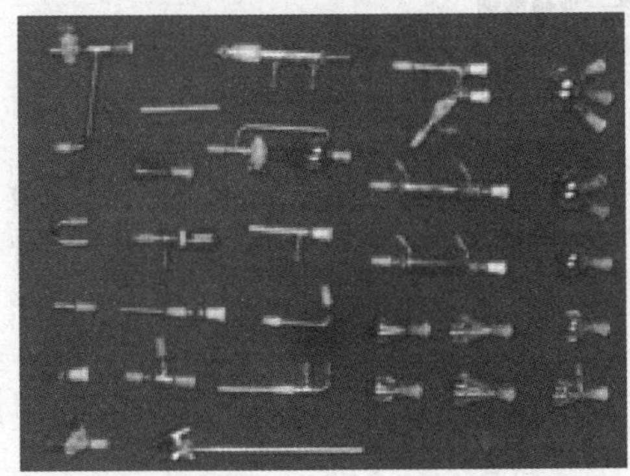

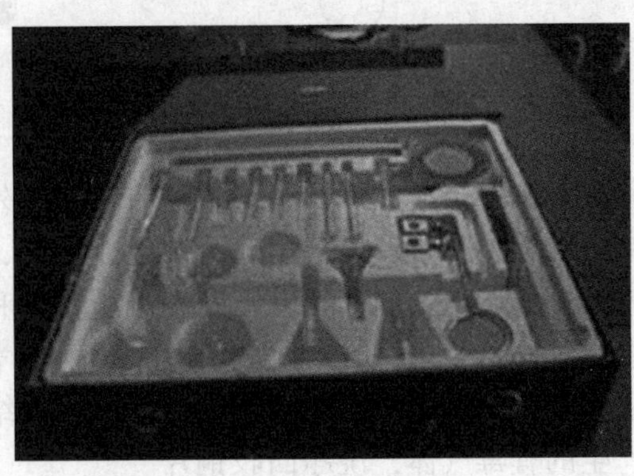

图 7-11　微型化实验仪器

除了微型仪器箱中的一些经过专门加工制作成套微型仪器外，微型化实验还可用一些代用品，这些代用品一般来自日常生活。从日常生活中找一些实用的器材在微型化实验时使用，如塑料眼药水瓶作为滴管或漏斗代用，一次性注射器作为滴管、反应器或量筒代用，青霉素瓶作为反应器代用，一次性输液管作导管代用，气球作为储气瓶或集气瓶代用，自行车气门芯作为导管代用等。

微型化的化学实验不是常规实验的简单微缩，而是在微型化条件下的再创新，具有需要的反应物量较少、减少污染、现象明显、实验时间缩短、实验安全等优点，降低实验过程给环境带来的污染。每位学生都可亲手做实验，既动脑又动手，有效地激发了化学学习兴趣，以其良好的教学功能和教学效果，在化学实验教学改革等领域扮演着重要的角色。微型化实验设计研究遵循着实验的科学性、绿色化、趣味性原则进行，将教材中部分实验进行微型化设计，改进一些能够发挥微型化实验优势并且能与学科特点紧密结合的化学实验。

任何事情都具有两面性，微型化实验也有不足之处，微型化实验一般忽视基本操作的规范性，实验现象微弱，因此，将常规实验和微型实验相结合，两者取长补短，可以发挥更好的教学效果，为实现新课程的教学目标更好地服务。

实验微型化研究有定性研究和定量研究，下面举出一些应用实例拓展对实验微型化研究的探索。

【案例 3】实验微型化的定性研究：气体的制备与性质实验装置微型化

运用微型化实验仪器或生活常见实验代用品进行气体的制备和性质实验的定性研究，装置如图 7-12 和图 7-13 所示。

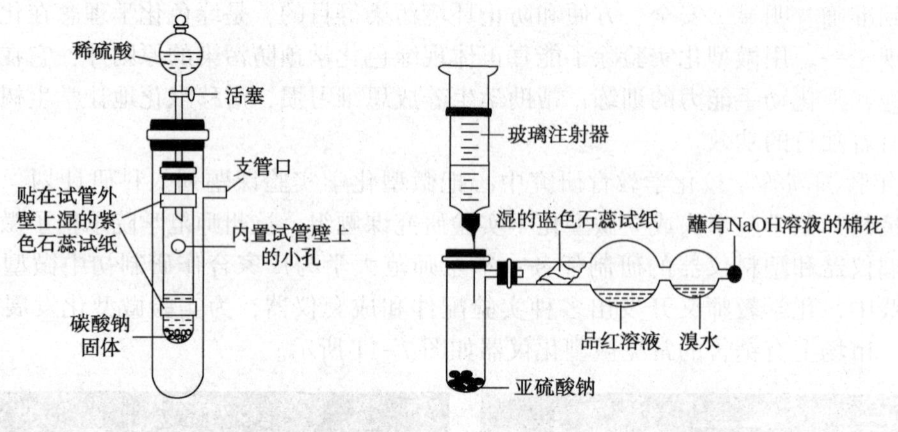

图 7-12　CO_2 的制备与性质　　　　图 7-13　SO_2 的制备与性质

稀硝酸和铜反应的实验中，避免有毒气体外泄，采用微型化实验改进。在针筒中放入小片的铜，针管口处接一段橡皮管，装上止水夹，装上活塞挤压到底部，不留空隙。用针管吸取少量稀硝酸溶液，向前推动活塞，赶走针管和针筒中的气泡。马上关闭止水夹。铜丝与稀硝酸会在针筒这个微型且封闭的装置中进行化学反应。一段时间后，再次打开止水夹，轻轻拉动活塞，观察针筒内气体颜色的变化。反应结束后，用针管吸取 NaOH 溶液，吸收反应过程中产生的有毒气体，洗净回收铜片。

【案例 4】实验微型化的定量研究：用井穴板做加碘食盐中碘含量的测定加碘食盐中加的是 KIO_3，如何简便测出每千克加碘食盐中碘含量，根据碘单质遇淀粉溶液变蓝，颜色相同则浓度相同的原理，可向食盐溶液中加入 KI 和 H_2SO_4 发生 $5KI+KIO_3+3H_2SO_4 = 3I_2+3K_2SO_4+3H_2O$ 的反应，再加入淀粉溶液观察颜色，即可粗略计算出食盐中碘的含量。具体方法如下：

将 10g 食盐配成 100mL 溶液，并配制 0.0001mol/L 碘水溶液，10g/L 淀粉溶液，2mol/L 稀硫酸，0.1mol/L 碘化钾溶液，将碘水、淀粉溶液和水用多用滴管滴入井穴板中配成色阶，多用滴管每滴体积为 1/60mL。用多用滴管取加碘食盐溶液 20 滴、碘化钾溶液 3 滴、稀硫酸溶液 4 滴、淀粉溶 3 滴，滴入井穴中并搅拌，将所得溶液与色阶比较，若颜色相同，溶液中含碘的浓度相同。假设所测溶液颜色与 9 号井穴相同，则溶液中 I_2 的物质的量为

$n(I_2)=0.0001mol/L\times3\times(1/60)mL\times0.001L/mL=5\times10^{-9}mol$，根据反应方程式知：$KIO_3$ 的物质的量为 $n(KIO_3)=5\times10^{-9}mol\times(1/3)$，此 KIO_3 由 20 滴食盐水提供，每滴体积为 (1/60) mL，则 100mL 食盐水中含有 KIO_3 的物质的量为 $n'(KIO_3)=5\times10^{-9}mol\times(1/3)\times300=5\times10^{-7}mol$，100mL 食盐水中含 10gNaCl，则每千克食盐中含有 KIO_3 的质量为 $m(KIO_3)=5\times10^{-5}mol\times214g/mol=0.0107g$。

附：色阶配置表(见表 7-9)。

表 7-9　色阶配置表

色阶号	1	2	3	4	5	6	7	8	9	10
碘水(滴)	27	24	21	18	15	12	9	6	3	0
淀粉溶液(滴)	3	3	3	3	3	3	3	3	3	3
蒸馏水(滴)	0	3	6	9	12	15	18	21	24	27

2. 实验的超微型研究

实验效果明显的情况下尽可能地减少反应物的用量，达到超微量的级别。徐州师范大学对电化学教学中的重要内容，采用实验手段帮助学生了解电化学反应原理的原电池实验、电镀实验、电解实验以及电解质溶液导电性实验等，进行了超微型的改进研究，实验效果很好。以上这些实验若在烧杯中进行，试剂用量较大，产生的废液较多。为了改变这种不必要的浪费，徐州师范大学对实验装置进行了改进，设计并制作了一套超微型的电化学实验装置，将传统实验中片状电极改为 $\phi 0.2mm \times 10mm$ 的细金属丝，并将实验改在内径仅有 $\phi 0.4mm$ 的超微量反应管中进行。图 7-14 为电解实验的超微型反应槽。

图 7-14　超微型电解实验反应槽

电解实验的超微型反应槽用小块透明矩形塑料，在其上打一只直径 6mm、深 4mm 的凹槽，用于滴加电解液，在塑料块的两边同一轴钱上打穿过凹槽的两个直径 4mm 小孔，将 $\phi 4mm \times 15\ mm$ 的炭电极插入小孔，用石蜡固定好。超微型化实验装置改进后，实现了在微升级水平上进行电化学实验，不仅将试剂的用量降低至常规实验的万分之一，乃至数万分之一，而且仍能得到与常规实验相同的化学信息。

3. 实验装置组合的绿色化研究

组合式装置是对普通装置进行“积件式”设计创新，通过将常规仪器简约、组合、变式，设计成具有兼容、多用、整合等特点的实验装置，来达到某项实验目标，呈现出易用、好用、活用的特征[37]。制备 H_2S、SO_2、Cl_2、NO 与 NO_2 等气体，在铜与硝酸、浓硫酸的反应实验中，往往会有有毒气体进入空气又直接影响师生健康。在实验教学中应以实用简约性和绿色化为核心，对化学实验进行改进，尽可能减少环境污染或无污染，增强化学实验的教学功能。因此，在这类实验的装置可集成为组合装置，密闭可控。例如，氯化铵受热分解，可事先密封在玻璃管内反复使用，以避免氨气和氯化氢气体逸出污染环境。能采用上述实验改进思路的实验很多：碘的升华，温度对化学平衡的影响试验，二氧化硫漂白品红溶液等。

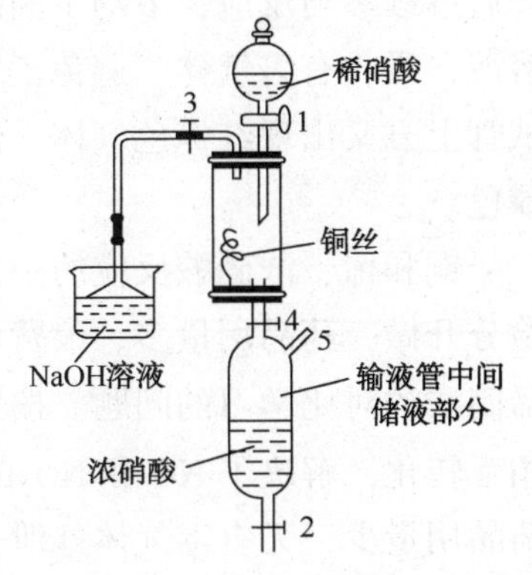

图 7-15　铜和硝酸反应的一体化装置

【案例 5】实验装置组合的绿色化——铜和稀、浓硝酸反应的一体化装置改进

方法一：实验装置图(见图 7-15)

按图 7-15 所示的实验装置进行连接并验证气密性。将浓硝酸溶液装入输液管，稀硝酸溶液装入分液漏斗中，打开弹簧夹 3、4，关闭弹簧夹 2、5 及活塞 1，挤捏输液管，将浓硝酸挤入两通玻璃管中，使之与铜丝接触发生反应，可观察到明显的实验现象。待产生的红棕色气体充满实验装置后，停止挤捏输液管，两通管中反应生成的 NO_2 气体所产生的压力将绿色 $Cu(NO_3)_2$ 溶液和剩余的浓硝酸压回到输液管中与铜丝分离终止反应。然后关闭弹簧夹 4、打开弹簧夹 2，将输液管中的液体全部放出，以备后续探究 $Cu(NO_3)_2$ 溶液成绿色的原因使用。当液体完全流出后，关闭弹簧夹 2，打开弹簧夹 3、4、5，用手挤压输液管，将管内的空气压入两通管内，NO_2 气体受力被顶入盛有氢氧化钠溶液的烧杯中，并且被氢氧化钠吸收，如此反复直至 NO_2 气体全部被顶入烧杯并被氢氧化钠溶液完全吸收，两通玻璃管内气体变为无色为止。

铜和稀硝酸反应时，关闭弹簧夹 4，缓慢打开分液漏斗活塞，使稀硝酸注满两通玻璃管，将其内部的无色空气全部排除后，关闭分液漏斗上的活塞和弹簧夹 3，打开弹簧 4，可观察到铜与稀硝酸反应生成的无色一氧化氮气体(若反应不明显可用水浴加热)将溶液慢慢压入输液管中。当生成的无色气体体积为两通管容积的 2/3 时，打开分液漏斗的活塞进入空气，明显观察到气体由无色变为红棕色，轻轻晃动两通管，发现溶液的颜色由蓝色逐渐变为绿色，说明铜与浓硝酸反应生成的 $Cu(NO_3)_2$ 溶液由于溶有 NO_2 而成绿色。

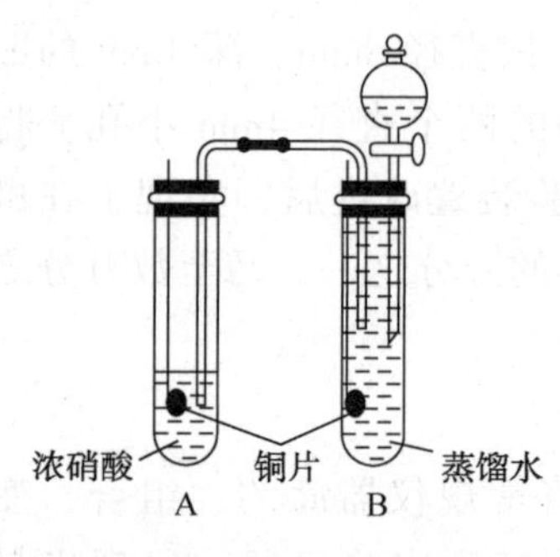

图 7-16　铜和硝酸反应一体化装置

方法二：实验装置图(见图 7-16)

按图 7-16 所示的实验装置进行连接并验证气密性。向试管 A 中加入适量浓硝酸，通过长颈漏斗向试管 B 中加水至满，将试管 A 中的铜丝插入溶液中，进行反应，观察到 A 中产生大量的红棕色气体，溶液为绿色。由于压强增大使试管 A 中的浓硝酸被压入 B 试管中，长颈漏斗中的液面上升，B 试管中大量蒸馏水由于浓硝酸流入进而转化成稀硝酸，此时 B 中的铜片就会和稀硝酸反应，铜片上有气泡产生，溶液变蓝，试管的顶部有无色气体生成，用注射器缓缓注入空气后，试管 B 中的无色气体变为红棕色，之后颜色消失，长颈漏斗中液面回落，表明 NO_2 可以和水反应。改进后的实验将没有反应完的浓硝酸稀释后继续参与反应，节约了药品。实验结束后，用注射器向 A、B 两个试管中均注入 NaOH 溶液，吸收有害气体，避免了空气受到污染。A 管中溶液呈现绿色，震荡试管后溶液变蓝，试管上方又出现红棕色气体，说明铜与浓硝酸反应生成的 $Cu(NO_3)_2$ 溶液由于溶有 NO_2 而成绿色。

铜和稀、浓硝酸反应的一体化装置，两实验合二为一，解决了铜与浓、稀硝酸反应的实验分开做，药品用量多、浪费大，易造成大气污染，不利于学生掌握 NO、NO_2 的性质和浓、稀硝酸的对比学习的问题。按照此一体化装置进行实验，不仅可以清楚地看到 NO 和 NO_2 的相互转化，解决了 NO 和 NO_2 的污染问题。而且，整个实验过程可以随时停止，操作简单，药品用量少，无有毒气体外泄，绿色环保，多个班级可重复使用。实验效果如图 7-17 和图 7-18 所示。

4. 实验试剂重复使用的绿色化研究

重复使用主要是将上一个实验步骤中剩余的药品以及回收的化学药品用到下一个实验步

骤中或用到其他的实验中去。如将回收的 MnO_2、K_2MnO_4 和 $KMnO_4$ 用于浓盐酸制取氯气的实验中；酯化反应的催化剂一般用硫酸，不宜回收，改用超强酸或固体酸代替浓硫酸作催化剂，就达到重复使用的效果。试剂和废弃物的循环利用可节约资源，提高实验的零排放程度，大大减少了药品用量，培养学生的资源意识、环境意识和可持续发展的思想观念。

图 7-17　铜与稀硝酸反应效果图

图 7-18　铜与浓硝酸反应效果图

【案例 6】催化剂重复使用在乙酸乙酯制备实验中应用

将 40g 活化后的 SBA-15 分子筛加到含 150mL 丙酮和 80mL 的硫酸中，在室温下搅拌 4h，加热蒸发出丙酮，用适量的乙醇进行洗涤，放置到马弗炉内 450℃下焙烧 4h，得到硫酸改性的 H_2SO_4-SBA-15 介孔分子筛，用此分子筛作为乙酸乙酯制备的催化剂。

向三颈瓶中加入 10 mL 乙酸、15mL 乙醇和占反应物总质量 2%的 H_2SO_4-SBA-15 催化剂以及一定量的带水剂甲苯，摇动使其充分混合。在另一瓶口装上油水分离器，在油水分离器的上端加上球形回流冷凝管。用电热套加热使反应在 115～120℃下发生反应，并开始计时。回流一段时间后，当分水器水面高度保持不变时，表示反应基本完成，记录反应时间，停止实验。

每次实验结束后，冷却至室温，过滤分离出催化剂，再将催化剂用乙醇洗涤 3 次，然后在电热套中加热干燥，多次重复实验，催化剂重复使用到乙酸乙酯制备实验中，实验效果用乙酸乙酯的产率表示，结果如表 7-10 所示。

表 7-10　催化剂重复使用与产率关系

催化剂重复使用次数	1	2	3
反应时间/min	14	17	19
产率/%	69.7	69.7	69.7

由实验结果可知，当催化剂重复使用次数为 1、2、3 次时，完成反应时间依次增加，反应产率均为 69.7%，说明分子筛负载硫酸后作为催化剂可以重复使用。

5. 引进微波、超声波技术的绿色化实验研究

微波作为一种新型能量形式，其促进化学反应速度比传统的加热技术快数倍乃至数千倍，具有反应条件温和、操作方便、时间短、节能、产率高、产品易纯化、减少溶剂用量或不用溶剂、对环境友好等优点。超声波化学利用超声波的催化作用，可提高许多反应的速度，改善目标产物的选择性，改善催化剂的表面形态，提高催化活性组分在载体上的分散性等。在化学实验创新研究中引入微波、超声波技术，如微波辅助提取、微波消化、微波灼烧，超声催化，能减少环境污染，节约能源。

中学化学实验的创新改进是在服务化学学习的基础上进行的研究，基本上是对中学化学课本中的实验进行的再加工，这些实验一般具有权威性，对化学实验的研究改进有一定难度，要付出很多的时间与精力，多思多想，一定能取得巨大的成功。

附　　录

附录 1　危险药品的分类、性质和管理

危险药品是指受光、热、空气、水或撞击等外界因素影响，可能引起燃烧、爆炸，或具有强腐蚀性、剧毒性的药品。常用危险品可分为以下几类来管理：

类　别		举　例	性　质	注意事项
1. 爆炸品		硝酸铵、苦味酸、三硝基苯	遇高热摩擦、撞击等，引起剧烈反应，放出大量气体和热量，产生猛烈爆炸	存放于阴凉、低温处，轻拿、轻放
2. 易燃品	易燃液体	丙酮、乙醚、甲醇、乙醇、苯等有机溶剂	沸点低、易挥发，遇火则燃烧，甚至引起爆炸	存放阴凉处，远离热源。使用时注意通风，不得有明火
	易燃固体	红磷、硫、萘、硝化纤维	燃点低，受热、摩擦、撞击或遇氧化剂，可引起剧烈连续燃烧、爆炸	同上
	易燃气体	氢气、乙炔、甲烷	因撞击、受热引起燃烧。与空气按一定比例混合，则会爆炸	使用时注意通风。如为钢瓶气，不得在实验室存在
	遇水易燃品	钠、钾	遇水剧烈反应，产生可燃气体并放出热量，此反应热会引起燃烧	保存于煤油中，切勿与水接触
	自燃物品	白磷	在适当温度下被空气氧化、放热，达到燃点而引起自燃	保存于水中
3. 氧化剂		硝酸钾、氯酸钾、过氧化氢、过氧化钠、高锰酸钾	具有强氧化性，遇酸、受热，与有机物、易燃品、还原剂等混合时，因反应引起燃烧或爆炸	不得与易燃品、爆炸品、还原剂等一起存放
4. 剧毒品		氰化钾、三氧化二砷、升汞、氯化钡、六六六	剧毒，少量侵入人体(误食或接触伤口)引使中毒，甚至死亡	专人、专柜保管，现用现领，用后剩余物，不论是固体或液体都应交回保管人，并应设有使用登记制度
5. 腐蚀性药品		强酸、氟化氢、强碱、溴、酚	具有强腐蚀性，触及物品造成腐蚀、破坏，触及人体皮肤，引起化学烧伤	不要与氧化剂、易燃品、爆炸品放在一起

附录 2　常用酸碱溶液的配制

溶　　液	物质的量浓度(近似值)/(mol/L)	配　　制
浓盐酸	12	d=1.19，38%(质量)
稀盐酸	6	浓盐酸：水=1：1(体积)
稀盐酸	2	6mol/L HCl：水=1：2(体积)
浓硫酸	18	d=1.84，98%(质量)
稀硫酸	3	浓硫酸：水=1：5(体积)
稀硫酸	2	6mol/L H_2SO_4：水=1：2(体积)
浓硝酸	14.5	d=1.40，65%(质量)
稀硝酸	6	浓硝酸：水=10：14(体积)
稀硝酸	2	6mol/L HNO_3：水=1：2(体积)
冰乙酸	17.5	d=1.05，99.8%(质量)
稀乙酸	6	冰乙酸 350mL：水 650mL
稀乙酸	2	6mol/L HAc：水=1：2(体积)
浓氨水	15	d=0.90，28%(质量)
稀氨水	6	浓氨水：水=2：3(体积)
稀氨水	2	6mol/L NH_3(ap)：水=1：2(体积)
氢氧化钠	6	NaOH 240g/L
氢氧化钾	3	KOH 168g/L
氢氧化钡	0.2	$Ba(OH)_2 \cdot 8H_2O$ 60g/L，过滤
石灰水	0.02	饱和石灰水澄清液

参 考 文 献

[1] 宋心琦．再谈中学化学实验教学改革[J]．化学教学，2013(3/4)．

[2] 王秀阁．新课程下的化学教学研究[J]．唐山师范学院学报，2013，35(5)．

[3] 郑长龙．化学实验教学新视野[M]．北京：高等教育出版社，2003.

[4] 王秀阁．浅析化学复习课中的规范性教学[J]．教学月刊，2012(11)．

[5] 缪徐．论初中化学实验教学中的两类问题[J]．化学教学，2013(7)．

[6] 熊莲芳．“探究燃烧的条件”实验创新设计[EB/OL]．(2011-11-23)[2015-12-4]．http：//www.pep.com.cn/czhx/jshzhx/tbxzy/jnshc/dedy_1_1_1_1/chxshy/201112/t20111213_1088685.htm.

[7] 邹标．玻璃管在化学实验中的妙用[J]．实验设计与技术，2012(11)：33.

[8] 孙丹儿．化学实验思维要素分析及其教科书体系研究[D]．华东师范大学，2007：19.

[9] 王祖浩，王程杰主编．中学化学创新实验[M]．南宁：广西教育出版社，2007.

[10] 孙丹儿，王祖浩．化学教师实验研究选题的新视角[J]．上海教育科研，2009(2)：91-93.

[11] 李昭敏．硫酸教学设计方案[J]．中学化学教与学，2004(12)：44-45.

[12] 胡苗，陈贝，胡超凯．铜与浓硫酸共热反应实验变黑现象的探究[J]．化学教学，2005(7-8)：45.

[13] 洪惠婵，黄钟奇．物理化学实验[M]．广州：中山大学出版社，1993.

[14] 徐家宁，门瑞芝，张寒琦．基础化学实验：无机化学和化学分析实验[M]．北京：高等教育出版社，2006(5)：150-151.

[15] 蒋亚平．黄金分割法对过氧化氢最佳漂白浓度的选择[J]．化学教育，2015，36(11)：57-59.

[16] 王秀阁．银镜反应和后续处理的实验改进[J]．化学教学，2015，337(4)：57-59.

[17] 陈欢庆．创造力开发教程[M]．杭州：浙江文艺出版社，1999.

[18] 周耀烈．创新思维与创造力开发[M]．杭州：浙江科学技术出版社，2005.

[19] 王秀阁，蔡明建．改善非智力因素使化学学习更高效[J]．新课程学习，2011(3)．

[20] 刘怀乐．铜与浓硝酸的反应速度何以先慢后快[J]．化学教学，2010(7)．

[21] 卫子光．化学实验设计与研究[M]．天津：南开大学出版社，2000.

[22] 朱鹏飞．基于传感技术的中学化学实验认知性研究[D]．南京师范大学，2010.

[23] 吴俊明．中学化学实验研究导论[M]．南京：江苏教育出版社，1997.

[24] 顾晔．对实验“四氯化碳萃取碘水中碘”的探究[J]．化学教学，2007(3)：7-8.

[25] 杨飞．数字化实验的表征与教学研究[D]．南京师范大学，2011.

[26] 付小勤．初三化学若干演示实验的改进[J]．化学教学，2012(3)：48.

[27] 吴林冬，黄庆珊．钠与水反应实验的安全性改进[J]．黔东南民族师范高等专科学校学报，2006，24(6)：36.

[28] 鞠东胜，王金龙．“蜡烛刚熄灭时白烟的点燃”实验新方法[J]．化学教育，2009(7)：57.

[29] 王秀阁，蔡明建．酯化反应条件的探索[J]．中学化学教学参考，2012(11)：36.

[30] 陈凯．基于显微技术的微型化学实验[J]．化学教学，2008(5)：16-18.

[31] 朱鹏飞，马宏佳．利用传感技术进行二氧化碳的喷泉实验设计[J]．教学仪器与实验，2009(6)：16.

[32] 杨飞，马宏佳．明矾净水实验的探究[J]．化学教学，2010(6)：12-13.

[33] 卫环环．中学化学实验绿色化研究[C]//中国化学会第三届关注中国西部地区中学化学教学发展论坛论文集，2011：306.

[34] 田淑珍．在化学教学中对学生进行绿色化学教育[J]．高等函授学报，2002，15(4)：36.

[35] 孟令宝，熊言林．乙炔性质系列实验的组合设计[J]．中学化学教学，2004 (4)：15.

[36] 周宁怀．微型无机化学实验[M]．北京：科学出版社，2000.

[37] 王金龙，唐玉露．组合式气体实验装置的特点及设计策略[J]．化学教学，2007(3)：8-11.

[38] 王彦广主编，林峰副主编．化学与人类文明[M]．杭州：浙江大学出版社，2000.

[39] 王希通主编．化学实验教学研究[M]．北京：高等教育出版社，1990.
[40] 陈耀亭，梁慧姝，郝雷编．中学化学教学法[M]．长春：吉林人民出版社，1984.
[41] 范杰主编．化学实验论[M]．太原：山西科学技术出版社，2001.
[42] 梁慧姝，郑长龙著．化学实验论[M]．南宁：广西教育出版社，1996.
[43] 毕华林，傅尚奎，韩庆奎主编．化学实验教学研究[M]．青岛：青岛海洋大学出版社，1998.
[44] 李广洲，陆真编著．化学教学论实验[M]．北京：科学出版社，1997.
[45] 中学教师化学手册[M]．北京：科学普及出版社，1981.
[46] 王磊．中学化学实验及教学研究[M]．北京：北京师范大学出版社，2011.
[47] 毕华林等编著．化学新教材开发与使用[M]．北京：高等教育出版社，2003.
[48] 熊言林编著．化学教学论实验[M]．合肥：安徽大学出版社，2004.
[49] 衷明华编．中学化学实验教学研究[M]．广州：暨南大学出版社，2010.
[50] 李家玉等译．国外中学化学实验集锦 [M]．上海：上海翻译出版公司，1987.
[51] 张力田编著．碳水化合物化学[M]．北京：人民医学出版社，1988.
[52] 吴东儒等编著．糖类的生物化学[M]．北京：高等教育出版社，1987.
[53] 文庆城．化学实验教学研究[M]．北京：科学出版社，2003.
[54] 周宁怀，宋学梓．微型化学实验[M]．杭州：浙江科学技术出版社，1992.
[55] 严宣申．化学实验的启示与科学思维的训练[M]．北京：北京大学出版社，1993.